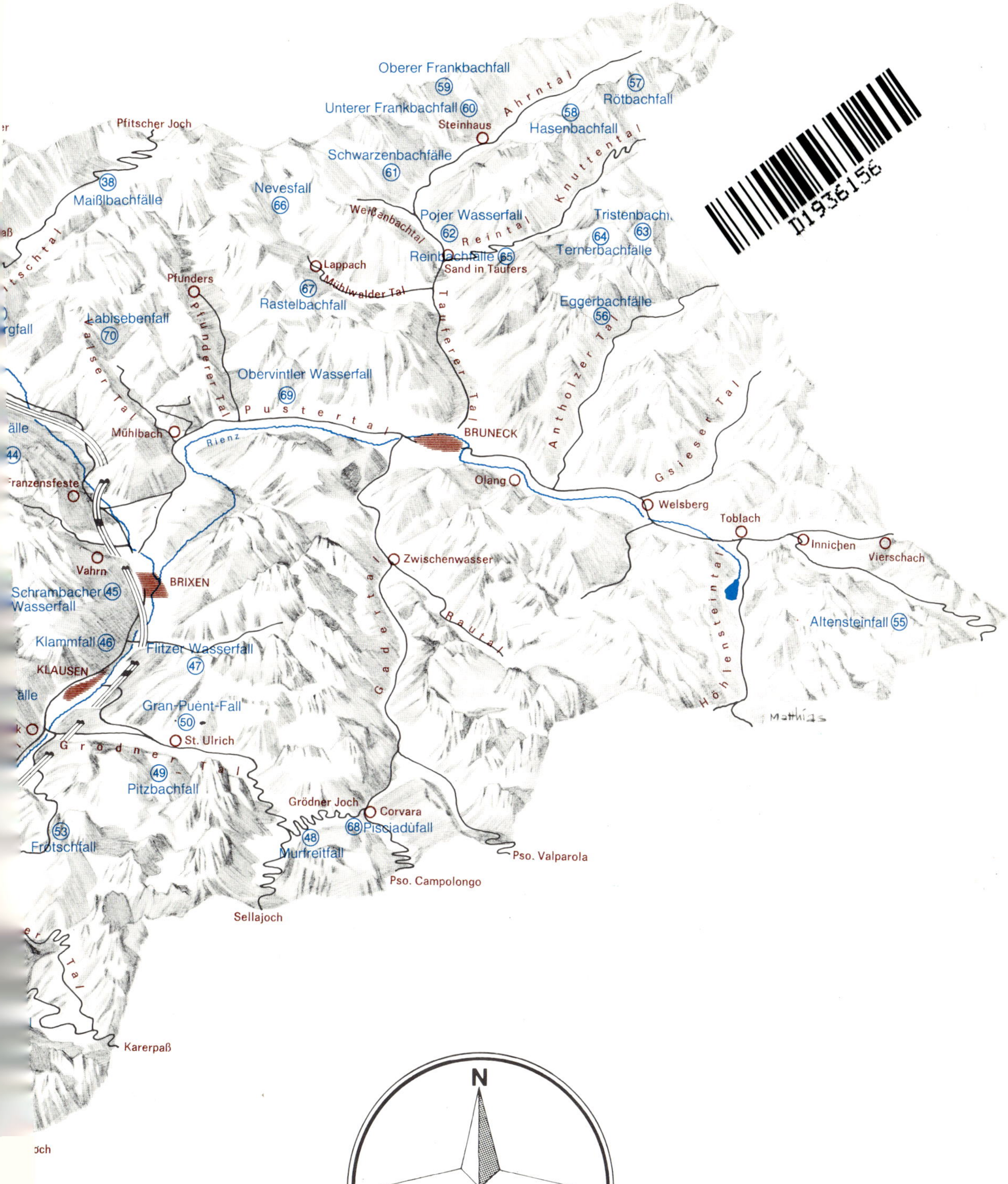

Oberer Frankbachfall
59
Unterer Frankbachfall 60
Ahrntal
57
Rötbachfall
Steinhaus
58
Hasenbachfall
Pfitscher Joch
Schwarzenbachfälle
61
Knuttental
38
Maißlbachfälle
Nevesfall
66
Weißenbachtal
Pojer Wasserfall
62
Tristenbach
64
63
Reintal
Reinbachfälle 65
Ternerbachfälle
Lappach
Sand in Taufers
Pfunders
67
Mühlwalder Tal
Rastelbachfall
Tauferer Tal
Eggerbachfälle
56
Labisebenfall
70
Valser Tal
Pfunderer Tal
Antholzer Tal
Obervintler Wasserfall
69
Gsieser Tal
Pustertal
Mühlbach
Rienz
BRUNECK
44
Franzensfeste
Olang
Welsberg
Toblach
Innichen
Vierschach
Vahrn
Zwischenwasser
Schrambacher 45
Wasserfall
BRIXEN
Höhlensteintal
Gadertal
Rautal
Altensteinfall 55
Klammfall 46
Flitzer Wasserfall
47
KLAUSEN
Gran-Puent-Fall
50
St. Ulrich
Grödner Tal
49
Pitzbachfall
Grödner Joch
Corvara
68 Pisciadùfall
48
53
Frötschfall
Murfreitfall
Pso. Valparola
Pso. Campolongo
Sellajoch
Karerpaß
Matthias

N

H. MATTHIAS

Südtiroler Wasserfälle

Umschlagbild: Der Wasserfall in der »Hölle« von Pflersch; im Hintergrund Gletscherberge der zentralen Stubaier Alpen

Sämtliche Aufnahmen dieses Buches (1978/79 aufgenommen): Hanspaul Menara

1980

Alle Rechte vorbehalten
© by Verlagsanstalt Athesia, Bozen
Umschlaggestaltung: Roland Prünster, Bozen
Übersichtskarten: Heinz Matthias, Neumarkt
Fotolithos: Oswald Longo, Frangart
Gesamtherstellung: ATHESIADRUCK, Bozen
ISBN 88-7014-120-9

HANSPAUL MENARA

Südtiroler Wasserfälle

Ein Bildwanderbuch

VERLAGSANSTALT ATHESIA · BOZEN

Die 48 m hohen Kalbenbachfälle im äußeren Passeiertal

ZU DIESEM BUCH

Wasser, einfaches, klares Wasser, ganz gleichgültig in welcher Form es mir auch begegnete, es hat mich schon immer begeistert; dieses lebendigste und ruheloseste aller Elemente, dieses Symbol, für Freiheit, Leben, Reinheit, Bewegung. Das Wasser begleitete die Tage meiner Kindheit; es waren glückliche, sonnige Tage, die ich am glasklaren, munter dahinsprudelnden Bach verbrachte, der an meinem Heimathaus vorüberfloß. Gras, Steine und Sand waren mein Spielzeug und der Bach war mein Spielgefährte. Manchmal hat er böse gegrollt, wurde dunkel und gefährlich, da habe ich mich vor ihm gefürchtet, aber das war selten. Meist war er lustig und freundlich, und ich war glücklich in seiner Nähe. Es gibt kaum Schöneres im Leben eines Menschen, als an einem kleinen Bach aufwachsen zu dürfen.

So habe ich das Wasser lieben gelernt. Später bewunderte ich es dann im klaren Bergsee, wo es bald still und verträumt dalag, bald wieder ungeduldig an die steinigen Ufer klatschte und in seinem Drang nach Freiheit und Bewegung nach einem Ausweg suchte, ich sah es im großen Fluß ruhig und gelassen durch die großen Ebenen fließen und ich sah es im endlosen Meer mit mächtigen Wellen daherbrausen.

Und dann begann ich die wilden Gebirgsbäche dort zu besuchen, wo sie am stürmischsten sind, wo es keine Fesseln mehr für sie gibt, wo sie sich in tausend Tropfen auflösen und frei in die Tiefe stürzen. Ihnen, den schäumenden, rauschenden Wasserfällen, wollte ich ein Buch widmen. Denn am Wasserfall erlebt der Bach seine ganz große Stunde, hier ist ihm die grenzenlose Freiheit geschenkt, und sei es auch nur für ein paar Augenblicke.

Es war ein großes Erlebnis, die Arbeit an diesem Buch. Kaum anderswo habe ich mich mit der rauhen Bergnatur so eng verbunden gefühlt, wie im Bereich der Wasserfälle. Sie haben mich stets so beeindruckt und gefesselt, daß es mir immer schwerfiel, mich von ihnen zu trennen. Wie oft saß ich viel länger da, als es meine Zeit eigentlich erlaubt hätte, und sah den fallenden Wassern zu; sie schienen mir der Inbegriff der unbegreiflichen Ewigkeit zu sein, ohne Anfang, ohne Ende, und doch da, lebendig, faßbar und unfaßbar zugleich.

Naturgemäß konnte es mir nicht gelingen, die schattige Kühle, das Donnern oder das verhaltene Plätschern, das faszinierende Spiel der zahllosen Wasserperlen, die pausenlos an mir vorüberzogen und doch stets gegenwärtig waren, den Duft des Waldes, der Felsen und der Wiesen, das bewegte Spiel, das der Wind mit den wehenden Wasserfahnen trieb, die Bewegung des Grases, wenn sprühender Wasserstaub darüber strich, dies alles auch nur annähernd naturgetreu in diesem Buche zum Ausdruck zu bringen. Ich bedauere es und doch bin ich froh darüber. Denn das Buch soll nicht Ersatz für das unmittelbare Erlebnis draußen in der Natur sein, sondern nur eine Vorahnung davon vermitteln, Wandermöglichkeiten aufzeigen, die unserem so hektischen Leben ein paar stille, glückliche Stunden schenken können.

Auer, im Herbst 1979 — *Hanspaul Menara*

SÜDTIROLER WASSERFÄLLE - EIN ÜBERBLICK

Obwohl entsprechende Untersuchungen meines Wissens fehlen, ist wohl anzunehmen, daß Südtirol, was den Reichtum an Wasserfällen betrifft, nicht viel besser, aber auch nicht viel schlechter gestellt ist als andere vergleichbare Landschaftsräume der Alpen. Allerdings ist unser diesbezügliches Wissen — wie ich mich beim Studium des vorhandenen Kartenmaterials und des Schrifttums überzeugen mußte — noch sehr lückenhaft. Dies erstaunt um so mehr, als man allgemein annimmt, die Alpen seien längst bis auf den allerletzten Quadratmeter und bis in den verborgensten Winkel hinein erforscht und erschlossen. Mag diese Annahme für andere Bereiche auch sicherlich zutreffen — für die Wasserfälle jedenfalls nicht. So findet man nur für die allerwenigsten eine Höhenangabe — und wenn, dann beruht auch sie nicht selten nur auf Schätzungen —, nur relativ sehr wenige sind durch Steig- oder Weganlagen zugänglich gemacht worden, und erstaunlich viele scheinen auch in den genauesten topographischen Kartenwerken überhaupt nicht oder nur sehr ungenau auf.

Aufgrund dieser Tatsache entschloß ich mich vor drei Jahren, für den Raum Südtirol und im Rahmen meiner Möglichkeiten, eine erstmalige, möglichst präzise und möglichst umfassende Topographie der Wasserfälle zu erarbeiten. Das Ergebnis dieser über jede Erwartung zeitraubenden, beschwerlichen und oft genug auch nicht ganz ungefährlichen Arbeit ist dieses Buch. Es soll sich einerseits an die bisher erschienenen fünf Bände der sogenannten Südtiroler Bildwanderbuch-Reihe anschließen und demnach dem naturliebenden Wanderer die Wege zu bisher wenig bekannten Zielen weisen, andererseits und vielleicht vorrangig einen bescheidenen Beitrag zur Südtiroler Landeskunde leisten.

Ursprünglich war es meine Absicht, eine vollständige Bestandsaufnahme sämtlicher Wasserfälle in Südtirol vorzulegen. Doch mußte ich schon sehr bald erkennen, daß ein derartiges Vorhaben die mir zur Verfügung stehenden Mittel weit überschritten und auch den Rahmen dieses Buches, das ja kein streng wissenschaftliches Werk sein kann und will, sicherlich gesprengt hätte. Denn ganz abgesehen davon, daß eine vollständige Erfassung der Wasserfälle wegen des nicht scharf abgrenzbaren Begriffs von vorneherein kaum möglich wäre, gibt es mit Sicherheit — vor allem in den Schluchten im Bereich der sogenannten Bozner Porphyrplatte, aber auch anderwärts — eine beträchtliche Anzahl von Wasserfällen, die noch kein Mensch je zu Gesicht bekommen hat und deren Erkundung einen unverhältnismäßig großen Aufwand an Zeit und Mitteln erfordern würde. Allerdings muß ich an dieser Stelle auch einräumen, daß einige Wasserfälle, deren Aufnahme in dieses Buch vorgesehen war, aus zeitlichen Gründen unberücksichtigt gelassen und für eine Neuauflage zurückgestellt werden mußten.

Neben der genauen Beschreibung der Zugänge und der möglichst ausführlichen Charakterisierung eines jeden Wasserfalls war es mir ein besonderes Anliegen, die jeweilige Sturzhöhe angeben zu können, gilt doch ihr meist die erste Frage. Außerdem würde in einem Buch, das sich ausschließlich mit Wasserfällen befaßt, aber deren Höhen nicht verrät, wohl das Allerwichtigste fehlen. So habe ich sämtliche 145 in dieser Arbeit beschriebenen Wasserfälle — bis auf ganz wenige Ausnahmen (Vilpianer Wasserfall sowie einige unbedeutende, deren Höhenangaben nur geschätzt sind) — selbst vermessen. Wider Erwarten erwies sich dieses Unterfangen als außerordentlich zeitraubend und mühsam, und es wäre vielfach ohne die Zuhilfenahme des Kletterseiles auch gar nicht gelungen. Die Mehrzahl der Sturzhöhen ermittelte ich durch die sogenannte Lotmessung, d. h., ich arbeitete mich auf irgendeine Weise bis zum Ausfluß (Oberkante der Wasserfallwand) vor — was stets das schwierigste war — und ließ an einer eigenen Meßleine das Lot bis zum Fallbekken hinabgleiten. Bei senkrechten Wasserfällen gelang dies meist schnell und reibungslos, bei gestuften dagegen war es nicht selten sehr beschwerlich und zeitraubend.

Bei jenen Wasserfällen, wo der Ausfluß nicht zugänglich war, wandte ich die sogenannte Höhendifferenzmessung an, d. h., ich ermittelte mit Hilfe eines barometrischen Höhenmessers die absulute Höhe (Meereshöhe) des Fallbekkens und stieg dann in gangbarem Gelände bis in die Höhe des Ausflusses, wobei mir eine kleine Wasserwaage meinen Standort anzeigte. Aus der auch hier abgelesenen absoluten Höhe ließ sich nun einfach die Wasserfallhöhe ermitteln.

Die Höhe des niedrigsten hier behandelten Wasserfalls, jenes der Passer bei Langwies, beträgt nur elf Meter, während der höchste, der unterste Stuller Fall, ebenfalls im Passeiertal, eine Gesamthöhe von 230 m besitzt und damit der höchste Einzel-Wasserfall Südtirols ist. Als Vergleich dazu dürfte es nicht uninteressant sein, einen kurzen Seitenblick auf die höchsten und bedeutendsten Wasserfälle Europas und der Erde überhaupt zu werfen: Der höchste bekannte Wasserfall der Welt ist der Angel-Fall (benannt nach seinem Wiederentdecker) in Venezuela: seine Sturzhöhe beträgt nicht weniger als 978 m. Er wird gefolgt vom dreistufigen Yosemite-Fall in Kalifornien mit 739 m Gesamthöhe, dann von den Sutherland-Fällen in Neuseeland, deren ebenfalls drei Stufen zusammen 571 m hoch sind, und vom Tugela-Fall in Südafrika mit 540 m, während beispielsweise die berühmten Niagarafälle nur 48 bzw. 60 m, die kaum weniger bekannten Iguassù-Fälle in Südamerika 69 m und die ebenfalls vielgerühmten Victoriafälle in Afrika 110 m hoch sind. Als höchster Wasserfall Europas dagegen gilt der immerhin 420 m hohe Gavarnie-Fall in Frankreich, es folgen die dreistufigen Krimmler-Fälle in Österreich mit 380 m und — wenn man, was nicht ganz unberechtigt ist, die beiden unteren Fälle zusammennimmt — die Stuller Fälle bei uns in Südtirol mit 342 m. Wertet man sie dagegen als getrennte Einzelfälle, dann sind nach den Krimmler-Fällen die Gießbachfälle und der Staubbachfall (beide in der Schweiz) mit 300 bzw. 298 m und der obere Mardalsfoss in Norwegen (297 m) zu nennen.

Wir sehen, daß Südtirol mit seinen Wasserfällen rein höhenmäßig gar nicht so schlecht dasteht, wenngleich — und das muß schon ausdrücklich gesagt werden — sie sich hinsichtlich ihrer Wasserführung mit den oben aufgeführten in keiner Weise messen können. Trotzdem darf man zumindest den Partschinser Wasserfall ganz sicher mit zu den beeindruckendsten Fällen der Alpen zählen, wenig nach stehen in ihrer einmaligen Art auch die sogenannten Heiligen Drei Brunnen, und, was ihre Lage betrifft, auch der Wasserfall im sogenannten Butterloch bei Aldein, jener in der Gilfenklamm bei Sterzing und nicht zu vergessen die Reinbachfälle. Die größte Sehenswürdigkeit in dieser Hinsicht aber wären zweifelsohne die zehn Gargazoner Fälle; leider ist nur einer von ihnen zugänglich.

An dieser Stelle scheint es angebracht, einen Blick auf die Erschließung der Südtiroler Wasserfälle zu werfen, die zwar weniger in landschafts- und naturkundlicher, dafür aber in touristischer Hinsicht von großer Bedeutung ist. Im ganzen ist zu sagen, daß der größere Teil unserer Wasserfälle nicht durch eigene Steige oder Weganlagen zugänglich gemacht worden ist. Allerdings handelt es sich bei diesen Wasserfällen sehr oft um solche, die als Wanderziele ohnehin weitgehend uninteressant wären. Andererseits ist zu beobachten, daß bei der Erschließung keineswegs immer die Schönheit eines Wasserfalls allein ausschlaggebend für dessen Zugänglichmachung gewesen ist. Vielmehr hing sie meist vom größeren oder geringeren Erschließungseifer des in der jeweiligen Gegend tätigen alpinen oder Fremdenverkehrsvereins ab.

Die meisten diesbezüglichen Weganlagen stammen aus der Zeit vor dem Ersten Weltkrieg und wurden vorwiegend vom Deutschen und Österreichischen Alpenverein erbaut oder zumindest angeregt. Am meisten hervor tat sich hierin wohl die damalige Sektion Taufers, der es zu verdanken ist, daß die Wasserfälle im Raum des Tauferer-Ahrntales fast ausnahmslos durch Wege erschlossen sind. Mit kaum geringerem Eifer war auch die Sektion Meran um die touristische Erschließung der Passeirer Wasserfälle bemüht; bedauerlicherweise ist deren bedeutendste Weganlage — jene zu den Stieberfällen bei Platt — heute längst verfallen. Zu nennen sind auch die Sektionen Sterzing (Gilfenklamm) und Bozen (Fingeller Wasserfall), sowie der im Trafoier Gebiet tätige »Verein für Alpenhotels«.

Während damals die alpinen Vereinigungen ihre Hauptaufgabe in der Erschließung der Alpen sahen, müssen sie heute mehr und mehr für deren Schutz eintreten. Die Anlage von neuen Wegen steht deshalb schon lange nicht mehr an oberster Stelle ihrer Programme. Dies scheint auf den ersten Blick sehr lobenswert, doch komme ich persönlich immer mehr zur Überzeugung, daß diese Zurückhaltung wenig nützt, solange andere Institutionen die technische Erschließung unvermindert vorantreiben. Ich bin sogar der Meinung, daß so mancher Wasserfall durch einen neuen Steig zur touristischen Attraktion gemacht werden sollte, anstatt ihn versteckt zu halten und zugleich seinem Schicksal als Abfallgrube zu überlassen, wie ich dies gar nicht so selten beobachten konnte. So paradox es auch klingen mag: in einer Zeit, in der einerseits kein Landschaftsraum mehr vor der Zerstörung durch den Menschen sicher ist, andererseits aber doch die Befürworter eines verstärkten Umweltschutzes keine schweigende Minderheit mehr sind, können besonders erhaltenswerte Naturdenkmäler am besten nur mehr dadurch geschützt werden, daß man sie durch einen einfachen Weg möglichst vielen Naturfreunden zugänglich macht.

Gerade der Besuch von zahlreichen Felsschluchten hat mir gezeigt, wie illusorisch heute der Versuch wäre, die Landschaft in ihren Urzustand zurückversetzen zu wollen. Gerade jene versteckten Gebiete, in denen es keine markierten Wanderwege gibt, die also touristisch unerschlossen sind und daher als noch unverschmutzt gelten, werden von den umliegenden Bewohnern mit Vorliebe als Müllplätze benützt, deren Hauptübel darin liegt, daß sie sich meist in Bachgräben befinden und dadurch oft eine erschreckende Wasserverseuchung mit sich bringen.

Deshalb sehe ich in vernünftig und schonend angelegten Wanderwegen nicht die Gefahr einer »Vermarktung« der Landschaft, sondern in manchen Fällen sogar das Gegenteil. Man kann sich anhand genügender Beispiele gut vorstellen, wie es beispielsweise in der Sterzinger Gilfenklamm aussehen würde, wenn sie nicht durch eine Weganlage erschlossen wäre.

Die meisten in diesem Buch beschriebenen Wasserfälle befinden sich mehr oder weniger im Talbereich und sind — sofern sie einen guten Weg als Zugang haben — Kurzwanderziele auch für Leute ohne Bergerfahrung. Wenn demnach für diese Wanderungen auch keine spezielle Ausrüstung erforderlich ist, so muß hier doch darauf hingewiesen werden, daß hinsichtlich der Bekleidung dieselben Regeln gelten, wie für eine Wanderung im eigentlichen Gebirge. Festes Schuhwerk ist ebenso notwendig wie Pullover und Windjakke, also ein Kälte- und Regenschutz. Gerade dies aber ist man an einem heißen und sonnigen Hochsommertag geneigt, nicht mitzunehmen; dabei ist es von besonderer Wichtigkeit. Denn der Weg führt fast immer in mehr oder weniger schluchtartiges, schattiges Gelände, in dem es ganz plötzlich nicht nur unerwartet kühl, sondern in der Nähe des Wasserfalls auch sehr feucht und windig ist. Nicht selten wird man sogar von einem regelrechten Sprühregen empfangen.

Wann die beste Zeit für einen Wasserfallbesuch ist, kann verallgemeinernd kaum gesagt werden. Die Stärke der Wasserführung, die Exposition, die Höhenlage und nicht zuletzt der Mensch spielen dabei eine wesentliche Rolle. Grundsätzlich sind die Wasserfälle am schönsten zur Zeit der stärksten Schneeschmelze im Haupteinzugsgebiet des jeweiligen Baches. Jahreszeitlich liegt sie in den Monaten April bis Juni, in südexponierten und tieferen Lagen früher, in nordexponierten und höheren Lagen entsprechend später. Dies gilt aber nicht für den jeweiligen Wasserfall, sondern für das Einzugsgebiet des ihn bildenden Baches. So weist beispielsweise der Partschinser Wasserfall, dessen Wassereinzugsgebiet sehr hoch und nur teilweise südexponiert liegt, erst Ende Juni seine stärkste Wasserführung auf, während sie etwa beim Fagenbachfall bereits Anfang April zu beobachten sein kann. Bei Wasserfällen mit von vornherein nur schwacher Wasserführung ist zu beachten, daß sie bereits im Juli oder August so weit zurückgehen, daß sie kaum mehr besuchenswert sind. Allerdings hängt das bisher Gesagte auch sehr stark davon ab, ob der vorangegangene Winter mehr oder weniger schneereich war, ob er lang oder kurz war, und ob die Frühjahrs- und Sommermonate naß oder trocken waren.

Eine starke Beeinträchtigung erfahren viele Wasserfälle durch den Menschen. Entweder für die Bewässerung der Kulturanlagen, zur Auffüllung von Stauseen oder für den Betrieb kleiner Elektrizitätswerke werden manche unserer Gebirgsbäche »angezapft«, wodurch einzelne Wasserfälle zeitweise fast oder ganz ohne Wasser bleiben oder aber durchgehend weniger Wasser führen.

Zum Schluß dieser einführenden Betrachtung sei hier noch der Versuch einer Definition des Begriffes Wasserfall unternommen, denn so scharf abgrenzbar er rein theoretisch wäre, so weitläufig und ungenau ist er im allgemeinen Sprachgebrauch. Demnach wäre im reinsten Sinne des Wortes jedes mehr oder weniger senkrecht hinabfallende Wasser — also auch das aus dem Wasserhahn in unserer Wohnung — ein Wasserfall. Dies aber ist unter dem Begriff Wasserfall, wie er allgemein und so auch in diesem Buch gebraucht wird, selbstverständlich nicht zu verstehen. Um ein Wasserfall zu sein, muß er schon eine gewisse Höhe bei einer gewissen, mehr oder weniger konstanten Wasserführung aufweisen. Genormte Untergrenzen gibt es allerdings nicht und wären wohl auch kaum festzulegen. Ähnlich problematisch ist eine Bewertung auch hinsichtlich der Neigung: Bis zu welchem Grad kann man noch von einem Wasserfall sprechen, und ab wann ist es nur mehr eine Bachschnelle? Auch hier gibt es keine Normung, und ebensowenig hinsichtlich der Frage — falls die Wasserfallwand gestuft ist — bis oder ab wann von einem Wasserfall, von einer Kaskade oder von mehreren Einzelfällen zu sprechen ist.

Aufgrund eigener Eindrücke, verschiedener Überlegungen und Vergleiche habe ich versucht, auf diese Fragen jeweils eine Antwort zu finden und jeden in diesem Buch beschriebenen Wasserfall so oder so einzuordnen. Aber nicht in erster Linie darin soll die Bedeutung des Buches liegen, sondern in der — wenn auch nicht vollständigen — erstmaligen Bestandsaufnahme und im Vorstellen einer bisher relativ wenig beachteten Art von Naturschönheiten und lohnenden Wanderzielen.

SÜDTIROLER WASSERFÄLLE IN WORT UND BILD

Die folgenden Seiten stellen eine Auswahl von charakteristischen Wasserfällen in Südtirol vor. Dabei handelt es sich vorwiegend um leicht erreichbare und lohnende Kurzwanderziele, die sich auch weniger bergerfahrene Wanderer zutrauen dürfen. Die Textbeiträge geben meist locker gehaltene Landschafts- und Erlebnisschilderungen wieder, während die meist großformatigen Bilder einen Eindruck von der Charakteristik der Wasserfälle vermitteln sollen. Sie sind in einem von Westen ausholenden und nach Berührung nahezu aller Täler Südtirols im Süden endenden Bogen angeordnet.

Das an den Bildteil anschließende »Lexikon der Südtiroler Wasserfälle« enthält die topographischen und touristischen Angaben zu rund 145 Wasserfällen, die unter 80 Stichwörtern zusammengefaßt sind.

Sämtliche in diesem Buch beschriebene Wasserfälle lassen sich im entsprechenden Verzeichnis am Schluß dieses Buches sowie in der Vorsatzkarte nachschlagen.

DIE HEILIGEN DREI BRUNNEN BEI TRAFOI

Die einzigartigsten Kaskaden Südtirols

Als ich den breiten, schutterfüllten und von mächtigen Felswänden umschlossenen Boden des hintersten Trafoier Tales betrat, erhob sich vom Gipfel der Vorderen Madatschspitze gerade eine dünne Wolkenfahne in den blauen Himmel, und die kühngeformte, 3184 m hohe Felspyramide erschien mir wie ein rauchender Vulkan.

Der Vergleich hinkt nicht, er hat sogar viel für sich. Denn außer dem an diesem Tag natürlich rein zufällig aufsteigenden »Rauch«, besitzt der Berg auch seine »Lava«, die hoch oben an verschiedenen Stellen aus dem Felsen bricht und sich tosend und unaufhaltsam zu Tal ergießt, breite, tiefe Schneisen in den Latschenhang fressend. Der »Rauch« allerdings ist hier nur Dampf und die »Lava« ist klares, eiskaltes Wasser. Diese Madatschspitze ist ein »wasserspeiender Berg«, sage ich zu mir und weiß natürlich, daß es diesen Begriff eigentlich nicht gibt. Und dann steige ich die 150 Höhenmeter hinauf und stehe staunend vor den Öffnungen in der senkrechten Felswand, wo die mächtigen Wildbäche aus dem Innern des Berges schäumend hervorschießen, um dann mit vielen prachtvollen Wasserfällen talwärts zu stürzen. Es ist ein Naturphänomen, wie es in den Alpen in dieser Form wohl kein zweites gibt. Oberhalb dieser »Riesenquellen« ist der Fels kompakt und geschlossen, ohne Risse oder Spalten. Wie also sammelt sich das viele Wasser im Innern des gewaltigen Felsberges, woher kommt es?

Die Sage weiß es. In einem Hohlraum ungeheuren Ausmaßes liegt ein riesiger unterirdischer See. Kein Mensch hat ihn je gesehen, nur seine Ausflüsse sind sichtbar, es sind die Heiligen Drei Brunnen. Doch eines Tages werden die Felsen bersten und die ungeheuren Fluten werden sich alles vernichtend über das Tal von Trafoi, ja sogar über den ganzen Vinschgau ergießen. Auch die Gletscher werden wieder wachsen, um zusammen mit dem ausbrechenden See die blühende grüne Landschaft für immer unter sich zu begraben. Nur eines gibt es, um das schreckliche Unheil abzuwehren: vertrauensvolles Gebet und bußfertige Andacht.

So entstand am Fuße der eisumgürteten Ortlerwand, der Madatschspitze mit dem unheimlichen unterirdischen See und den schönen Wasserfällen gerade gegenüber, bereits vor Jahrhunderten die Wallfahrt zu den Heiligen Drei Brunnen, nachdem hier ein wundertätiges Muttergottesbild aufgefunden worden war. Im Winter, wenn die Welt der Heiligen Drei Brunnen in Eis und Schnee erstarrt ist, beten die Gläubigen in der Kirche von Trafoi zu ihrem Gnadenbild; im Frühjahr aber, wenn sich die drohenden Wasser wieder zu regen beginnen, bringen es die Trafoier auch heute noch in einer großen Bittprozession zum Wallfahrtsort, damit es Schutz gewähre vor dem See und den Bächen am »wasserspeienden Berg«.

Die Vordere Madatschspitze (3184 m) mit den „Heiligen Brunnen" im hintersten Trafoier Tal (Lexikon S. 117)

Oben links: Wallfahrtsort und Wildbäche zu d
„Heiligen Drei Brunnen“
Oben rechts: Einem rechteckigen Felsloch in e
kompakten Felswand entspringt der linke der b
den oben abgebildeten Sturzbäche
Mitte links: Die springbrunnenartige „Riesenqu
le“ des rechten Baches
Unten links: Blick vom Ursprung der „Heilig
Brunnen“ auf den vermurten Talboden mit d
Wallfahrtsort
Unten rechts: Der 17 m hohe unterste Wasserf
des dritten der „Heiligen Drei Brunnen“
Rechte Seite: Der auf einem Steig erreichba
oberste Wasserfall (15 m) des rechten der beid
links oben abgebildeten Bäche

DER WASSERFALL DES TRAFOIER BACHES

Wanderung zu einer der schönsten Felsklammen der Alpen

Biegt man kurz nach Trafoi von der Stilfser-Joch-Straße links ab, erreicht man auf einer schmalen Straße den Talboden mit der Wallfahrtsstätte zu den *Heiligen Drei Brunnen*. Uralte Sagen und Legenden ranken sich um diese Landschaft, die von der Wildheit riesiger Schuttströme, zerrissener Gletscher, schroffer, abweisender Felsbastionen und reißender Wildbäche geprägt ist. Die Zeit scheint hier stehen geblieben zu sein, der Mensch ist hier noch nicht zum rücksichtslosen Herrscher über die Natur geworden; im Anblick der unbezähmbaren Urgewalten spürt er, wie klein und nichtig er doch letzten Endes ist.

Auf den vorhergehenden Seiten dieses Buches wurde versucht, von der Wallfahrt und vor allem von der einzigartigen Naturerscheinung der »Heiligen Brunnen« ein Bild zu zeichnen; von einer weiteren, nicht weniger einzigartigen Naturerscheinung im Tal von Trafoi soll hier die Rede sein.

Man nennt sie die *Bärenbrücke*, ein Name, der in längst vergangene Zeiten zurückweist, als hier noch Meister Petz sein Zuhause hatte. Diese Brücke ist ein guter Holzsteg, der in unmittelbarer Nähe eines hübschen Wasserfalls eine unheimliche Felsklamm überquert. Sie wurde, ebenso wie der Weg, der vom Talboden der Heiligen Drei Brunnen zu ihr empor und weiter zum Weißen Knott an der Stilfser-Joch-Straße führt, bereits 1897 erbaut. Aber die ursprüngliche Bärenbrücke war wohl nicht dieser Holzsteg, sondern eine natürliche Felsbrücke, die sich etwas tiefer befindet. Vielleicht entwischte hier einmal ein mutiger Bär einem Jäger, indem er auf dem schmalen Felsen, der sich von einer Seite der Klamm zur anderen spannt, die grausige Tiefe überquerte, wer weiß.

Heute gibt es schon längst keinen Bären mehr in diesem Gebiet, auch sonst steht es mit dem Wildbestand nicht zum besten, obwohl die eindrucksvolle Berglandschaft im sogenannten Stilfser Nationalpark liegt. Aber die Felsklamm, an der eine Stelle noch an jene Zeit erinnert, in der auch größere »Raubtiere« noch ein Daseinsrecht hatten, ist schön und ursprünglich wie eh und je. Sie ist so schmal und so tief, daß man nur an ganz wenigen Stellen bis auf ihren Grund sehen kann, wo der Trafoier Bach in vielen, fast unterirdischen Kaskaden zu Tal braust. Nur bei der Bärenbrücke öffnet sie sich etwas und gewährt einen Einblick in ihr Inneres, auf einen schönen, wenn auch nicht besonders hohen Wasserfall.

Sicher, dieser Wassersturz allein wäre noch kein besonders lohnendes Wanderziel. Aber zusammen mit der Klamm, die mit Sicherheit eine der schmalsten und gleichzeitig tiefsten und damit eindruckvollsten Dolomit-Schluchten der Alpen ist, ist er für den Naturfreund nicht weniger begeisternd als es beispielsweise eine Besteigung des Ortlers, der hier in seiner überwältigenden Pracht herabblickt, sein würde.

Der rund 20 m hohe Wasserfall in der Felsklamm des Trafoier Baches (Lexikon S. 119)

DIE WASSERFÄLLE DES TSCHENGLSER BACHES

Bollwerke gegen die zerstörenden Kräfte des Wassers

Geologische, morphologische und klimatische Verhältnisse sind vor allem verantwortlich für die eigenwilligen Landschaftsformen, die den Vinschgau zu einem absoluten Unikum innerhalb des Alpenbogens machen. Von all den vielen Besonderheiten, die das breite Tal in vielfacher Hinsicht auszeichnet, fallen dem Reisenden wohl die riesigen Murkegel am stärksten auf, die sich am Ausgang der zahlreichen größeren und kleineren Seitentäler ausbreiten.

Einer dieser Murkegel ist jener von Tschengls, wenngleich auch nur einer der kleineren, der sich mit jenem der Malser Haide und der berühmten Gadriamure, die als größte der Alpen gelten, nicht vergleichen läßt. Zu »verdanken« ist die Entstehung dieses Kegels, auf dem sich die Ortschaft Tschengls ausbreitet, dem Tschenglser Bach, der hoch oben am breiten Fuß der mächtigen Tschenglser Hochwand seinen Ursprung hat. So harmlos sich der Bach auch normalerweise gibt — zu trauen ist ihm nicht. Denn nur allzu oft hat er die Dorfbewohner in Angst und Schrecken versetzt, das bisher letzte Mal im Sommer 1971. Um für die Zukunft eine Wiederholung dieser verheerenden Überschwemmungen zu verhindern, wurden in den letzten Jahren umfangreiche Schutzbauten errichtet; daß aber die gewiß schrecklichen Überflutungen nicht noch viel katastrophalere Auswirkungen hatten, ist wohl den »natürlichen Schutzbauten« zu verdanken — den senkrechten Felsstufen, über die der Bach wohl in donnernden Wasserfällen herabstürzt, gleichzeitig aber in seiner reißenden und schürfenden Kraft immer wieder stark abgebremst wird.

Solche Wasserstürze befinden sich im unteren und mittleren, in eine wilde Felsschlucht geschnittenen Teil des Wasserlaufs, die höchsten aber ganz oben unter der Oberen Tschenglser Alm. Eine mächtige Felswand von 150 m Höhe riegelt dort das Tal quer ab; sie läßt nicht zu, daß dort der Bach sein Bett vertieft und Geröllmassen abschwemmt, sie zwingt ihn an ihrem Fuß zum Stillstand. Wer weiß, ob ohne diese mächtige Felsstufe die ganze Gipfelzone der Tschenglser Hochwand nicht schon längst ein Opfer der schürfenden Wasser geworden und Stück für Stück in die Tiefe gefahren wäre.

Eines jedenfalls ist sicher: So wie der Tschenglser Bach verantwortlich ist für das Entstehen des Tschenglser Murkegels, sind die einzelnen Felsstufen mit den Wasserstürzen verantwortlich dafür, daß dieser Murkegel einer der kleinsten des Vinschgaues ist. Damit soll gesagt sein, daß Wasserfälle nicht nur prachtvolle Naturschauspiele sind, sondern bedeutende Bollwerke der Natur gegen die abtragenden und zerstörenden Kräfte der reißenden Wildwasser. Wo sie von Natur aus fehlen, muß erst der Mensch versuchen, sie durch aufwendige Betonbauten zu ersetzen.

Die rund 150 m hohen Kaskaden im oberen Teil des Tschenglser Baches (Lexikon S. 120)

SCHRANBACHFALL - KUENZENTSCHATTER

Die Wasserfälle im obersten Marteller Talboden

Wenn man vom hintersten noch bewaldeten Talboden von Martell, da wo in letzter Zeit mehrere neue Gastbetriebe entlang der schmalen Straße entstanden sind, wo auch das verfallende Monster eines Riesenhotels namens »Paradiso« mitten in einer prachtvollen Waldlandschaft steht und wo eine hohe Brücke die schaurige Schlucht der Plima überspannt, wenn man also von diesem Boden westwärts hinaufblickt, so hat man den Eindruck, daß der Steilhang, der hier das Tal quer abriegelt und auf seiner Höhe die weithin sichtbare Zufallhütte trägt, der Talschluß von Martell sei. Aber das ist er nicht. Denn hinter der Zufallhütte breitet sich noch ein weiterer Boden aus und hinter einem weiteren kleinen Hang wieder ein Talboden. Erst dies ist der eigentliche Talschluß von Martell.

Es ist noch gar nicht so lange her — es war um die Jahrhundertwende — da war diese oberste Talmulde noch teilweise erfüllt vom Gletschereis, das südseitig vom Venezia-Kamm herabfloß und den Abfluß des Langenferners zu einem großen See aufstaute. Dieser aber sprengte den mächtigen Eisriegel immer wieder, und jedesmal verheerten die Wassermassen das Martelltal.

Diese letzte »Kleinst-Eiszeit«, die bereits im 17. Jahrhundert begann und seit gut einem Jahrhundert wieder im Abklingen ist, war das Ende einer langen »Zwischeneiszeit«, in der es noch grünte und blühte, wo heute nur mehr trostlose Geröllhänge sich ausbreiten. Üppiger Hochwald, dessen Reste angeblich während des Ersten Weltkrieges im Gletscher des Cevedale zum Vorschein gekommen sind, soll bis in die Eisregion hinaufgereicht haben, im heute verödeten obersten Talboden von Martell wurde der berühmte Ultner Markt abgehalten, an den noch die Bezeichnung *Ultnermarktferner* erinnert, und in fast 2500 m Höhe stand sogar ein Hospiz, das sogenannte *Klösterle* oder *Schlößl*, dessen Mauerreste tatsächlich noch heute sichtbar sind. Sagen, Legenden und Jagdgeschichten ranken sich um jene längst vergangene Zeit und um unseren längst verödeten Boden, dessen Schicksal es anscheinend sein muß, einmal blühendes Leben und fröhliches Treiben zu sehen und dann wieder eisstarrende, lebensfeindliche Wildnis.

So ist diese gletschernahe, von einem prachtvollen Kranz schimmernder Firngipfel umrahmte Landschaft reicher an lebendiger Volksüberlieferung, als es die meisten anderen Gebiete ähnlicher Höhenlage sind. Und wenn heute auch nicht mehr jene glückliche Zeit zurückgekehrt ist, in der sogar die höchsten Jöcher eisfrei waren und anstelle der Gletscher dichter Wald sich ausbreitete, so ist das Antlitz dieser Gegend doch nicht mehr so abweisend wie noch vor wenigen Jahrzehnten. So wie sich die Gletscher in die obersten Hangmul-

Der 37 m hohe Schranbachfall im hintersten Martelltal, mit der Vorderen Schranspitze (Lexikon S. 122)

den zurückgezogen haben, sind einzelne Zirben und saftige Grasböden nachgerückt. Wo die schürfende Kraft des Eises kleine Becken im Gefels hinterlassen hat, liegen zauberhafte Karseen und über die senkrechten Felswände stürzen zwei prachtvolle Wasserfälle, der *Schranbachfall* und die *Kuenzentschatter*.

Aber kaum ein Mensch beachtet diese schönen Wasserstürze, die der Gegend erst recht ihren vielfältigen Charakter verleihen, kaum jemand kennt auch die Geschichten, die an dieser Gegend haften, so wie auch nur selten jemand den stürmischen Wasserfall der Plima bei der Zufallhütte beachtet oder die Mauerreste des »Klösterle« gesehen hat. Höchstens die lange Staumauer, die 1893 gegen die wiederholten Ausbrüche des Gletschersees errichtet wurde, wird wahrgenommen. Doch wird sie nicht selten als Bauwerk aus dem Ersten Weltkrieg angesehen, oder es wird über ihre Entstehung und ihren einstigen Zweck überhaupt nicht nachgedacht.

Wie dem auch sei — eines ist gewiß: für denjenigen, dem eine große Gletschertour auf einen der eisgekrönten Hochgipfel zuviel, der kurze Aufstieg zur Zufallhütte aber doch wieder zuwenig ist, für den ist eine Wanderung zum obersten Zufallboden sicherlich gerade recht. Bei den Ruinenresten des einstigen Bergklosters, Schlößls, Hospizes oder was immer es gewesen sein mag, oder vielleicht im Schatten einer der knorrigen Wetterzirben über die vielen alten und neueren Geschichten nachzudenken, dem Rauschen der Wasserfälle, der Bäche und des Windes zu lauschen, einfach den Wolken nachzusehen, wie sie ruhig und gelassen über Berge und Gletscher hinweg in fremde Länder ziehen, oder aber auch nur ein paar Stunden inmitten dieser faszinierenden Landschaft zu verträumen — auch das kann schon ein unvergeßliches Erlebnis sein, ein kleines Stück von jenem großen Glück, das wir alle so beharrlich ein Leben lang suchen.

Die sogenannte Kuenzentschatter, ein 82 m hoher Wassersturz unter den Veneziaspitzen im hintersten Martelltal (Lexikon S. 121)

DER FLIMBACHFALL IM MARTELLTAL

Gedanken zur touristischen Erschließung der Wasserfälle

Wasserfälle sind im allgemeinen weniger bekannt, weniger gut erschlossen, sie werden weniger beachtet als die meisten anderen Wander- und Bergsteigerziele, wie Berggipfel zum Beispiel, Hochseen, Almen und dergleichen mehr. Und doch haben auch sie meist ihre touristische Tradition. Die einen wurden schon sehr früh als besonders besuchenswerte Naturschönheiten entdeckt, durch oft kühn angelegte Wege zugänglich gemacht und erfreuen sich dementsprechend meist großer Beliebtheit; andere wiederum sind bis auf den heutigen Tag unerschlossen geblieben, sie sind, weil sie sich nicht selten in sehr unwegsamen Gelände befinden, kaum als Tourenziele zu werten.

Zu diesen letzteren ist der Wasserfall des Flimbaches in Martell zu zählen. Wenn man von der Ortschaft Gand südseitig hinaufblickt, sieht man ihn bereits; es ist beeindruckend, wie die Wasser aus einer tiefen Klamm hervorschießen und dann über die hellen Felsen herabstürzen. Aber es gibt weder Weg noch Steig, um in seine Nähe zu kommen, und das Gelände ist steil, felsig und dicht verwachsen, so daß der Aufstieg doch einiges an Bergerfahrung und Vorsicht abverlangt. Ich selbst konnte beobachten, wie eine Touristengruppe in Halbschuhen und ungeeigneter Kleidung in nicht gerade arge, aber doch unliebsame Schwierigkeiten geriet — man hatte ihnen den Aufstieg als leicht und ungefährlich beschrieben.

Aus dieser Sicht heraus wäre demnach ein einfacher Waldsteig wohl wünschenswert. Aber es stellt sich hier auch sofort die Grundsatzfrage: ist die Anlage von neuen Fußsteigen im Hinblick auf Natur- und Umweltschutz überhaupt noch zu befürworten? Diese Frage ist heute umstrittener denn je. Da gibt es die einen, die die Alpen in ihren absoluten Urzustand — also auch ohne Wege und Steige — zurückgeführt sehen möchten, die anderen, die gleich jeden Gipfel durch eine Seilbahn oder eine Straße »erschlossen« wissen möchten, und die dritten, die dafür plädieren, gewisse Gebiete zu »opfern«, sie zum Rummelplatz werden zu lassen, und dafür in anderen Gebieten die Rückführung in den Urzustand anzustreben.

Ich bin der Meinung, daß weder das eine noch das andere gut und sinnvoll wäre. Das heute auch von Umweltschützern oft befürwortete »Opfern« gewisser Gebiete halte ich für ebenso falsch wie eine Fortsetzung der allgemeinen technischen Erschließung durch Straßen und Bergbahnen aller Art. Vernünftig und schonend angelegten Steigen dagegen kann ich mich nicht widersetzen. Denn sie und nur zu Fuß gehende Menschen schaden der Naturlandschaft ganz bestimmt am allerwenigsten.

So finde ich es schade, daß zu unserem Wasserfall des Flimbaches kein gebahnter Pfad führt. Denn gerade das prachtvolle Martelltal, das erfreulicherweise die technische Übererschließung anderer Täler nicht mitzumachen scheint und sich ganz einfach als »Wanderparadies« vorstellt, könnte sich noch ohne weiteres ein paar zusätzliche Wanderwege leisten.

Die Hauptstufe (37 m Höhe) des Flimbachfalles im äußeren Martelltal (Lexikon S. 123)

DER PARTSCHINSER WASSERFALL

. . . einer der schönsten Europas

Irgend jemand sagte mir einmal, der Partschinser Wasserfall wäre der höchste Europas. Nun weiß ich zwar nicht ganz genau, welcher wirklich der höchste ist — angeblich der 420 m hohe Gavarnie-Fall in Frankreich —, der Partschinser ist es jedenfalls nicht. Er ist »nur« 97 Meter hoch.

Sicher wäre es schön, in Südtirol den höchsten Wasserfall unseres Kontinents zu haben; aber wenn schon das nicht sein soll, so kann doch mit Fug und Recht behauptet werden: Der Partschinser Wasserfall ist ohne jeden Zweifel einer der schönsten.

Um nun zu erklären, was die überragende Schönheit dieses mächtigen Wasserfalls ausmacht, kann gesagt werden, daß es die außergewöhnlich starke Wasserführung ist und vor allem die ganz besondere Art, in der die Wasser zu Tal stürzen. Denn diese gewaltigen Wassermassen schießen nicht über die Wand hinab, sie fallen und sie fließen auch nicht, sie sprühen oder sie donnern auch nicht in die Tiefe, sondern sie werden wie von übernatürlicher Riesenkraft über die Wand hinausgeworfen, viele Meter weit, mit unheimlicher Geschwindigkeit und noch unheimlicherem Rauschen. — Aber Worte reichen ebensowenig aus, einen gültigen Eindruck von diesem überwältigenden Naturschauspiel zu vermitteln, wie ein paar Fotos ausreichen. Man muß es ganz einfach selbst aus unmittelbarer Nähe erlebt haben!

So spielt es gar keine Rolle mehr, ob der Partschinser Wasserfall der höchste Europas ist oder nicht. Daß er trotzdem immerhin zu den höchsten gezählt werden darf, ist erfreulich, aber auch nicht so wesentlich. Das wirklich einzig Wesentliche ist, daß er einer der beeindruckendsten ist. Und das ist er wahrhaftig. Südtirol hat allen Grund, stolz auf ihn zu sein, aber auch allen Grund, ihn vor jeglicher Verbauung zu schützen!

Bilder oben und rechte Seite: Der überwältigende, leicht zugängliche Ausfluß und zwei Gesamtansichten des 97 m hohen Partschinser Wasserfalls (Lexikon S. 125

GRUBBACHFALL UND IMSTBACHFALL

Zwei helle Wasserfälle an der Pfelderer Sonnenseite

Wasserfälle sind wie Menschen; jeder hat seinen ganz eigenen, unverwechselbaren Charakter, irgendwie gleicht jeder dem anderen und doch ist jeder anders und jeder befindet sich in einer anderen Umgebung. Der eine fristet in einer tiefen Schlucht zurückgezogen sein Dasein, der andere drängt sich wieder weit vor und will von allen gesehen und bewundert werden, der eine ist breit und behäbig, der andere wieder lang und dünn. Laut und zornig polternde gibt es und leise, kaum hörbar flüsternde, solche, die sich gern im Talbereich aufhalten, und solche, denen es auf den Hochalmen oder in der Nähe der Gletscher besonders gut gefällt; die einen sind sehr wärmescheu und verziehen sich meist im Hochsommer schon wer weiß wohin, den anderen wiederum behagt die Kälte nicht und sie erstarren schnell zu Eis, aber manche sind auch so abgehärtet, daß ihnen weder Kälte noch Hitze etwas anhaben kann. Und schließlich gibt es denjenigen, der sich in Gesellschaft von seinesgleichen wohl fühlt, und den anderen, der lieber einsam bleibt und weit und breit keinen Nachbarn hat.

Das Passeiertal ist jenes Tal, das mehr Wasserfälle besitzt als jedes andere in Südtirol. Die Spannweite reicht hier vom sehr wilden, sehr wasserreichen, aber nur elf Meter hohen Fall der Passer über die neunstufige Kaskade des Fartleisbaches, die berühmten Stieberfälle oder den 71 m hohen oberen Guflbachfall, bis hin zum weithin sichtbaren, 230 m hohen unteren Stuller Fall — um nur einige zu nennen. So viele es auch sein mögen, jeder hat sein eigenes Gesicht, keiner könnte mit einem anderen verwechselt werden, wenn auch die meisten eines gemeinsam haben: sie befinden sich fast durchwegs in mehr oder weniger dicht bewaldeten Gebieten und meist auch in mehr oder weniger tiefen Felsschluchten. Doch einige unterscheiden sich auch hierin von den anderen, denn sie liegen in waldfreiem, herrlichem Wiesengelände. Es sind die Wasserfälle an der Sonnenseite des Pfelderer Tales.

Der 53 m hohe Grubbachfall bei Pill im äußeren Pfelderer Tal (Lexikon S. 127)

Von den zahlreichen Sturzwässern, die hier von den steilen Hängen herabfließen, seien an dieser Stelle die beiden schönsten genannt: der Wasserfall des Grubbaches und der Imstbachfall; ein stufenloser, freier Wasserfall der erste, eine zwar sehr hohe, aber nicht ganz senkrechte und gestufte Kaskade der zweite.

Noch vor wenigen Jahren lag der Grubbachfall weit abseits von Straße und Autolärm, und die Wanderung von Moos auf einem uralten, von schönen Zäunen gesäumten Weg durch die sonnigen Wiesen hinauf zu den ehrwürdigen Höfen von Pill und weiter talein bis Innerhütt war eines der reizvollsten Erlebnisse, die das Passeiertal zu bieten hatte. Doch vor kurzem ist der Weg verschwunden und eine asphaltierte Straße ist an seine Stelle getreten; diese einzigartige bäuerliche Kulturlandschaft hat dadurch einiges von ihrer Unversehrtheit eingebüßt. Gerechterweise muß aber doch gesagt werden, daß die neue Straße so schonend wie möglich angelegt wurde und — was besonders wichtig ist — eine nur geringe Breite aufweist, so daß sie vor allem nur den Pillern dient und kaum für einen regen Touristenverkehr geeignet ist.

So kann die Wanderung hinauf nach Pill und zum nahen Grubbachfall, weiter talein zum Pfelderer Bach und von dort auf einem schönen Wiesenweg zum Imstbachfall immer noch empfohlen werden. Trotz der Asphaltstraße ist es immer noch ein Gang durch eine blühende Wiesenlandschaft mit ihren typischen Buschzeilen und knorrigen Eschen, vorbei an alten Mühlen und sonnengebeizten, blumengeschmückten Höfen. Und überdies gibt es auch noch eine ganze Reihe von Wiesensteigen, auf denen man der Straße ausweichen kann. Die Wasserfälle zu finden, bereitet keine Schwierigkeiten. Denn sie gehören nicht zu jenen, die sich hinter dichtem Wald oder in tiefer Schlucht verbergen; vielmehr ist ihr Wesen frei und offen, sie lieben die freundliche Landschaft und die hellen Strahlen der Sonne. So sind sie — vor allem der Grubbachfall und der leider meist recht wasserarme nahe Pitzkofelfall — schon von weitem sichtbar, und der Wanderer wird leicht die Wiesensteige finden, die in ihre Nähe führen.

An einem warmen Sommertag dazusitzen und dem heiteren Spiel der fallenden Wasser zuzusehen, ist ein Erlebnis, für das man sich viel Zeit nehmen sollte, denn es gibt kaum Schöneres. Doch eines sollte man sich trotz alledem nicht entgehen lassen, vorausgesetzt, man ist einigermaßen bergerfahren und trittsicher: auf einem der Hirtensteige ein Stück hinaufzusteigen zu den Bergwiesen, die sich oberhalb der Wasserfälle ausbreiten. Denn da empfängt einen ein Blütenmeer, wie es anderswo nicht so leicht anzutreffen ist. Von der Brunelle mit ihrem betörenden Duft bis zum Goldstern der Arnika sind sie alle da, die zahllosen farbigen Wunder unserer Berge. Obwohl der Aufstieg nur kurz war, hat man hier inmitten dieser echten Alpenflora das Gefühl, bereits sehr weit oben zu sein, den Berggipfeln und dem Himmel viel näher als den Tälern und dem grauen Alltag.

Auf diese Weise wird der Besuch der Wasserfälle gleichzeitig auch zu einer kurzen, aber richtigen Bergtour in einer Welt, die weder berühmt noch heroisch ist, und dennoch alle Schönheit eines strahlenden Bergsommers in sich vereint. —

Die Kaskade (170 m Gesamthöhe) des Imstbaches bei Innerhütt in Pfelders (Lexikon S. 126)

DIE STIEBERFÄLLE BEI PLATT IN PASSEIER

Sie sind so faszinierend wie sie unheimlich sind

Im Passeiertal, dem an Wasserfällen reichsten Tal Südtirols, wird von alters her für einen großen Wasserfall die Bezeichnung *Stieber* gebraucht, ein Name, der für die Kaskade des Pfelderer Baches ganz besonders zutrifft und auch schon früh in Kartenwerke und alpines Schrifttum Eingang gefunden hat, was vor allem darauf zurückzuführen ist, daß die damalige Alpenvereinssektion Meran bereits um 1895 eine Weganlage mit Brücken und Aussichtskanzeln entlang der wilden Wasserfallschlucht anlegen ließ. Heute ist diese Weganlage aber längst verfallen und die meisten begnügen sich damit, von der Straßenbrücke, die zwischen Moos und Platt die Schlucht überquert, in das urweltliche Geschehen hinabzublicken. Lohnender allerdings ist es, auf einem hübschen Weg den Fuß der Wasserfallschlucht zu erwandern, denn von da aus ist der *Stieber* am allerschönsten.

Aber es haftet dem Wasserfall trotz all seiner berückenden Schönheit auch ein Hauch des Unheimlichen an. Denn allein in den letzten paar Jahren fanden im reißenden Pfelderer Bach vier Menschen den Tod: ein Mann und drei Kinder. Der Mann und ein Kind konnten nach Wochen erst geborgen werden, das andere Kind, das 1975 in die reißenden, eiskalten Fluten stürzte, blieb bis heute verschwunden, und ebenso jenes Kleinkind, das wenige Wochen vor Drucklegung dieses Buches vom Bach fortgetragen wurde.

Es geht die Rede um, daß der runde Wasserkessel, in den der obere Wasserfall senkrecht hinabstürzt, unheimlich tief sei. Ob er die Ursache für das wochen-, ja jahrelange Verschwinden der Leichen ist? — Ich habe seine Tiefe gelotet: sie beträgt 13 Meter! Das ist so tief wie etwa ein vierstöckiges Haus. Seit ich das weiß, durchläuft mich beim Blick in die brodelnde Flut jedesmal ein leichter Schauder; ich habe stets das unheimliche Gefühl, als hüteten die kreisenden Wasser so manches schreckliche Geheimnis.

Die 19 m hohe obere Stufe (links), di Wasserfallschlucht (Mitte und recht Seite) und das 13 m tiefe obere Fal becken der beiden, zusammen 37 n hohen Stieberfälle im Passeiertal

(Lexikon S. 127

DIE STULLER WASSERFÄLLE

Höchste Kaskade Südtirols und dritthöchste Europas

Natürlich sagt allein die Sturzhöhe eines Wasserfalls noch lange nichts über seine Schönheit aus. Im Gegenteil, es wird ein niedrigerer, dafür aber breiterer und wasserreicherer Fall meist als eindrucksvoller empfunden als ein höherer, der nur geringe Breite und Wasserführung aufweist. So sind beispielsweise die Niagarafälle an der Grenze zwischen Kanada und den Vereinigten Staaten wohl die berühmtesten und meistbestaunten Wasserfälle der Welt; daß sie das sind, verdanken sie aber nicht ihrer Höhe, die ja nur knapp 60 m beträgt, sondern ihrer überaus starken Wasserführung und der außergewöhnlichen Breite von zusammengenommen 1200 Metern. Dagegen ist der Angel-Fall in Venezuela, mit nahezu 1000 m Sturzhöhe der höchste bekannte Wasserfall der Erde und 16mal höher als die Niagarafälle, im Vergleich zu ihnen soviel wie unbekannt.

Nicht anders verhält es sich bei den Wasserfällen Südtirols. Sieht man einmal vom Partschinser Wasserfall ab, der auch höhenmäßig sehr bedeutend ist, gibt es so manchen, der trotz relativ geringer Höhe um ein Vielfaches bekannter und auch tatsächlich eindrucksvoller ist, als manch anderer mit zwar erheblich größerer Sturzhöhe, aber eben leider schwächerer Wasserführung. Und dennoch gilt die erste Frage meist der Höhe, wenn von einem Wasserfall die Rede ist. Und vor allem will jeder gleich wissen, welcher der höchste sei.

Bisher gab es auf diese Fragen — was die Südtiroler Wasserfälle betrifft — kaum eine Antwort. Es gab zwar einige wenige Angaben, die auf groben Schätzungen beruhten, und ein paar weitere, denen tatsächlich eine exakte Messung zugrunde lag. Aber das war auch alles. Seit jeher fasziniert von jeglicher Erscheinungform des Wassers und damit auch von jedem Wasserfall, beschäftigte selbstverständlich auch mich die Frage nach der Sturzhöhe. Und da es offensichtlich niemand vor mir gemacht hatte, beschloß ich eines Tages, die Wasserfälle Südtirols zu erkunden und vor allem ihre genaue Höhe zu ermitteln.

So machte ich mich auf den Weg und vermaß einen nach dem anderen, notierte mir alles Wichtige und machte die nötigen Fotos; und als Endergebnis dieser nicht immer leichten, aber äußerst interessanten selbstgewählten Forschungsarbeit entstand allmählich das vorliegende Buch. Meist schätzte ich zunächst die Höhe eines Wasserfalls erst einmal nur ab, um dann allerdings bei der genauen Messung sehr oft feststellen zu müssen, wie leicht man sich

Blick von Breiteben auf die beiden unteren der Westlichen Stuller Fälle. Gesamthöhe der Kaskade: 342 m (Lexikon S. 128)

täuscht. Doch eines war mir schon bald klar: der höchste Wasserfall Südtirols ist die unterste Stufe jener gewaltigen Kaskade, die der Wasserfallbach bei Stuls im Passeiertal bildet. Bei der Fahrt auf der Hauptstraße talein war mir der so außergewöhnlich hohe Wassersturz schon früher immer aufgefallen und ebenso von der gegenüberliegenden Talseite her hatte ich wiederholt die Eleganz bewundert, mit welcher die Wasser frei und stäubend über die senkrechten Felswände stürzen. So war ich denn auch gar nicht mehr überrascht, als mir das Meßgerät eine Höhe von 230 m für den unteren, höchsten Einzelfall Südtirols und eine Gesamthöhe von 342 m für die ganze Kaskade einschließlich des oberen Wasserfalls anzeigte. So ist das Passeiertal nicht nur das an Wasserfällen reichste Tal Südtirols, sondern es besitzt auch den höchsten. Aber damit noch nicht genug: Denn betrachtet man den unteren und oberen Fall zusammen als eine zweistufige Kaskade, was aufgrund der nur kurzen dazwischenliegenden Flachstrecke nicht ganz unberechtigt ist, dann besitzen die Stuller den dritthöchsten Wasserfall Europas (nach dem zweistufigen, 420 m hohen Gavarniefall in Frankreich und den dreistufigen, insgesamt 380 m hohen Krimmler Fällen in Österreich).

Nun ist es aber auch hier leider so wie eingangs gesagt: Die große Höhe eines Wasserfalls allein ist noch nicht ausschlaggebend für seine Schönheit oder Anziehungskraft. Gewiß, bei voller Wasserführung und vor allem von der gegenüberliegenden Talseite aus gesehen, sind die unteren Stuller Fälle von berückender Schönheit und Linienführung. Aber bedauerlicherweise schrumpft der Wasserreichtum im Hoch- und Spätsommer meist so zusammen, daß man kaum mehr von richtigen Wasserfällen sprechen kann. Und überdies ist gerade die unterste, höchste Stufe Südtirols kein Wanderziel. Denn der Wasserfall reicht bis zur Passeirer Talstraße herab und besitzt keinen Fußweg als Zugang. Dies allerdings gilt gottlob für die obere Stufe nicht. Sie ist sehr wohl ein Wanderziel; ein nur selten besuchtes zwar, deshalb aber kaum ein weniger schönes. Der prachtvolle Wasserfall ist auf einem sehr stillen Weg, den außer den einheimischen Bauern fast niemand kennt, in ebener Wanderung durch den schattigen Waldgürtel zu erreichen, der auf einem schmalen Terrassenband die große Wandflucht durchzieht. Dabei endet er aber nicht beim Wasserfall, sondern führt weiter zu den unteren, einmalig schön gelegenen Stuller Höfen und von dort hinauf nach Stuls, das als sonnigstes Dorf des ganzen Passeiertales gilt.

So schwindelerregend auch die senkrechten Felswände oberhalb und unterhalb der Waldstufe aufragen und abbrechen mögen — der Weg selbst ist leicht und gefahrlos. Er ist jedem zu empfehlen, der einen atemberaubenden Tiefblick auf das Passeiertal erleben und eine der reizvollsten Landschaften in Südtirol kennenlernen möchte. Man sollte ihn aber an einem sonnigen Frühlingstag gehen, wenn die Schattseite drüben noch teilweise von den eisigen Armen des Winters umklammert wird, hier an der Sonnenseite aber das erste saftige Grün bereits Wiesen, Lärchen und Birken verzaubert, die Bienen ihre ersten Ausflüge unternehmen, die ersten zaghaften Blumen vom Ende der kalten Jahreszeit künden und vor allem die Wasserfälle am schönsten sind.

Der obere (72 m Sturzhöhe) der auf S. 35 abgebildeten Stuller Fälle im Passeiertal (Lexikon S. 128)

DER GUFLBACHFALL HOCH ÜBER DEM PASSEIERTAL

Er erzählt noch die Geschichten längst vergangener Tage

Einer der Weiler, die sich hoch über dem Passeiertal, bereits oberhalb der Waldgrenze, zwischen Glaiten und Stuls an den sonnigen, aber steilen Berghang lehnen, heißt Gufl. Gleich den anderen Höfegruppen sind es auch hier nur ein paar alte verwitterte Bauernhöfe, die wohl weit in das Land hinaus blicken und schöner gelegen sind als so manches Schloß auf stolzer Höhe, aber den Leuten ein hartes, einschichtiges, arbeitsreiches Leben abverlangen. Von diesem Weiler hat einer der vielen Bäche, die da über die Steilhänge der Passer zu poltern, seinen Namen: es ist der Guflbach, ein gar wilder Geselle in einer gar steilen und felsigen Gegend. Oben in den hohen Bergwiesen geht es ja noch, dort ist er noch klein und einigermaßen zahm, aber im unteren Teil, da stürzt er in vielen wilden Wasserfällen über die Felsen und ist ein richtiger, reißender Wildbach. Besonders an einer Stelle, wo sich eine hohe, breite Felswand in den Wald gefressen hat, bildet der Guflbach einen gewaltigen Wasserfall, einen der eindrucksvollsten im ganzen Passeiertal.

Das viele klare Wasser holt sich der Guflbach teilweise ganz oben unter dem weithin leuchtenden, hellen Gipfel der Hohen Kreuzspitze, teilweise aber auch aus dem todernsten, kreisrunden Übelsee, der früher so laut und unheimlich *gelurlt* hat, daß man es herunten in Gufl und in den anderen Höfen noch deutlich hören konnte und die Leute von Angst und Schrecken ergriffen wurden. Auch ein abscheuliches Untier hauste da oben in dem schwarzen See, und der Pfarrer von Stuls mußte nicht selten mit dem Höchsten Gut hinaufsteigen, um den Fluch zu bannen.

Den großen Wasserfall, der im letzten Stück zwar weglos, aber nicht schwierig durch steilen Wald zu erreichen und sehr besuchenswert ist, bildet der Guflbach unweit der mächtigen, steilwandigen Felskuppe, die man die Silberhütthöhe nennt. Die Forschung hat hier einwandfrei eine vorgeschichtliche Siedelstätte nachgewiesen und die Leute erzählen sich noch heute die uralten Legenden und Sagen von den hilfreichen Saligen Fräulein, die einst im Gefels ober dem Falknerhof wohnten, von den Hexen, die auf der Koflwiese des Nachts auf feurigen Besen ihr Unwesen trieben und von der Stuller Kirche, die auf der *Heache,* wie die Silberhütthöhe hier genannt wird, erbaut hätte werden sollen, auf einen göttlichen Wink hin aber an die heutige Stelle verlegt wurde.

Dies alles und sicher noch viel mehr weiß und kennt der Guflbach, er hat ja alles miterlebt. Aber er stürzt nur schäumend und polternd über die senkrechten Felsen und gibt die Geheimnisse nicht preis. Höchstens demjenigen, der ein besonders feines Gehör für die Stimmen dieser Landschaft hat, erzählt der hohe Wasserfall vielleicht noch das eine oder andere, bevor er es für immer und unwiederbringlich mit sich fortträgt.

Der 71 m hohe oberste Guflbachfall im mittleren Passeiertal (Lexikon S. 130)

DER WASSERFALL DER PASSER

Schauplatz des ewigen Kampfes zwischen Wasser und Fels

Die Bewohner der umliegenden Weiler nennen den Wasserfall den *Langwies-Stieber;* sie wissen um sein Vorhandensein und um seine Schönheit. Sonst aber kennt ihn kaum jemand. Gewiß, seine Sturzhöhe von elf Metern ist nicht gerade umwerfend; auch liegt er so versteckt, daß man ihn nur aus allernächster Nähe zu Gesicht bekommt, aber die Art, in der sich die wasserreiche Passer in das Gestein genagt hat und die einmalige Felsszenerie, die den tosenden Wassersturz umgibt, sind so beeindruckend, daß er zweifelsohne zu den schönsten Wasserfällen Südtirols gezählt werden darf. Und auch der Zugang, eine stille Wanderung auf einem uralten Weg durch ernsten Hochwald, ist ein Erlebnis ganz besonderer Art.

Dieser geheimnisvolle *Langwies-Stieber* liegt fast genau auf halber Strecke zwischen St. Leonhard und Moos. Aber nicht, wie zu erwarten wäre, in der schmalen Schlucht, sondern bereits außerhalb derselben, an einer Stelle, wo die Passer bereits wieder offenes, flaches Gelände durchfließt. Der innere Langwieshof liegt da, und den Bachverlauf säumt eine blühende, langgezogene Wiese. Von ihr hat der Hof und von diesem der *Stieber* den Namen.

Ein breiter Riegel aus prachtvoll gebändertem, hellem Lagengneis zwingt hier dem Bach mitten in seinem gemächlichen Lauf einen jähen Sturz in die Tiefe auf. In diesen Fels hat die Passer einmalig schöne Formen geschliffen und einen zwar schmalen, aber tiefen Spalt gefräst, durch den sie wütend hinabdonnert. Und sie nagt weiter, Sommer und Winter, Tag und Nacht, — bis eines Tages das glasharte, scheinbar unbesiegbare Gestein vollends durch schnitten und der Wasserfall verschwunden sein wird ...

Bizarre Strudeltöpfe und Felsschliffe seltener Schönheit prägen das Bild im Bereich des 11 m hohen, trotzdem aber prachtvollen Wasserfalls der Passer (Lexikon S. 131)

DER KALBENBACHFALL

Um die Erhaltung einer sauberen Umwelt besorgte Freunde, die von meiner Arbeit an diesem Buch wußten, stellten mir die Frage, und ich mir selber natürlich auch: Wäre es nicht sinnvoller, noch vielfach weitgehend unbekannte und unerschlossene Naturdenkmäler von der Art der Wasserfälle in ihrer bisherigen Unbekanntheit zu belassen, anstatt auf sie aufmerksam zu machen und dadurch den Touristenzustrom zu fördern?

Die Antwort darauf gab mir gerade der Besuch vieler unbekannter, durch keinen Weg erschlossener Wasserfälle: nein, es wäre nicht sinnvoller, sie totzuschweigen. Denn ausgerechnet sie fand ich oft am meisten verdreckt vor. So »zierte« beispielsweise den oberen Glaitenbachfall unter anderem ein Autowrack, die kleinen Finsterbachfälle am Ritten ebenso, und genauso die Waldschlucht bei den Petersberger Wasserfällen — um nur drei Extremfälle herauszugreifen —, während ich dagegen die durch Weganlagen erschlossenen und demnach vielbesuchten Fälle stets erstaunlich sauber vorfand.

Einer von diesen ist der schöne Kalbenbachfall bei St. Martin in Passeier. Ich besuchte ihn in den letzten Jahren des öfteren. Der Besitzer des Waldes, durch den der Zugang führt, hat in dankenswerter Weise eine Tafel mit der Bitte um Sauberhaltung des Gebietes angebracht, und tatsächlich ist die nähere und weitere Umgebung des Wasserfalls frei von jeglichem Unrat. Dabei besteht der Zugangsweg schon sehr lange: die Alpenvereinssektion Meran hat ihn im fernen Jahr 1897 angelegt..

Das zeigt, daß dem Umweltschutz nur durch Geheimhaltung von Naturschönheiten kaum ein guter Dienst erwiesen wird. Vielmehr ist offensichtlich das Gegenteil der Fall.

Der 48 m hohe Kalbenbachfall in Passeier (Lexikon S. 133)

DIE KLAPFBERGFÄLLE IN ULTEN

Einst ein wichtiges Holztransportmittel

Rund 2,5 km westlich von St. Nikolaus in Ulten liegen südseitig, also auf der sogenannten *Nörderseite,* die Höfe von Klapfberg. Und unweit dieses kleinen Weilers zweigt vom Ultental ein rund sechs Kilometer langes Seitental ab, dessen einzige menschliche Behausungen einige Almhütten sind. Am Ursprung des Almtales ist in den Kamm eine Scharte eingeschnitten, ein uralter Übergang, und knapp unter diesem Joch entspringt der wasserreiche Bach, der das schöne Tal entwässert und an seinem Ausgang eine mächtige, aus drei Einzelfällen bestehende Kaskade bildet.

Dieses Ultner Seitental, die Almen, das Joch und der Bach — sie alle tragen denselben Namen: Klapfbergtal, Klapfbergalm, Klapfbergjoch und Klapfbergbach. Nun ist es nicht schwer festzustellen, daß die Klapfberger Höfe, der kleine Weiler am Ausgang des Tales also, der ganzen Gegend den Namen gegeben haben. Aber, wird der eine oder andere fragen, was heißt dieses Klapfberg?

Ein *Klapf* ist in der Mundart ein größerer Felsen; und Klapfberg heißt demnach ganz einfach Felsberg. Nun wäre es aber falsch, aufgrund der Verbindung von Klapf und Berg einen felsigen Berggipfel zu suchen, denn für die einheimischen Bauern ist der Berg nichts anderes als die Berglehne, der Berghang also, nicht aber irgendein Gipfel. Wenn man nun das Gebiet kennt, dann weiß man auch, wo dieser Klapf, dieser größere Felsen, zu suchen ist, der namengebend für den Berghang, die Höfe, das Tal, den Bach, die Almen und das Joch war. Es ist genau die auffallende Felsflanke, über die unser Wasserfall in drei mächtigen Sprüngen herabstürzt.

Diese drei Wasserstürze sind überaus malerisch gelegen, sie sind dank der starken Wasserführung des Baches sehr eindrucksvoll, außerdem nicht schwierig zugänglich und somit ein schönes Kurzwanderziel für den Naturfreund. Darüber hinaus aber waren sie früher auch für den Bauern von großer Bedeutung: Sie dienten ihm zur Holztrift; die Museln, die aufgeteilten Baumstämme also, wurden hier einfach dem Wasser und der Schwerkraft anvertraut und über den Klapf in die Tiefe gestürzt, wo es allerdings oft kein Leichtes war, sie aus den tiefen, wassergefüllten Fallbecken herauszuholen. Nur die stärksten und unerschrockensten Holzfäller wagten sich an diese nicht ungefährliche Arbeit heran.

Doch dann kamen das Lastauto und die Forststraße, und heute haben es die Holzfäller leichter. Und der Klapf mit seinen Wasserfällen hat für die Bauern seine Bedeutung verloren. Ob er sie jemals wiedergewinnen wird? Wer weiß . . .

Der unterste (28 m Sturzhöhe) der drei Klapfbergfälle in Ulten (Lexikon S. 134)

AUF DEM WAALWEG ZUM FRAGSBURGER WASSERFALL

Es ist dies der bedeutendste der zahlreichen Wasserfälle, die der wasserreiche Sinichbach auf seinem langen und steilen Weg ins Tal bildet, und es ist einer der schönsten und bekanntesten Wasserfälle Südtirols.

Man könnte ihn den großen Sinichbachfall nennen, aber meist hört man die Bezeichnung Fragsburger Wasserfall. Denn er liegt unweit der auf einer breiten Kuppe ausgebreiteten Schloßanlage, der Fragsburg, die heute von Obermais über Schloß Katzenstein auf einer Autostraße zu erreichen ist und als Schloßhotel geführt wird.

Vom Wasserfall selbst sieht man von hier aus allerdings noch nichts, aber ein Wegschild weist bereits darauf hin. Es ist nur ein schmaler Steig, der zuerst durch eine Wiese und dann durch schönen Laubwald in kurzer, nahezu ebener Wanderung zum Wasserfall führt, ein Steig, der sicherlich schon begangen wurde, als es im Burggrafenamt noch lange keinen Fremdenverkehr gab; es ist ein Waalweg.

Denn am Fuße der mächtigen Wasserfallstufe wird ein Gutteil des Bachwassers abgeleitet, jenseits des Grabens durch starke Rohre, diesseits aber noch wie seit eh und je durch einen Waal, zur Bewässerung der landwirtschaftlichen Kulturen. Die prachtvoll gelegene Fragsburg, die höchstgelegene Schloßanlage des Meraner Beckens, der stille, schattige Waalweg und der überwältigende Wasserfall — dies ist eine der reizvollsten und besuchenswertesten Gegenden im gesamten Burggrafenamt.

Der 135 m hohe Fragsburger Wasserfall (Lexikon S. 136)

DER WASSERFALL BEIM KRÖLLTURM

Frühlingswanderung zu einem der zehn Gargazoner Fälle

Sie dürfte wohl eine der größten Felsentreppen der ganzen Alpen sein; ihre ungleichen Stufen sind zimmer-, haus- oder sogar turmhoch, als Geländer hat sie auf beiden Seiten riesige senkrechte Felswände; sie beginnt bei Gargazon, zieht durch die Steilflanken des Sarntaler Westkammes hinauf und endet irgendwo oben in halber Höhe des Tschögglberges. Zehn Stufen hat sie, vielleicht auch mehr, und über sie fließt und stürzt der Gargazoner Bach und bildet dabei mindestens zehn weithin sichtbare Wasserfälle.

Kein Mensch hat je alle diese Wasserfälle aus der Nähe gesehen, niemand weiß wie hoch jeder einzelne ist und keiner kann genau sagen, ob es tatsächlich nur die zehn sind, die man von der gegenüberliegenden Talseite her sieht, oder ob die Riesenstiege nicht noch zahlreiche weitere Stufen besitzt.

So begnügen wir uns damit, nur zu jenem einen Wasserfall hinaufzuwandern, der auf einem guten Weg leicht und gefahrlos zu erreichen ist. Er ist mit seinen 40 Metern sicherlich einer der höchsten und mit dem nahen viereckigen, aber nur mehr dreiseitigen, allmählich verfallenden Kröllturm auch einer der schönstgelegenen.

An einem warmen Frühlingstag hier am rauschenden Wasser zu sitzen, der flinken Eidechse zuzusehen, wie sie raschelnd durch das dürre Eichenlaub des letzten Sommers huscht, oder dem schwerelosen Zitronenfalter, wie er zu den ersten blauen und gelben Blüten schwebt, oder auch nur ganz einfach hinauszublicken über die Weiten des zaghaft grünenden Etschtales — das ist ein ebenso anspruchsloses wie beglückendes Erlebnis, das uns reichlich dafür entschädigt und uns gerne vergessen läßt, daß das Tor zu den anderen neun Wasserfällen verschlossen bleibt.

Der 40 m hohe Gargazoner Wasserfall (Bild rechts), der sich in der Nähe des Kröllturms befindet. Einziger leicht zugänglicher der zehn Fälle des Gargazoner Baches. — Im Bild links der Blick vom Bereich des Wasserfalls auf den Kröllturm, Gargazon und Etschtal (Lexikon S. 137)

DER UNTERE VILPIANER WASSERFALL

Ein prachtvolles Wanderziel — und doch keines

Das Etschtal zwischen Meran und Bozen, das man bekanntlich auch das Burggrafenamt nennt, ist in erster Linie berühmt wegen seiner zahlreichen Schlösser und Burgen, die beiderseits der breiten Talsohle stolz und kühn auf Felskuppen und Hügeln thronen und weit in das Land hinaus blicken. Weit weniger bekannt dagegen ist die Tatsache, daß dieses Burggrafenamt nicht weniger reich auch an prachtvollen Wasserfällen ist. Zählt man sie alle zusammen, so kommt man — auch die kleineren, die weithin unbekannten und die unzugänglichen mitgerechnet — auf nicht weniger als rund zwei Dutzend; fast jede Ortschaft links und rechts der Etschtalsohle besitzt den oder die ihren: Nals den Wasserfall des Payrsberger Baches, Niederlana den Brandisbachfall, Sinich den Fragsburger Wasserfall, Gargazon die mindestens zehn Fälle des Aschler oder Gargazoner Baches, Siebeneich den Margarethenbachfall.

Und auch Vilpian besitzt eine ganze Reihe davon. Wahrscheinlich sind es mindestens deren acht, doch liegen die oberen so verborgen und unzugänglich, daß eine genaue Beurteilung hier noch schwieriger ist als bei den Gargazoner Fällen. Allerdings sind zwei davon, deren Höhe jeweils rund 20 m beträgt, von Oberplanatsch aus einigermaßen gut zu erreichen, ein dritter ist zumindest einzusehen.

Der wahrscheinlich höchste und schönste von allen aber ist der unterste. Wer auf der Staatsstraße langsam durch Vilpian fährt und genau achtgibt, kann ihn bereits sehen: aus der tief eingefurchten Felsschlucht stürzt der Möltner Bach senkrecht über eine hohe Wand. Wie mir glaubhaft mitgeteilt wurde, ist die Sturzhöhe schon früher einmal gemessen worden und beträgt demnach nicht weniger als 82 Meter. Das heißt, daß der Wasserfall zu den höchsten Südtirols zu rechnen ist. Und da auch ein guter Steig zu ihm hinführt, ist er leicht und mühelos zu erreichen.

Doch die ganze Sache hat einen Haken. Der Wasserfall ist gewissermaßen Privatbesitz; um in seine Nähe zu gelangen, müssen Obstgüter durchquert werden, was deren Besitzer aus verständlichen Gründen nicht besonders gern sehen. Da zudem angeblich im letzten Teil des Zugangssteiges mit Steinschlag zu rechnen ist, hat auch die Vilpianer Gemeindeverwaltung wenig Interesse daran, eine Möglichkeit zur touristischen Erschließung des Wasserfalls zu finden. Und ein dritter Grund dafür mag wohl auch darin zu suchen sein, daß im Sommer der Bach für die Flurbewässerung abgeleitet wird und der Wasserfall folglich oft fast völlig trockengelegt ist.

So bleibt also nichts anderes übrig, als das prächtige Naturdenkmal als allgemein zugängliches Kurzwanderziel zu streichen, oder aber — und dies nur im Frühjahr — um die Erlaubnis zur Durchquerung der Obstanlage zu fragen. Ob sie allerdings in jedem Fall erteilt werden kann, muß hier selbstverständlich dahingestellt bleiben.

Der unterste, 82 m hohe Vilpianer Wasserfall (Lexikon S. 138)

DER FAGENBACHFALL BEI BOZEN

Ein ruhender Pol inmitten einer verrückten Welt

So wie Bozen, die Südtiroler Landeshauptstadt, die einst so vielgerühmte Bergsteigerstadt, schon lange nicht mehr das ist, was sie früher einmal war, so ist es auch unser Wasserfall nicht mehr. Mag seine unmittelbare Umgebung auch heute noch eine unangetastete Wildnis aus hellem Porphyrfels und üppig wucherndem Dickicht sein, so ist es halt doch zu beklagen, daß vor allem die in den fünfziger Jahren erbaute Straße nach Guntschna so nahe an den Wasserfall heranführt. Der einst so idyllische Fagenbachgraben ist heute Tag und Nacht erfüllt vom Motorenlärm.

Und doch möchte ich ihm hier ein kleines Loblied singen; denn er verdient es in einer Zeit, in der alle achtlos an ihm vorbeibrausen, gehetzt und gejagt von Geschäften, von den Sorgen und Gedanken des Alltags, vom Kampf um ein graues Dasein in einer noch viel graueren, vergasten, verbetonierten, verplanten Stadt.

Ich erinnere mich oft an den Ausspruch einer alten, offenbar österreichischen Frau, die im ärgsten Stadtgewühl vor sich hin klagte: *Mei, is des a Wahnsinn, wie de Leit heit lebm.* Ich mußte zuerst lächeln, dann aber kam mir zum Bewußtsein, wie recht die Frau doch hatte.

Den Wasserfall oben berührt dies aber alles nicht. Wie vor Jahrtausenden sprühen seine Wasser über die hohe Felswand herab und lassen den Tag und die Nacht, die Monate und die Jahreszeiten an sich vorüberziehen, die Hektik und die Schicksale der Menschen, die sich selbst so wichtig nehmen und doch letzten Endes so unbedeutend sind. Dieser weithin über das Land blikkende Wasserfall ist ein ruhender Pol inmitten einer aus den Angeln geratenen Welt, würdig, an die Seite des Rosengartens gestellt zu werden, des Bozner Doms, des Gscheibten Turms oder an die Seite des Standbildes Walthers von der Vogelweide.

Wie oft bin ich in den Jahren, in denen ich in Bozen lebte, den trotz aller Buntheit so grauen und öden Straßen entflohen und hinaufgewandert zu meinem Wasserfall, um nur mehr das Rauschen und Prasseln des Wassers zu hören, natürliches Grün um mich zu haben, einem kleinen Vogel zu begegnen, der Wasseramsel oder der Bachstelze vielleicht, die gleich mir hier eine Oase des noch einigermaßen lebenswerten Daseins hatten ...

Der 78 m hohe Fagenbachfall bei Bozen (Lexikon S. 140)

DER WASSERFALL IN DER »HÖLLE«

Ein verläßlicher Wetteranzeiger in Pflersch

Bevor der Pflerscher Bach die flache Talsohle erreicht, durchfließt er eine lange Schieferschlucht und bildet an einer Stelle, wo sich die schmale Klamm zu einem runden Felskessel verbreitert, einen 46 m hohen, eindrucksvollen Wasserfall.

Obwohl die Schlucht selbst keineswegs absonderlich wild oder furchterregend ist und ihre Umgebung aus sonnigen, blühenden Wiesen auf der einen und schönem Waldbestand auf der anderen Seite besteht, heißt die Örtlichkeit im Volksmund die *Hölle.* Diese Bezeichnung rührt vor allem daher, daß an ganz bestimmten Tagen aus der Schlucht und besonders im Bereich des Wasserfalls hohe, weithin sichtbare Wasserstaubfahnen aufgewirbelt werden. Dann sagen die Einheimischen *die Hölle raucht,* und jeder weiß, das Wetter wird schön bleiben. Das sagten schon die Alten immer, und man glaubt es auch heute noch.

Ist es Aberglaube oder ist diese Hölle tatsächlich ein Wetteranzeiger? Und wenn, was sind die Ursachen dafür? Müßte nicht eigentlich bei jeder Wetterlage Rauch, d. h. Wasserstaub aufsteigen? Fragt man die einheimischen Bauern, dann zucken sie nur mit den Schultern und meinen, das sei halt immer schon so gewesen.

Ich habe das Phänomen wiederholt selbst beobachtet — die Geschichte mit dem Wetter stimmt tatsächlich. Und des Rätsels Lösung ist auch einfacher als man auf Anhieb vermuten würde: ob vom Bach »Rauch« aufsteigt oder nicht, das hängt von der Windrichtung ab, und ob man den aufgewirbelten Staub sieht oder nicht, liegt am Lichteinfall. Wenn nun der Westwind weht, der ja bekanntlich für Wetterverschlechterung sorgt, fährt er mit dem Bach durch die Schlucht talaus und wirbelt keine hohen Staubfahnen auf. Weht aber der als »Gutwetterwind« bekannte und meist recht stürmische Nordwind über den Brenner und durch das Pflerschtal herein, fährt er durch die Schlucht talauf und damit gegen den Bachverlauf und vor allem gegen den Wasserfall. Dabei wird natürlich viel Staub aufgewirbelt, und zwar im wahren Sinne des Wortes.

Hinzu kommt, daß der »Rauch« besonders auffallen nur dann kann, wenn die Sonne im Gegenlicht, also von Süden bis Westen hineinscheint. Das aber kann sie nur, wenn dort der Himmel wolkenlos, also auch gutes Wetter verheißend ist.

An dem Tag, als ich den Wasserfall besuchte, um das nebenstehende Bild zu machen, rauchte die Hölle nicht, obwohl der Wetterbericht von einem »Hoch« gesprochen hatte. Aber dieses war offenbar sehr klein gewesen und bereits nach Osten abgezogen. Denn schon bald legten sich Wolken auf die Gletscherberge im Talschluß und am Nachmittag regnete es bereits — als Beweis dafür, daß die *Hölle* mit dem Wasserfall schon wußte, warum sie am Morgen nicht *geraucht* hatte.

Der 46 m hohe Wasserfall des Pflerscher Baches in der sogenannten „Hölle" (Lexikon S. 141)

DER KOGGRABENFALL IN PFLERSCH

Teil einer noch unverfälschten Naturlandschaft

Der Weg, der mit der Nummer sieben bezeichnet ist und ebenso wie der breite und bequeme Weg Nummer acht von Hinterpflersch zur Tribulaunhütte führt, ist schmal, steil und beschwerlich. Er wird aus diesem Grunde zugunsten des anderen, angenehmeren, von vielen gemieden und ist deshalb auch stellenweise schon recht verwachsen. Und doch möchte ich ihn, vielleicht gerade weil er so wenig begangen wird, als den schöneren bezeichnen. Denn hier hat sich noch eine Alpenflora erhalten, wie sie anderenorts bereits ausgerottet ist oder wegen weniger günstiger geologischer Verhältnisse auch gar nicht vorkommen kann.

Durch diesen sonnigen Blumengarten zieht ein steiler Graben herab, den ein wasserreicher Bach durchfließt und im unteren Teil, nur wenig oberhalb der Kirche von Hinterpflersch, aber von dort aus wegen eines dichten Waldbestandes nicht einzusehen, einen hohen, schönen Wasserfall bildet. Die steile Geländefurche, wohl die längste und ausgeprägteste an der Nordseite des Pflerschtales, trägt die Bezeichnung Koggraben, und so wollen wir den an sich namenlosen Wasserfall auch einfach Koggrabenfall nennen.

Wir wollen hier nun nicht danach fragen, was dieses seltsame *Kog* eigentlich bedeutet, ob es tatsächlich mit Hag und damit Gehege verwandt ist und ob es sich demnach auf die Umzäunung bezieht, die sich oben am Berghang befindet, oder eher auf den Fichten- und Erlenbestand im Bereich des Wasserfalls oder auf etwas anderes. Dahingestellt bleibe auch, ob eine der da und dort verwendeten Schreibwesen *Ghag, Ghog* oder die ermittelte Urform *kagh* oder die in der Karte von Peter Anich aufscheinende Bezeichnung *Kor* vorzuziehen wäre.

Unser Interesse ist mehr naturkundlicher denn namenkundlicher Art, und hier wiederum gilt es in erster Linie dem Wasserfall, den wir auf dem besagten Weg Nummer sieben in kurzer Wanderung erreichen. Mag oben auf die bleichen Felsen der Tribulaun-Südwand und auf die steilen Bergwiesen die Sonne brennen, hier auf dem Weg durch den dichten Erlenwald und erst recht beim stäubenden Wasserfall ist es kühl und schattig. Ein paar mächtige Fichten umstehen die felsige Bucht, die hier nicht aus dem weißen Tribulaun-Dolomit besteht, sondern erst aus dessen Unterbau, dem Schiefergneis, der das Hauptgestein der Stubaier Alpen bildet. Urgestein also, sagt der Bergsteiger, geflissentlich übersehend, daß der Geologe schon tadelnd den Zeigefinger erhebt, demnach muß auch die Flora beim Wasserfall reine Urgesteinsflora sein.

Das ist sie auch — und doch wieder nicht ganz. Denn wie ein Gruß, den der Koggrabenbach von hoch oben, vom sonnigen Blumengarten am Fuße des Tribulauns, mit herabbringt, leuchtet ganz unerwartet eine purpurne Lilie aus dem Gras, ein verirrter Türkenbund, der trotz seiner eigenen Pracht sich vor der Schönheit des Wasserfalls verneigt und zum Dank dafür von Zeit zu Zeit mit einem wohltuenden Sprühregen belohnt wird . . .

Der insgesamt 60 m hohe Koggrabenfall in Hinterpflersch (Lexikon S. 143)

DIE MAISSLBACHFÄLLE IN PFITSCH

Eine hohe Kaskade unter dunklen Wäldern und weißen Firnen

In St. Jakob, dem Hauptort des inneren Pfitschtales, lassen wir unser Fahrzeug zurück; lange genug haben wir darauf gewartet, endlich in aller Ruhe das großartige Bergpanorama bewundern zu können. Nicht zu Unrecht wird das Pfitschtal mit seinem herrlichen Kranz leuchtender Berghäupter, den steilen Bergwäldern, den ausgedehnten Wiesen im breiten Talboden und den stattlichen Bauernhöfen zu den schönsten Hochtälern Südtirols gerechnet. Dieses Pfitschtal mit seinem Hochfeiler, dem höchsten Berg der gesamten Zillertaler Alpen, ist in erster Linie bekannt als Paradies für den tüchtigen Hochalpinisten und den eifrigen Mineraliensammler. Aber es ist auch ein echtes Paradies für den bescheidenen Wanderer.

Schon bald liegt St. Jakob mit seiner alten Kirche, die dem einstigen Pfarrer zu klein schien, und der neuen Kirche, die die Pfitscher nicht haben wollten, hinter uns. Wir wandern gemütlich taleinwärts, während neben uns der breite Pfitscher Bach, fast schon ein regelrechter Fluß, leise plätschernd und gurgelnd ebenso gemütlich talauswärts fließt. Ein paar blondmähnige Haflingerpferde schütteln offenbar nervös ihren Kopf, aber wir verstehen nicht, ob wegen der lästigen Fliegen oder wegen des allzu aufdringlichen Konzerts, das eine aus allen Kräften schnatternde, stolz einherschreitende Gänseschar veranstaltet.

Und bald haben wir auch die Blondmähnen und Schnatterhälse hinter uns, wir überqueren auf einer guten Holzbrücke den leise plätschernden Bach und stehen bald darauf unter unserem alles eher als leise plätschernden Wanderziel, der 85 m hohen Kaskade des Maißlbaches, den die Pfitscher auch den Berglerbach nennen. Ganz so, als könnte er es gar nicht mehr erwarten, mit dem breiten Pfitscher Bach gemütlich talaus zu plätschern, stürzt sich der Wasserfallbach polternd und gischtend Hals über Kopf von der einen Stufe zur anderen über die gewaltige Felsenstiege herab.

Wir sitzen lange auf dem verhalten blühenden Rasenboden, der sich, umrahmt von hohen schlanken Fichten, am Fuße der Kaskade ausbreitet, und bewundern schweigsam das schöne Naturschauspiel, das so ganz im Schatten der berühmten Berge steht.

Es mag schon so sein, daß sich unser Wasserfall mit einem Hochfeiler oder Hochferner nicht ganz messen kann, aber das will er sicher ja auch gar nicht. Denn er ist so völlig anders, daß er überhaupt nicht mit einem Berggipfel verglichen werden kann. Nicht atemlose Stille, endlose Weite im hellen Sonnenglanz ist sein Wesen, sondern stürmisches, schäumendes Poltern inmitten einer ernsten, feierlichen Welt aus dunklem Fels und schattigem Bergwald. Eines aber hat er doch gemeinsam mit den schimmernden Firnen: seine weiße, leuchtende Farbe. Sie verrät, daß auch er ein Kind der hohen Berge ist.

Die mehrstufige, insgesamt 85 m hohe Kaskade des Maißlbaches im innersten Pfitschtal (Lexikon S. 144)

DIE WASSERFÄLLE AM AGLSBODEN

Besuch der vergessenen »Burkhardklamm« in Ridnaun

Auf dem mit der Nummer neun markierten Weg, der von Ridnaun hinauf zur Teplitzer Hütte und weiter zu Becherhaus und Müllerhütte führt, kommt man nach einer knappen Gehstunde am sogenannten Aglsboden vorbei, einer vollkommen ebenen und von zahlreichen Wasserläufen durchflossenen Fläche mit einer Almhütte und einer fast genau hundert Jahre alten kleinen Staumauer an ihrem Vorderrand.

Von den vielen Bergsteigern, die zum Zuckerhütl oder zu einem anderen der schönen Gletschergipfel hinaufsteigen, beachtet wohl kaum jemand die wasserreichen, wenn auch nicht besonders hohen Wasserfälle oberhalb des Aglsbodens; es weiß auch niemand, daß es unterhalb desselben eine wilde Felsschlucht mit ein paar weiteren Wasserfällen gibt, die einst den Namen *Burkhardklamm* trug und in den »Mitteilungen« des Deutschen und Österreichischen Alpenvereins, denen die hier wiedergegebenen Zitate entnommen sind, auf *gleiche Stufe mit mancher berühmt gewordenen Klamm* gestellt wurde.

Im Sommer 1890 war die Klamm mit den *großartigen Naturschönheiten, bisher unbekannten Wasserfällen und so furchtbaren Abstürzen, daß ein kleiner Fehltritt mit Sicherheit eine Katastrophe zur Folge hätte,* von Prof. Carl Müller, dem Erbauer der Müllerhütte, *beim Suchen nach passenden photographischen Aufnahmestandpunkten* entdeckt und ein Jahr darauf in den besagten »Mitteilungen« erstmals ausführlich beschrieben worden.

Doch noch fast ein Jahrzehnt blieb es ruhig um die Klamm — bis sie dann 1899 »wiederentdeckt« wurde. Und zwar vom Postmeister und Gastwirt Stefan Haller aus Ridnaun, der auf eigene Kosten am nördlichen Schluchtrand einen Weg anlegen ließ, bei der feierlichen Eröffnung desselben am 18. August die Festrede hielt und die Klamm *dem Deutschen und Österreichischen Alpenverein zu Ehren auf den Namen des gegenwärtigen Alpenvereins-Präsidenten, Ministerialrath Burkhard,* taufte.

Es folgte dann bald darauf auch der Bau einer Brücke über die Klamm, aber Unstimmigkeiten zwischen den in diesem Gebiet erschließerisch tätigen Alpenvereins-Sektionen Teplitz und Hannover führten wenige Jahre später dazu, daß Weg und Brücke aufgelassen wurden und dem Verfall anheim fielen. Mag es nun auch nicht so ganz stimmen, daß die Klamm *mit gar mancher berühmt gewordenen auf gleiche Stufe zu stellen* sei, etwa der Gilfenklamm, und mögen auch die Wasserfälle von keiner überragenden Höhe sein, so lernte ich bei meinen mehrmaligen Besuchen diese Gegend mit dem einzigartigen Aglsboden, dem Hutterbichl, den prachtvollen Felsschliffen und den tosenden Wasserfällen mit ganz neuen Augen sehen: sie kann für den naturliebenden Wanderer voll und ganz das sein, was für den begeisterten Hochalpinisten das Zuckerhütl oder ein anderer Ridnauner Eisgipfel ist.

Die oberen Aglsfälle (23 m beide Stufen zusammen) im hintersten Ridnauntal (Lexikon S. 144)

Links: Die oberen Aglsfälle bei schwacher Wasserführung (Spä
herbst; umseitig bei voller Wasserführung)
Oben: Die eindrucksvollen Felsschliffe in der Felsschlucht unte
halb des Aglsbodens
Unten: Der breite Aglsboden (1720 m) mit der Almhütte, in dere
Nähe sich die oberen Aglsfälle befinden. Rechts oben der Weg zu
Teplitzer Hütte
Rechte Seite: Der bedeutendste der unteren Aglsfälle (Sturzhöh
12 m) im hintersten Ridnauntal (Lexikon S. 145)

DIE GILFENKLAMM BEI STERZING

Ihr schönster Teil ist die »Kirche« mit dem Wasserfall

Es gibt (in den Alpen) eine Anzahl von Klammen mit berühmten Namen, jedoch durch reinsten weißen Marmor führt nur jene von der Stange bei Sterzing. Mit diesen treffenden Worten charakterisiert Eduard von Sternbach, ein guter Kenner der Alpen und einer der gründlichsten Erforscher des Sterzinger Raumes, die berühmte, stellenweise an die hundert Meter tiefe Gilfenklamm, die der Ratschinger Bach in das glasharte Gestein geschnitten hat.

Kurz vor der Jahrhundertwende wurde diese schmale Felsschlucht erstmals durch eine kühne Weganlage zugänglich gemacht und im Bewußtsein ihrer überragenden Bedeutung *Kaiser-Franz-Josefs-Klamm* benannt. Doch die Stege und Brücken verfielen nur allzu bald wieder und auch die neue Bezeichnung wich der althergebrachten. Endlich aber rief die Sehenswürdigkeit erneut beherzte Männer auf den Plan — und die Gilfenklamm kann seit gut einem Jahrzehnt wieder gefahrlos durchwandert und bewundert werden.

Trotz all der Einmaligkeit und Schönheit der Klamm gäbe es aber keine Berechtigung , sie in diesem Wasserfälle-Buch zu erwähnen, wenn sie nicht auch einen Wasserfall besäße. Nun ist ihr einziger richtiger Wasserfall mit 15 m zwar nicht besonders hoch, doch prägt er das überwältigende Bild ganz entscheidend mit. Die Stelle ist vergleichbar mit dem Felsschlund, in den bei Langwies die Passer stürzt, nur noch um einige Meter tiefer, um einiges wilder und zusammen mit der ganzen Umgebung noch bizarrer.

Diese Stelle mit dem Wasserfall und der Felsöffnung, aus der der Bach nach seinem wilden Sturz wieder zutage tritt, ist eindeutig die schönste und beeindruckendste der ganzen Klamm, und man muß sie selbst gesehen haben, um ganz zu verstehen, warum sie im Volksmund die *Kirche* genannt wird.

Bildreihe unten: Die einmalige Gilfenklamm im Wechsel der Tages- und Jahreszeiten: links im Winter (sehr gefährlich und nur mit Seil, Pickel und Steigeisen begehbar); Bild Mitte zeigt den Blick in die sogenannte „Kirche" im späten Nachmittagslicht; Bild rechts: Blick zum Ausgang der Klamm mit einer Aussichtsbrücke.
Rechte Seite: Der 15 m hohe, in den Felsschlund bei der „Kirche" hinabstürzende Wasserfall der Gilfenklamm bei Sterzing (Lexikon S. 146)

DER FLAGGERBACHFALL BEI MITTEWALD

Eine Oase unzerstörter Bergnatur

Ganz ohne Zweifel ist er einer der eindruckvollsten Wasserfälle weit und breit, und mit seinen 57 m Sturzhöhe auch einer der höchsten, zumindest im oberen Eisacktal. Es lohnt sich, den mindestens zweistündigen Aufstieg in Kauf zu nehmen, um das gewaltige Naturschauspiel zu erleben, um gefesselt zu sein von der ungezähmten Wildheit, mit der die stäubenden Wassermassen über die einzelnen Stufen der dunklen Felswand stürzen.

Aber es ist nicht nur der Wasserfall allein, der so beeindruckt, sondern auch die ganze Gegend rundherum: das einzigartige Hochtal, das die Einheimischen einfach *die Flagge* nennen, eine Berglandschaft, in der die natürliche Ordnung noch nicht zerstört ist. Der Mensch, selbst ein Teil der Natur und doch so oft ihr ärgster Feind, ist hier noch nicht als unersättliches Ungeheuer aufgetreten, das rücksichtslos Wälder rodet, die Gewässer verseucht, die Luft verpestet, mit dröhnendem Lärm die letzten freilebenden Tiere aus ihrem Lebensraum in finstere, verborgenste Winkel treibt — nein, hier noch nicht. Wer als Hirte, Jäger oder Bergsteiger diese Welt betritt, fühlt, daß er nur ein Teil der Natur ist und nicht herrschend über ihr steht.

So hat hier alles noch seine Richtigkeit: Der Fußweg ist ein Fußweg, die Almen sind Almen, das Schutzhaus oben beim See ist ein Schutzhaus, die Wälder sind noch richtige Wälder, die Gemse lebt da, wo sie immer schon gelebt hat, und das Wasser, das so prachtvoll über die Felswand stürzt, ist noch klares, reines Wasser; und selbst die Lawine, die jeden Spätwinter zu Tal donnert, und der Steinschlag, der hoch oben von den Felsen bricht, haben hier ihre Daseinsberechtigung.

Dies alles ist es, dieses geordnete Gleichgewicht einer noch ursprünglich gebliebenen Berglandschaft, was unseren hohen Wasserfall so besonders schön macht.

Blick vom Weg zur Marburger Hütte auf den 57 m hohen Flaggerbachfall (links) und auf das einmalige Flaggertal, das bei Mittewald von Westen her ins Eisacktal mündet.
Rechte Seite: Der Flaggerbachfall von der Talsohle des Flaggertales aus gesehen (Lexikon S. 148)

SCHRAMBACH UND SEIN WASSERFALL

Das vielgerühmte Bild, das Schrambach mit seinem Wasserfall bietet, ist im Grunde noch von jener Anmut, die schon immer in begeisterten Worten geschildert und gepriesen wurde, und der auch der eine und andere Neubau nicht viel anhaben konnte. Nur: Damit das, was soeben gesagt wurde, auch stimmt, muß man schon direkt ins kleine Dorf hineingehen, oder zur außerordentlich hübsch von einer kleinen Kuppe weit ins Land hinaus grüßenden Peterskirche hinaufwandern, oder sich in die Nähe des Wasserfalls begeben. Denn den, der sich — etwa von der gegenüberliegenden Talseite her — am Gesamtanblick dieses *Juwels des mittleren Eisacktales,* wie es mein geschätzter Freund Josef Rampold so treffend nennt, erfreuen möchte, erwartet eine herbe Enttäuschung: die so überaus idyllische Landschaft von Schrambach scheint von einem Drahtverhau verhängt. Hochspannungsleitungen auf riesigen Leitermasten, alte Lichtleitungen an Holzmasten, neue Telefonleitungen an Betonmasten und wer weiß was es noch an Verdrahtung so alles gibt, durchqueren das Bild.

Sicher sind Strom- und Telefonleitungen für die gesamte Bevölkerung notwendiger als so manche andere technische Erschließung, und wir haben uns ja auch erstaunlich gut daran gewöhnt oder zumindest uns damit abgefunden. Dennoch muß man sich fragen, ob — und dies nicht nur in Schrambach — eine rücksichtsvollere, umweltfreundlichere Verlegung dieser Leitungen nicht doch möglich wäre.

Der 63 m hohe Schrambacher Wasserfall im unteren Eisacktal (Lexikon S. 148)

DER FLITZER WASSERFALL IN VILLNÖSS

Er ist auch im Spätherbst noch ein Wunder

Die meisten Wasserfälle sind selbstverständlich zur Zeit der stärksten Wasserführung am schönsten und beeindruckendsten. Wann dies genau ist, hängt von den verschiedensten Faktoren ab und es läßt sich nur ungenau sagen.

Der eine Wasserfall liegt in tiefer Tallage und das Einzugsgebiet seines Baches sonnig und ebenfalls in nur geringer Höhe, dann ist er vielleicht schon im April sehr wasserreich und schön, ein anderer dagegen befindet sich bereits im Hochgebirge und hat »seine« Zeit vielleicht erst im Juli oder gar erst im August. Es spielt eine große Rolle, ob das Wassereinzugsgebiet an einem Südhang oder an einem Nordhang liegt, ob es groß ist und viele Ursprungsbäche umfaßt oder nur klein und aus wenigen Rinnsalen besteht, ob der Wasserfallbach von Gletschern gespeist wird, ob der Winter lang und schneereich war und vieles andere mehr.

So hat jeder Wasserfall eben seine ganz bestimmte Zeit; beim einen hält sie fast das ganze Jahr über an, beim anderen vielleicht nur ein paar Tage oder gar nur einige Stunden, und es ist nicht leicht, einen bestimmten Wasserfall genau zur Zeit seiner stärksten Wasserführung zu erwischen. Hat man nun zufällig das Glück, um so besser, hat man es nicht, heißt das noch lange nicht, daß die Wanderung zu einem Wasserfall nicht doch erlebnisreich sein kann.

Gewiß, wer sich erst im Herbst auf den Weg macht, wird auch mit einer Enttäuschung rechnen müssen. Und doch kann ein Wasserfallbesuch auch zu dieser Jahreszeit lohnend sein, wenn die Natur sich langsam anschickt, ihr Winterkleid herzurichten.

An so einem Spätherbsttag — ich glaube, es war schon Mitte November — wanderte ich hinauf zum Flitzer Wasserfall. Klar und würzig war die Luft, der flimmernde Dunst der heißen Sommertage war längst verflogen und auch das schillernde Farbenwunder des Oktobers war bereits verrauscht. Verträumt und still lag unter mir das Villnößtal in den nur mehr wenig wärmenden Strahlen der Sonne, am alten Gemäuer eines längst verfallenen Bauernhofes versuchte ein Berberitzenstrauch an Farbe noch herzugeben, was rundherum schon verblaßt war. Drinnen aber im Flitzer Graben lag schon kühler Winterschatten, kein Vogelgesang war mehr zu hören, die Welt hielt den Atem an in der Erwartung des Winters, der mit seiner weißen Pracht alles zudecken würde. Und selbst der sonst so stürmische Bach wagte nicht mehr laut durch die Gegend zu poltern, sondern begnügte sich nur noch mit einem sanften, verhaltenen Plätschern. Hoch und schmal und leise war auch der Wasserfall geworden und der nahende Winter hatte bereits begonnen, aus ihm ein bizarres, zauberhaftes Eisgebilde zu machen.

Ein Hauch unzerstörbaren Friedens lag über allem, und in dieser fast feierlichen Stunde erfuhr ich erst so recht, wie schön ein Wasserfall auch noch im Spätherbst sein kann.

Der 45 m hohe Flitzer Wasserfall in Villnöß bei schwacher Wasserführung im Spätherbst (Lexikon S. 149)

EIN SCHLEIER AUS TAUSEND WASSERPERLEN

Der Pitzbachfall bei St. Ulrich in Gröden

Er ist ein echter Wasserfall der Dolomiten. Kein tosender, mächtiger Bach stürzt hier mit gewaltigen Wassermassen donnernd in die Tiefe, nein, nur ein bescheidener Wasserlauf, der oben am Rand der Seiser Alm dem schmelzenden Winterschnee und einigen verborgenen Quellen sein kurzes Leben verdankt, das im Spätsommer schon oft fast erlischt, nur ein lustig sprudelndes Almbächlein fällt hier leicht und schwerelos über die hohe, breite Felswand; ein durchsichtiger Schleier nur ist es, ein lebendes zartes Gewebe aus Tausenden und Abertausenden zerstäubender Wassertropfen.

Nur selten dringt ein Sonnenstrahl bis zu dieser nordseitig herabwehenden Wasserfahne, und auch sonst liegt der *Pissadoi,* wie ihn die Einheimischen nennen, im Schatten der vielen anderen Grödner Naturwunder und Sehenswürdigkeiten, obwohl die helle Wasserfallwand frei und weithin sichtbar liegt. Keine Karte verzeichnet ihn und kein Wanderbuch, weder ein Hinweisschild noch eine Markierung weist den Weg, und doch ist der Wasserfall ein lohnendes und unschwierig zu erreichendes Wanderziel.

Es ist ein stiller, erholsamer Gang hinauf zum *Pissadoi,* ein wohltuendes Sichentfernen vom lärmenden Wirbel des Tales mit seinen Touristikzentren. Erfüllt vom harzigen Duft und überwölbt von den schattenspendenden Kronen des ernst-heiteren Fichtenwaldes zieht der uralte Weg bergan, bis ein kleiner Steig abzweigt und über das Geröll eines kleinen Bergsturzes zum Wasserfall führt. Ganz plötzlich tritt man dort aus dem Wald und steht vor der mächtigen, leicht überhängenden Felswand, die sich aufbaut wie der ehrfurchtgebietende Natur-Hochaltar einer urzeitlichen, lebenspendenden Wassergottheit. Kaum anderswo kann man sich so gut in die Geisteswelt jener Menschen versetzen, die vor Jahrtausenden die Dolomiten dünn besiedelt hatten und denen die Bäume, die Felsen, die Erde, die Sonne und vor allem das Wasser heilig waren. Es ist ein stiller und kühler Platz hier am Fuße der hellen Felswand, die sich über verschwenderisch wuchernder Vegetation erhebt und von dunklem, steilem Bergwald umrahmt wird.

Nicht das beängstigende Tosen einer gewaltigen Sturzflut erfüllt hier den Raum, sondern ein leises, verhaltenes Rauschen nur, das zarte Aufprasseln ungezählter fallender Wasserperlen. Es ist dies auch das Reich und die ungestörte Heimat des farbenprächtigen Mauerläufers, der hier einschichtig und zurückgezogen lebt, und dennoch so fröhlich die hohen Felsen umschwirrt. Und wenn dann und wann ein leichter Windhauch über die Baumwipfel und an der hellen Felswand vorbei fährt, dann duckt sich der flinke Vogel schnell in eine kleine Nische, während draußen der hohe Wasserschleier sich langsam hin und wieder her bewegt wie ein Vorhang vor dem offenen Fenster ...

Vier verschiedene Ansichten des 61 m hohen Pitzbachfalles bei St. Ulrich in Gröden (Lexikon S. 150)

DER WASSERFALL UNTERM DRACHENSEE IM SELLASTOCK

Tausende von Menschen, die die Dolomitenstraße westlich des Grödner Joches täglich befahren, sehen diesen Wasserfall. Der eine und andere bleibt auch kurz stehen und bewundert das stürzende Wasser oben an den hellen Felsen des Sellastockes, an deren Fuß sich zuerst steinige Kare und dann etwas tiefer blumige Matten ausbreiten.

Aber die Zeit, um zum Wasserfall hinaufzusteigen, die nimmt sich wohl nur selten jemand. Mag er an Schönheit auch dem Pisciadùfall drüben an der Gadertaler Seite kaum nachstehen, so fristet er doch ein sehr einsames Dasein — es führt halt eben kein berühmter Klettersteig an ihn heran . . . So hat der Bach, der ihn bildet, auch keinen Namen, und einen Weg oder Steig, um leichter zu ihm hinaufzugelangen, gibt es auch nicht. Aber in einem tut es der Wasserfall dem Pisciadùfall gleich: auch er besitzt oben auf dem »Söller« des Sellamassivs einen kleinen See, der ihn bis spät in den Hochsommer hinein, wenn andere Bäche schon ausgetrocknet sind, mit Wasser versorgt: den sagenumwobenen *Lech dl Dragón,* den Drachensee. Mag dies nun auch nur andeuten, daß in dieser Gegend schon in uralten Zeiten Leute hausten, so hat man seit kurzem klare Gewißheit darüber. Denn unten auf dem *Plan de Frea,* dem Wiesenboden, durch den auch unser Wasserfallbach talauswärts fließt, hat man 9000 Jahre alte Funde zutage gebracht. Und da diese Jäger einer längst vergangenen Zeit mit Sicherheit auch schon den Wasserfall oben unterm Drachensee bestaunt haben dürften, wird man ihn wohl zu den ältesten nachweislich bekannten Wasserfällen der Alpen zählen müssen.

Der 87 m hohe Murfreitfall an der Grödner Seite des Sellastocks (Lexikon S. 150)

DIE WASSERFÄLLE UNTERM SCHLERN

Wanderung in die Frötschbachschlucht bei Bad Ratzes

Die Wasserfälle, die teils der Frötschbach selbst bildet, teils rechts und links von den Felshängen herabsprühen, sind nicht das Bedeutendste im Gebiet zwischen Seis, Schlern und Seiser Alm. Sie sind es nicht, die dem Forscher ein interessantes Betätigungsfeld bieten, und auch in touristischer Hinsicht werden sie nur deshalb beachtet, weil an ihnen vorbei einer der schönsten Wege zur Seiser Alm führt.

Und auch sind es nicht sie, die das Gebiet bekannt, ja berühmt gemacht haben, sondern ganz andere Dinge. So etwa das uralte Eisen- und Schwefelbad Ratzes, die lehrreichen geologischen Aufschlüsse, die so kühn wie kaum anderswo aufragenden Schlernzacken, die nahe Ruine Hauenstein, wo der große Oswald von Wolkenstein die späten Jahre seines bewegten Lebens verbrachte, sich der Poesie widmend, das berühmte, aus der Bronzezeit stammende »Hauensteiner Schwert«, das in dem gleichnamigen Wald gefunden wurde, oder die Frage, ob die Seiser Alm tatsächlich bereits in vorgeschichtlicher Zeit von Seis aus genutzt worden und daher der Weg dem Frötschbach entlang als einer der ältesten Seiser-Alm-Wege anzusehen sei.

Dies sind die Glanzpunkte rund um Bad Ratzes, sie ziehen die Aufmerksamkeit auf sich, und nicht die kleinen Wasserfälle. Und doch, was wäre diese ganze Gegend ohne sie? Stellen wir es uns ganz deutlich vor, dann merken wir, daß eigentlich sie es sind, diese so unbedeutenden da und dort herabstürzenden Wasser, die der Landschaft ihren ganz besonderen Reiz verleihen. So gesehen, stehen sie — zumindest für den besinnlichen Naturfreund — den anderen Glanzpunkten an Bedeutung kaum nach.

Links: Zwei der zahlreichen, relativ niedrigen Wasserfälle des Frötschbaches bei Bad Ratzes
Rechte Seite: Der 26 m hohe „Frötschfall" in der Ratzeser Schlucht (Nähe Seis am Schlern; Lexikon S. 153)

BARBIANER WASSERFALL

Barbian, das außerordentlich schön gelegen, sonnige Dorf hoch über dem unteren Eisacktal, hat neben verschiedenen anderen, weniger hervorstechenden, zwei besonders auffallende und daher weitum bekannte Sehenswürdigkeiten: einmal den schiefen Turm, bei dem man einerseits den Eindruck hat, daß er dem Umfallen nahe ist, und andererseits, wegen seiner fast senkrechten Spitze, daß er gerade dabei ist, sich wieder aufzurichten, und als zweite Sehenswürdigkeit den Wasserfall. Er soll Gegenstand unserer Betrachtung sein.

Eigentlich handelt es sich nicht nur um einen Wasserfall, sondern um eine ganze Reihe. Denn oberhalb des bekannten Hauptfalles befinden sich noch sieben weitere, deren höchster immerhin die beachtliche Höhe von 45 m aufweist. Doch obwohl dieser obere Hauptfall von der Wasserentnahme durch die Bauern nicht beeinträchtigt wird und folglich auch noch Wasser besitzt, wenn der untere ohne ist, und obwohl er auf einem Steig gut und leicht zugänglich wäre, ist er kaum bekannt und wird nur selten besucht.

Um so bekannter und um so beliebter als Wanderziel ist der untere, große Fall. Volle Wasserführung vorausgesetzt, ist er ja auch tatsächlich einer der eindruckvollsten Wasserfälle Südtirols. Frei und weithin sichtbar, 85 m hoch und auf einem aussichtsreichen und gleichzeitig sehr idyllischen Weg zu erreichen, möchte ich ihn rangmäßig fast an die Seite des Partschinser Wasserfalls stellen. Dies allerdings — wie gesagt — nur bei stärkster Wasserführung, womit der Wasserfall leider nicht immer aufwarten kann; denn die Bauern brauchen das Wasser für ihre Kulturen halt doch notwendiger als der Wasserfall für die Touristen.

Der unterste und mit 85 m der höchste der acht Barbianer Wasserfälle (Lexikon S. 151)

ZU DEN EGGERBACHFÄLLEN IN ANTHOLZ

Ein Wandervorschlag und ein wenig Umweltschutz

Der Eggerbach, der unsere drei Wasserfälle bildet, ist nach dem Eggerhof benannt, einem der schönen Antholzer Höfe, die am westlichen Talhang unweit des Baches nebeneinander breit und behäbig in der Morgensonne liegen. Diese Bauernhöfe haben dem Bach und den Wasserfällen nicht nur den Namen gegeben, sie gehören auch zum Bild dieser Landschaft, die man noch ruhig als ursprünglich und naturbelassen bezeichnen darf, auch wenn seit kurzem die Höfe durch eine schmale Straße erschlossen sind.

Diese Straße würde den Zugang zu den Wasserfällen bedeutend verkürzen; aber wir vergessen bewußt, daß es sie gibt. Denn sie wurde nicht für gehfaule Touristen gebaut, sondern einzig und allein für die Bauern, um ihnen ihr schweres Leben ein wenig zu erleichtern. Es muß nicht sein, daß wir ihnen Lärm und verpestete Luft mit hinaufbringen, unsere Autos in ihre Felder oder vor ihre Haustüre stellen und uns dann womöglich noch einbilden, sie seien dumme, ungebildete Bauern und wir gescheite, wohlerzogene Städter. Nein, wir lassen unser Auto unten im Dorf, im sauberen, gepflegten Antholz Mittertal, und schlagen den alten Weg ein, der im Anhang dieses Buches genauer beschrieben ist. Es geht zunächst am legendären Hartmannsbrunnen vorbei und dann stets entweder durch prachtvolle Wiesen oder durch lichten Wald in angenehmer Wanderung hinan zum Innerkumpflhof, von wo der Blick bereits weit über das breite, von den technischen »Errungenschaften« unserer Zeit noch weitgehend verschont gebliebene Tal. Nur wenige Minuten noch, und dann sind wir bei der Brücke, mit der die Straße den Eggerbach überquert. Hier sind wir den unteren beiden Fällen, von denen vor allem der obere in seinem senkrechten Sturz sehr beeindruckt, schon ziemlich nahe.

Wer nicht einigermaßen trittsicher und berggewohnt ist oder nicht feste Schuhe anhat, sollte sich mit diesen beiden unteren Wasserfällen lieber zufriedengeben. Wer sich dagegen einen sehr steilen und leicht ausgesetzten Steig am Rande der Schlucht zutraut, sollte sich selbstverständlich den obersten, nicht minder eindrucksvollen Wasserfall nicht entgehen lassen. Er rundet nämlich das Erlebnis dieser Tour erst so richtig ab, wenn auch — oder vielleicht gerade weil — das letzte Stück des Aufstiegs doch einige Vorsicht erheischt.

Und beim Abstieg rasten wir noch auf einer Bank oder am Wegesrand und laben uns am Mitgebrachten und vielleicht nicht weniger auch am Zauber der Landschaft. Nur eines tun wir nicht: unsere Abfälle herumwerfen. Denn die packen wir wieder ein und nehmen sie mit uns — sei es, weil uns wirklich an der Sauberkeit etwas gelegen ist, oder sei es auch nur, um zu beweisen, daß wir doch gescheit und wohlerzogen sind...

Der mittlere (22 m Sturzhöhe) der drei Eggerbachfälle in Antholz (Lexikon S. 155)

DER RÖTBACHFALL IM AHRNTAL

Er erzählt vom Schicksal des einstigen Bergwerks

Früher nannte man ihn den *Rettenbach,* jenen stürmischen Bach, der von den gleißenden Eisflanken der Rötspitze herabkommt und bei Kasern oben an der Waldgrenze einen weithin sichtbaren, schäumenden Wasserfall bildet. Heute dagegen nennt man ihn allgemein Rötbach, so verzeichnet ihn auch die Karte, und so heißt es auch Rötalm, Röttal und Rötspitze. Was liegt daher näher, als auch den Wasserfall einfach Rötbachfall zu nennen.

Ihn allerdings verzeichnen die meisten Karten nicht, was ein Grund dafür sein mag, daß die vielen Bergsteiger, die zur Lenkjöchlhütte aufsteigen, von ihm kaum Notiz nehmen. Ein zweiter Grund liegt wohl auch darin, daß dieser Wasserfall mehr nur eine mächtige Bachschnelle denn ein richtiger Wasserfall ist; denn das Wasser stürzt hier nicht über eine senkrechte Felswand, sondern bildet an dem nur stark geneigten, zerklüfteten Gesteinsgürtel eine vielstufige Kaskade. Und schließlich mag auch das einstige Bergwerk, das auch die Karten verzeichnen und in der Literatur immer wieder erwähnt wird, die Aufmerksamkeit des Wanderers vom Wasserfall ablenken, was auch verständlich ist. Denn am uralten Weg, der heute bis zur Lenkjöchlhütte führt und markiert ist, befinden sich noch zahlreiche Eingänge finster und unheimlich in das Berginnere führender Stollen.

Der Abbau des einst berühmten und begehrten Prettauer Kupfererzes allerdings ist schon längst stillgelegt: 1894 mußten die Arbeiten wegen Unrentabilität eingestellt werden, nachdem ein halbes Jahrtausend lang, vielleicht auch noch viel länger, da oben geschürft, gebohrt, schwer gearbeitet worden war. Noch heute gibt es außer den Stolleneingängen an den Berghängen zahlreiche Zeugen des einstigen Bergwerks im Talboden, und irgend ein Knappe hat unweit des Wasserfalls am Weg die Jahrzahl 1702 in einen Stein gemeißelt. Wer mag es gewesen sein, dieser Knappe, welches Schicksal verbirgt sich hinter dieser nüchternen Jahrzahl?

Nun, wenn auch so manches tatsächlich mehr Aufmerksamkeit verdient, als der Wasserfall, so erhöht er doch zumindest den Reiz dieses Gebietes ganz erheblich. Außerdem ist es ja auch wieder nicht so, daß ihn überhaupt nie jemand besucht. Vielleicht nicht gerade die Hochalpinisten, die oben in der Eiswelt der Röt- oder Dreiherrenspitze Gewaltigeres erleben, aber bescheidenere Wanderer verbinden mit der Besichtigung der Bergwerksstollen auch gern den Besuch der immerhin 60 m hohen Kaskade des Rötbaches.

Für sie wird dann der kurze Ausflug zu einem doppelten Erlebnis. Und wer in diesem Gebiet der tosenden Wildwasser und unheimlichen Felsschächte ein paar Stunden verlebt hat, glaubt im Poltern und Rauschen des Rötbachfalles noch das Hämmern und Schürfen der einstigen Bergknappen zu hören. So macht der Wasserfall vieles wieder lebendig, und wer seine Sprache versteht, dem erzählt er so manche Geschichte aus längst vergangenen Zeiten.

Der 60 m hohe Rötbachfall bei Kasern im hinteren Ahrntal (Lexikon S. 156)

IM NATURVERBUNDENEN AHRNTAL

Wanderung auf dem »Fuldaer Weg« zum Hasenbachfall

Man nennt es das Hasental, jenes schattenseitige, vom inneren Ahrntal gegen die Ochsenlenke hinaufziehende Almtal, an dessen Ausgang unser Wasserfall liegt.

Dieses Hasental ist bezeichnend für das Ahrntal: Man muß hier kein fachkundiger Namenforscher sein, um eine große Zahl der Orts-, Flur- und Hofnamen zu verstehen. Denn kaum anderswo in Südtirol überwiegen die Bezeichnungen mit deutscher Wurzel sosehr, wie hier im Ahrntal. Und noch eins fällt sofort auf: daß nämlich fast alle diese Namen von der Natur abgeleitet wurden; sie spiegeln deutlicher als anderenorts die besonders enge und wohl auch innige Beziehung des Bauern zu seiner ihn umgebenden Berglandschaft mit all ihren Erscheinungsformen wider. Nur ein paar Beispiele dafür seien hier wahllos herausgegriffen: Windtal, Röttal, Rindertal, Klausental, Weißenbach, Schwarzenbach, Nesselbach, Sonnwand, Speiker, Mooskopf, Waldner, Hochlärcher, Bärental.

Diese Naturverbundenheit hat sich im Laufe vieler Jahrhunderte nicht vermindert. Noch heute begegnet man ihr im Ahrntal in auffälligster Weise, und in unserem speziellen Fall äußert sie sich insofern, daß die Wasserfälle des Tales in weit höherem Ansehen stehen als in manch anderem Gebiet. Selbstverständlich hat der moderne Fremdenverkehr auch vor dem Ahrntal nicht haltgemacht, aber zumindest bis jetzt hat man es — einer hundertjährigen Tradition folgend — vorgezogen, den Touristen auf Wanderwegen zu Naturschönheiten hinzuführen, anstatt die Landschaft durch große technische Erschließungen ihrer Ursprünglichkeit zu berauben.

So gibt es in dem riesigen Gebiet des gesamten Tauferer-Ahrntales samt seinen bedeutenden Seitentälern bisher — und hoffentlich auch weiterhin — mit dem Speikboden und dem Klausberg nur ganze zwei größere Skigebiete, während es trotz zahlreicher Hemmnisse der letzten Jahrzehnte ein hervorragendes Netz an prachtvollen Wanderwegen besitzt. Und es gibt im Ahrntal kaum einen bedeutenderen Wasserfall, der nicht auf einem solchen Weg leicht und gefahrlos zugänglich wäre.

Einer davon ist unser gestufter Wasserfall, der vom wasserreichen, stürmischen Hasentalbach gebildet wird. Bereits 1898 hatte die Sektion Kassel des Deutschen und Österreichischen Alpenvereins mit Mitteln der Sektion Fulda den großartigen Weg durch das Hasental hinauf und jenseits hinab nach Rein anlegen lassen und ihn dann *Fuldaer Weg* getauft. Und bei dieser Gelegenheit hackte man auch gleich den kurzen Verbindungsweg zum Wasserfall aus.

Waren der lange Übergang und ebenso die kurze Wanderung zum Hasenbachfall schon damals bald sehr beliebt, so ist dies heute nicht anders; und es bleibt nur zu wünschen, daß auch in Zukunft das Gebiet von jeglicher technischen Erschließung verschont bleiben möge.

Die obere, 25 m hohe Stufe des insgesamt 45 m hohen Hasenbachfalls im Ahrntal (Lexikon S. 157)

DIE SCHWARZENBACHFÄLLE BEI LUTTACH

Einer für ungeübte und einer für geübte Wanderer

In Luttach, wo der zur Schwarzensteinhütte führende Weg beginnt, wird der Wanderer und Bergsteiger nicht nur auf dieses fast dreitausend Meter hoch gelegene Schutzhaus hingewiesen, sondern auch auf einen Wasserfall. Folgt man nun diesem Weg etliche Minuten, dann steht auf einer Felswand ein weiteres Mal der Hinweis »zum Wasserfall«. Hier verläßt man nun den Hüttenweg nach links, überquert auf einer hohen Brücke den Schwarzenbach, betritt auf einem in die Felsen gehauenen, durch Geländer abgesicherten Weg eine schmale Schlucht und steht bald darauf, wo die Schlucht plötzlich endet, vor einem schönen, 20 m hohen Wasserfall mit einem großen, tiefen Fallbecken.

Der Wasserfall wird häufig besucht. In der Schlucht ist es aber auch am heißesten Hochsommertag recht kühl, was viele, die dies vorher nicht bedacht haben, veranlaßt, das eindrucksvolle Naturschauspiel schnell und fast fluchtartig wieder zu verlassen, ohne es gebührend betrachtet zu haben. Wer dagegen vorgesorgt hat, zieht ein warmes Kleidungsstück über und macht auch gern längere Zeit von der Bank Gebrauch, die dem Wasserfall gegenüber aufgestellt ist. Schließlich verläßt aber auch der wieder die Klamm, er hat ja alles gesehen — so meint er wenigstens.

So kommen und gehen manchmal die Leute fast den ganzen Tag lang und alle sind beim Verlassen der Schlucht überzeugt, alles gesehen zu haben, was es zu sehen gibt. Keiner ahnt, daß er nur die Hälfte der Sehenswürdigkeit zu Gesicht bekommen hat und daß die Hinweise am Weg nicht »zum Wasserfall«, sondern »zu den Wasserfällen« lauten müßten. Gibt es doch nicht nur diesen einen, sondern höher oben noch einen zweiten.

Aber wer diese Hinweise am Weg auch immer angebracht haben mag — er hat sich bestimmt etwas gedacht dabei. Und das ist gut so. Denn ein Hinweis auch auf den zweiten Wasserfall würde unweigerlich auch den ungeübten und mit unzureichendem Schuhwerk ausgerüsteten Touristen dazu verleiten, auf dem schmalen und sehr steilen Steiglein hinaufzusteigen, um auch den oberen Wasserfall zu sehen. Dies aber könnte tatsächlich nicht ungefährlich werden. So wird es dem erfahrenen Bergwanderer selbst überlassen, den unauffälligen Steig zu finden und auf eigene Verantwortung zu begehen — das ist sehr vernünftig.

Weit weniger vernünftig wird der Wanderer dagegen unweit des oberen Wasserfalls die Bauweise einer neuen Straße finden. Aber er ärgere sich nicht grün und blau, sondern kehre dem Monster jener Granitmauer ruhig den Rücken und erfreue sich an der Schönheit der Natur. Denn gegen derartige Barbarei scheint wirklich immer noch kein Kraut gewachsen zu sein.

Der obere Schwarzenbach- oder Luttacher Wasserfall (rund 25 m) im Ahrntal (Lexikon S. 159)

DER TRISTENBACHFALL IN REIN

Ein prachtvolles Wanderziel in den Rieserfernern

Die Sturzhöhe des eigentlichen Tristenbachfalls, so wie man ihn vom stillen Bachertal aus sieht, beträgt 58 m; zählt man die oberen und die sehr eindrucksvollen unteren Stufen dazu, so kommt man auf eine Gesamthöhe von 153 m. Demnach muß man die Kaskade des Tristenbaches wohl zu den höchsten im gesamten Einzugsgebiet der Ahr, dem Tauferer-Ahrntal samt seinen Seitentälern also, zählen, wenn auch der zweistufige Wassersturz an der mächtigen Nordwestflanke der Wasserfallspitze wahrscheinlich bedeutend höher und überhaupt der höchste des ganzen Gebietes sein dürfte.

Aber der Wasserfall ist nicht nur höhenmäßig, sondern auch touristisch einer der bedeutendsten. Mag er diesbezüglich auch dem Pojer Wasserfall und vor allem den Reinbachfällen um einiges nachstehen, so besitzt er doch auch einen schönen, leichten und markierten Zugang und wird infolgedessen auch recht häufig besucht. Er ist als Wanderziel so etwas wie die schönen Almen rund um Rein, wie die Koflerseen oder die Kasseler Hütte: ihn wählen jene Touristen mit Vorliebe, denen die schroffen Felsgestalten der Durreckgruppe oder die Eishäupter der Rieserferner doch zu schwierig sind. Denn das sind schon hochalpine Unternehmungen, die ein hohes Maß an Bergerfahrung erfordern, die Wanderung zum Tristenbachfall aber kann sich jeder zutrauen.

Den Zugang zum Wasserfall bildet der untere Teil jenes Steiges, der allgemein als Winterweg zur Kasseler Hütte benützt wird und auch der erste Hüttenweg war, bevor 1891 der heutige Sommerweg angelegt wurde, der heute der bevorzugte ist, aber nicht am Tristenbachfall vorbeiführt. So kommt es, daß die meisten Besucher der Kasseler Hütte vom Wasserfall gar nichts wissen und nur die wenigsten den sogenannten Winterweg für den Aufstieg und den Sommerweg für den Abstieg — oder auch umgekehrt — wählen.

Dabei wäre dies eine der allerschönsten Rundtouren, die sich von Rein aus, dem wohl schönstgelegenen Bergdorf Südtirols, unternehmen lassen. Durch das stille, breite Bachertal, in das von der Schattenseite dunkle Steilwälder und von der Sonnenseite stattliche Berghöfe herabblicken, eben hineinwandern, dann zum prachtvollen Wasserfall und weiter an der Eppacher Alm vorbei zur Kasseler Hütte aufsteigen, hier den atemberaubenden Blick auf den Hochgall erleben oder noch besser einen Abstecher zu den bezaubernden Malerseen machen, und schließlich auf dem guten Sommerweg wieder nach Rein absteigen — wer diese Tagestour einmal gemacht hat, der hat von allem ausgiebig gekostet, was der schönste Teil der Rieserfernergruppe zu bieten vermag.

Vier verschiedene Ansichten des Tristenbachfalls (Hauptfall 58 m) bei Rein im Tauferer-Ahrntal (Lexikon S. 159)

DER NEVESFALL HOCH ÜBER LAPPACH

Ein funkelnder Bergkristall unter schimmernden Gletschern

Mein Gott, denke ich, wie oft bin ich in dieser herrlichen Gegend gewesen, bin zur Edelrauthütte hinaufgestiegen, zur Chemnitzer Hütte, zum Weißzint, zum Möseler, zum Turnerkamp, bin von der einen Hütte zur anderen gewandert — aber den Wasserfall sehe ich heute zum erstenmal. Dabei leuchten seine perlenden Wasser aus dem Grün und Braun der Wiesen und Felsen heraus wie ein funkelnder Bergkristall. Doch es ist verständlich, denn wer am Damm des Stausees von Neves steht, kann fast nur einen Blick für den eisschimmernden Weißzint haben, für diese alles beherrschende Pyramide.

Aber heute ist der Weißzint kein Tourenziel für mich, auch nicht einer der anderen Gipfel, sondern der Wasserfall ist eines, der funkelnde weiße Bergkristall, den niemand beachtet. Fernab von allen bekannten Wegen ist er Neuland für mich, ein kleines Stück der großen Bergwelt, das es kennenzulernen gilt.

Also steige ich frohgemut und entdeckungslustig unweit des Baches empor, lasse mich auf einen scheinbar leicht zu gewinnenden Kampf gegen die Latschen ein, bis Frohmut und Entdeckungslust in dem heimtückischen Dikkicht fast auf den Nullpunkt sinken. Aber drin bin ich und heraus muß ich. Und schließlich lasse ich den Legföhrenbestand doch unter mir, aber nicht als stolzer, sondern als schweißgebadeter und vor allem als verhöhnter Sieger. Denn vor mir liegt ein guter Steig, der mir den ganzen Latschenkampf erspart hätte. So geht es eben, wenn man schnurstracks einfach drauflosrennt. Aber immerhin. Ich stehe vor dem Wasserfall. Lieblich blühende Almlandschaft umgibt mich, unter dem perlenden Wassersturz grast friedlich das Vieh, und darüber steht wieder der stolze Weißzint. Ich raste ausgiebig, lasse mir das klare Bachwasser, ein paar Heidelbeeren und ein paar Sauerampfer schmecken, messe dann die Höhe des Wasserfalls — sie beträgt 65 Meter — und finde schließlich in einer der Quarzadern, die den schönen Granit durchziehen, einige winzig kleine abgeschlagene Bergkristalle — das was die Mineraliensammler zurückgelassen haben. Da ich kein Mineraliensammler bin und daher auch so winzige Kristalle für mich selten sind, stecke ich sie in den Rucksack, besser als gar nichts . . .

Und weil man einen siegreichen Kampf nicht wiederholt, nehme ich für den Abstieg nicht mehr die »Latschenroute«, sondern den guten Steig. Unter mir glitzert der Stausee in der Mittagssonne, neben mir leuchten die goldenen Arnikasterne, und tiefer unten wiegen sich die seidenen Lärchenkronen leise über mir.

Es war eine schöne Tour, denke ich mir, wie ich unten ankomme, trotz oder vielleicht gerade wegen des Latschenkampfes. Und dann noch die Bergkristalle. Ich hole sie noch einmal aus dem Rucksack, aber weil sie grad gar so winzig klein sind und ich ja ohnehin kein Mineraliensammler bin, lasse ich sie am Wegrand zurück — denn mein Bergkristall, der perlende Wasserfall unter den schimmernden Gletschern, genügt mir.

Der 65 m hohe Nevesfall im hintersten Mühlwald-Lappacher-Tal mit dem Hohen Weißzint (Lexikon S. 163)

DER POJER WASSERFALL IM AHRNTAL

Trotz einem »aber« schön und besuchenswert

Der Pojer Wasserfall, in älteren Beschreibungen auch als *Bojer Bockfall* bezeichnet, ist der erste Wasserfall, dem man auf der Fahrt von Sand in Taufers ins Ahrntal begegnet. Ein schöner Wanderweg führt der breiten, leise dahinfließenden Ahr entlang zum Wasserfall und die zahlreichen Besucher sind stets tief beeindruckt vom stäubenden, regenbogengeschmückten Schauspiel, das der Pojer Bach, kurz bevor er seinen langen Weg in der Ahr beendet, zum besten gibt.

Hoch oben in den steinigen Karen der Durreckgruppe hat er seinen Ursprung und mehrere kristallklare Bergseen sorgen dafür, daß ihm das Wasser nie ausgeht. Bald darauf führt ihn sein steiler Weg durch grüne Almen, dann an den uralten Berghöfen von Pojen vorbei, schließlich durch felsdurchsetzten Wald und ganz zuletzt über eine hohe Felswand. Hier in der schattigen Kühle des Wasserfalls sieht man von all dem allerdings nichts, nur eines merkt man bei genauerem Hinsehen: daß der Bach irgendwo an menschlichen Behausungen vorbeifließt — das Wasser ist nämlich hier nicht mehr ganz so kristallklar, wie es noch oben bei den Seen war.

Nun tut das der Schönheit des Wasserfalls zwar kaum einen Abbruch und die meisten Besucher merken es auch gar nicht. Und doch wäre es wünschenswert, wenn oben in Pojen die Abwässer nicht ausgerechnet in den Bach geleitet würden — der Wasserfall wäre dann halt noch schöner.

Der 76 m hohe Wasserfall (rechts) im äußeren Ahrntal und der schöne, der Ahr entlang führende Zugangsweg (Lexikon S. 159)

DIE REINBACHFÄLLE IN GEFAHR!

Ausgerechnet in einer Zeit, in der Naturschützer nicht mehr als vereinzelte weltfremde Phantasten belächelt werden, sondern die Gefahren und negativen Auswirkungen einer bislang zügellosen Umweltbelastung endlich von immer größeren Kreisen erkannt zu werden beginnen, wird wieder ernsthaft vom Bau des Rein-Stauwerks gesprochen. Kaum daß das Wahnsinnsprojekt einer Sommerskierschließung der Rieserfernergruppe abgewehrt werden konnte, droht einem der schönsten Berggebiete der Alpen schon das nächste landschaftsmordende Projekt.

Neben vielem anderen würde das auch die Trockenlegung des Reinbaches und damit das Verschwinden der Reinbachfälle zur Folge haben. Die Alpen würden eines ihrer großartigsten Naturschauspiele beraubt, ein weiteres Stück einmaliger Naturlandschaft würde der Maßlosigkeit des Menschen zum Opfer fallen, das ökologische Gleichgewicht nachhaltigst gestört. Das ganze Tauferer-Ahrntal würde seine bedeutendste Fremdenverkehrsattraktion verlieren, ein Verlust, der auch durch einen noch so schön gelegenen Stausee, aus dem clevere Touristikmanager allerdings sicher auch ihr Kapital zu schlagen wüßten, auf keinen Fall wettgemacht würde.

Dagegen muß Sturm gelaufen werden, nicht nur in Rein, sondern überall, wo derartige Pläne wieder aus der Schublade gezogen werden! Denn viel zuviel ist in den Alpen schon zerstört worden, und es ist sinnlos, die bestehenden Energie- und Wirtschaftsprobleme, die ja zu einem guten Teil durch die Entfremdung von der Natur und den Raubbau an ihr entstanden sind, durch weiteren Raubbau lösen zu wollen.

Links: Der 42 m hohe dritte Reinbachfall. *Nächste Seite* (von l. o. nach r. u.): Der erste, zweite, dritte und vierte Reinbachfall. *Übernächste Seite:* Der gestufte, oberste der insgesamt fünf Reinbachfälle (Lexikon S. 161)

DIE TERNERBACHFÄLLE IM BACHERTAL

Eine Riesenkaskade in einer unerforschten Bergwildnis

Wie bereits einleitend erwähnt, soll dieses Buch nicht nur und ausschließlich die Wege zu den bedeutendsten bekannten Wasserfällen in Südtirol weisen, sondern es soll auch ein — wenn auch bescheidener — Beitrag zur Südtiroler Landeskunde sein. Aus diesem Grunde habe ich einerseits die Höhen der schon bekannten und erschlossenen Wasserfälle erstmals gemessen und andererseits so manchen bisher unbekannten Wasserfall ausfindig gemacht und näher erkundet.

Diese höchst interessante, allerdings auch meist recht beschwerliche Arbeit führte mich in wildeste Schluchten und Gräben, oft folgte ich steil bergauf oder bergab einem Bachverlauf, bis ich einen oder mehrere Fälle gefunden hatte oder auch an der Unbegehbarkeit des Geländes scheiterte.

Einer dieser Bäche war der Ternerbach, der von der Nordwestflanke des Schneebigen Nock in das Bachertal bei Rein abfließt. Ich konnte mich erinnern, am Weg zur Kasseler Hütte einen Wasserfall gesehen zu haben und einen zweiten etwas tiefer von der Kofleralm aus. Also stieg ich zunächst auf dem Hüttenweg hinauf und fand dann auch tatsächlich den Fall, der sich in unmittelbarer Nähe des Weges befindet. Es war bereits früher Nachmittag, da ich am Morgen die Reinbachfälle erkundet und vermessen hatte, und ich mußte mich beeilen, wollte ich vor Einbruch der Dunkelheit wieder im Tal sein.

So stieg ich kurzerhand am rechten Bachrand durch den durchwegs außerordentlich steilen Wald hinab auf der Suche nach meinem zweiten Wasserfall. Weder Weg noch Steig gab es da, dafür aber bald höhere, bald kleinere Felswände, die so manchen mühsamen Umweg erzwangen, heimtückische Alpenrosenstauden, unter denen sich knietiefe Bodenlöcher verbargen, und dichtestes Erlengestrüpp, dessen Blätter und Zweige vom unangenehm klebrigen Honigtau der Blattläuse überzogen waren und nicht wenig auch auf mich »abfärbten«, der ich mich durch sie hindurchzwängte oder an ihnen hinabhangelte.

Immer hart am Schluchtrand bleibend, fand ich nicht nur einen Wasserfall, sondern nach und nach nicht weniger als deren fünf. Jeden vermessen, die notwendigen Notizen machen, den einen und anderen fotografieren, und zwar wegen der schlechten Lichtverhältnisse mit dem Stativ, und das viele Auf und Ab und Hin und Her in dem unwegsamen Gelände — das kostete viel Zeit. So war es denn auch bereits stockdunkel, als ich endlich den breiten Weg im Bachertal erreichte; müde war ich und zermürbt, aber doch froh, ein neues Stück ungebändigter Bergwildnis kennengelernt zu haben.

Abschließend und für den weniger abenteuerlustigen Bergwanderer vermerkt sei noch, daß nicht nur der oberste der insgesamt sechs Wasserfälle, sondern auch der unterste auf einem guten Waldsteig leicht und mühelos zu erreichen ist.

Vier der insgesamt sechs Ternerbachfälle bei Rein; von links oben nach rechts unten: Der erste, oberste Wasserfall beim Weg zur Kasseler Hütte, der zweite, der fünfte und der sechste, unterste Wasserfall (Lexikon S. 160)

DER RASTELBACHFALL IN MÜHLEN

Ein besuchenswerter Wasserfall trotz seines mühsamen Zugangs

Man sieht den mehrstufigen Wasserfall des Rastelbaches — in den Karten ist weder der Bach benannt noch der Wasserfall verzeichnet, dafür aber im Landeskunde-Band »Pustertal« von Josef Rampold erwähnt —, wenn man durch das Mühlwalder Tal gegen Lappach fährt, links oben am Steilhang. Er gehört zu jenen Wasserfällen, an denen man wohl oft vorbeifährt, sie auch sieht, aber kaum von ihnen Notiz nimmt. Ihm gilt mein heutiger Besuch.

Eine breite Holzbrücke führt über den reißenden Talbach und drüben ein Weg durch dichten Jungwald talaus. In einer Lichtung dieses Jungwaldes ist eine Bauersfrau gerade damit beschäftigt, Äste zurechtzuhacken und fein säuberlich zu langen Meilern aufzuschichten — Brennholz für den Winter. Heizölprobleme plagen sie sicher nicht. Sie ist eifrig in ihre Arbeit vertieft und mein Gruß erschreckt sie anscheinend nicht wenig.

Und wie ich sie dann frage, ob es denn irgendwo einen Steig zu dem Wasserfall hinauf gäbe, schaut sie mich ganz groß an: nein, zum Wasserfall hinauf gibt es keinen Weg, aber weiter drüben, zur Alm hinauf, da ja, sogar einen schönen und breiten Weg. Aber zum Wasserfall ... Nein, sage ich, ich möchte nicht zur Alm, sondern zum Wasserfall, aber ich werde mich schon auch ohne Weg zurechtfinden.

Beim Weitergehen blicke ich dann einmal kurz zurück und sehe belustigt, wie die Frau leise vor sich hin murmelt und leicht den Kopf schüttelt. Was die Fremden grad für Sorgen haben ... Und ich kann ihr auch gar nicht so unrecht geben: während sie sich beim Holzrichten abmüht, kommt da ein Mannsbild in den besten Jahren an einem hellichten Werktag daher und hat nichts Besseres zu tun, als ausgerechnet zu diesem Wasserfall hinaufzuwollen.

Aber was soll's, jeder hat halt so seine Faxen. So mühe ich mich wenig später durch den Steilhang hinauf, dessen Wald von einem Wirbelsturm abrasiert worden ist wie Gras durch die Sense. Zwischen den kreuz und quer herumliegenden, abgedorrten Bäumen und Ästen wuchern üppig und prächtige Früchte tragend die Himbeerstauden und eine mächtige Lärche ragt stolz und einsam in den Himmel — sie hat als einzige weit und breit der Gewalt des Windes zu trotzen vermocht. Und bald darauf stehe ich oben auf der kleinen Geländeschulter, dem Wasserfall unmittelbar gegenüber. Der etwas beschwerliche Aufstieg durch das Windwurfholz hat sich gelohnt; die herabstürzenden Wasser bieten ein prachtvolles Naturschauspiel, wie es sich von der Straße unten aus nicht vermuten ließ.

Lange sitze ich da und blicke bald zum Wasserfall, bald über Lappach hinweg taleinwärts zu den Firnhäuptern der Zillertaler Hauptkette, bald talauswärts über die verstreuten Mühlwalder Höfe hinweg bis zu den Felsgestalten der Rieserferner. Und nun kann ich gar nicht mehr begreifen, wie die Frau über mein Ansinnen, zu diesem Wasserfall heraufzusteigen, den Kopf schütteln konnte. —

Der obere Teil der insgesamt 75 m hohen, siebenstufigen Kaskade des Rastelbaches im Mühlwald-Lappacher Tal (Lexikon S. 163)

DER PISCIADÚ AM SELLASTOCK

Der Wasserfall, nach dem eine ganze Gegend benannt ist

Gemessen am Reichtum an Wasserfällen der meisten übrigen Gebirgsteile Südtirols sind die Dolomiten nur arm an derartigen Naturbesonderheiten. Wohl sprühen und stürzen im Frühling von allen Wänden und Höhen zauberhafte Schmelzwasserfahnen, doch sind diese wehenden Wasserspiele nur von kurzer Dauer. Nur ein schnell vergängliches Aufrauschen der übermütigen Wasser ist es, genährt vom Winterschnee und zum Leben erweckt von der warmen Frühlingssonne.

Nur ganz wenige überstehen die ersten heißen Hochsommerwochen, und auch sie haben alle Mühe, bis zum Ende der warmen Jahreszeit durchzuhalten. Einer davon ist jener hohe, eigentlich mehrstufige Wasserfall an der Nordostseite des Sellastocks, den man am schönsten von Colfuschg im obersten Gadertal aus sieht. Wohl fällt er jedem auf, der in das Gebiet kommt, aber größere Beachtung wird ihm kaum geschenkt; dafür kennt fast jeder den *Pisciadù-Klettersteig,* den *Pisciadù-See* und die *Pisciadù-Hütte.*

Wer auf dem berühmten Klettersteig zur kleinen Schutzhütte am ebenfalls nur verhältnismäßig kleinen See aufsteigt, kommt ganz nahe am Wasserfall vorbei. Hier wird nicht selten auf einem kleinen Absatz die erste Rast eingelegt und nun doch auch dem prachtvollen, über die eingebuchtete Felswand von hoch oben herabstürzenden Wasserstrahl die gebührende Bewunderung gezollt. Selbstverständlich ist er zur Zeit der Schneeschmelze am schönsten, aber auch noch später und selbst noch im Herbst kann er sich sehen lassen. Er verschwindet nicht gleichzeitig mit den letzten Schneeflecken, so wie dies viele andere zu tun pflegen, denn er besitzt einen eigenen großen Wasserspeicher, der ihn auch dann noch speist, wenn die Kare, Wände und Schluchten ringsum schon längst ausgedörrt und aschetrocken sind: der See oben in dem riesigen Becken hinter der Schutzhütte ist sein Lebensspender, er sammelt und speichert im Frühjahr die vielen Schmelzwasser und sorgt dann dafür, daß der Wasserfall den ganzen Sommer über soviel Wasser erhält, wie er zum Schönsein braucht.

Doch nun ist es an der Zeit zu fragen, wie dieser Wasserfall überhaupt heißt. Ja, allgemein wird er Pisciadù-Wasserfall genannt, und das leuchtet an sich ja auch ein; wenn schon See, Hütte und Klettersteig diesen Namen tragen, warum sollte man ihn dem Wasserfall nicht auch geben? Und doch ist es nicht ganz richtig. Denn Pisciadù heißt im Ladinischen ja nichts anderes als eben — Wasserfall.

Damit ist gesagt, daß er gar keinen eigenen Namen hat; er ist nur ganz schlicht und einfach ein Pisciadù, ein Wasserfall am Sellastock. Und kaum jemand ist sich der Tatsache bewußt, daß der See, die Schutzhütte, der Klettersteig und ein paar Berggipfel nach ihm benannt wurden — und nicht umgekehrt.

Die untere, 73 m hohe Hauptstufe des Pisciadùfalles an der Gadertaler Seite des Sellastockes (Lexikon S. 164)

DER WASSERFALL VON OBERVINTL

Ein Platz für eine ruhige Stunde abseits aller Hektik

Wer sich immer nur auf den großen Hauptstraßen bewegt und nicht hie und da auch einmal anhält, um abseits derselben einen Blick in versteckte Winkel zu werfen, dem entgeht so manche Sehenswürdigkeit naturkundlicher und kulturhistorischer Art. Er merkt viel zu wenig von den zahllosen Kostbarkeiten, die auch eine einfache, anspruchslose Landschaft bereithält.

So ist es auch beim Wasserfall des Terner Baches in der Nähe von Obervintl. Er preist sich nicht marktschreierisch und weithin sichtbar dem eilig Dahinreisenden an, dazu ist er sich zu schade. Vielmehr verbirgt er sich hinter einer bewaldeten Kuppe, ganz so wie ein Schatz, der sich nur dem zeigt, der von ihm weiß und beharrlich nach ihm sucht.

Eine kurze, schmale Felsschlucht zieht bis zum hohen, über eine senkrechte Wand herabstäubenden Fall, und am Eingang dieser Schlucht steht der Kreuzbichl-Hof, der zum »Dörfl«, einer östlich von Obervintl liegenden Häusergruppe, gehört. *Ja*, sagt die freundliche Bäuerin beim Kreuzbichler, *den Wasserfall besuchen viele Leute, nur ist er halt nimmer so schön wie früher, seit die Terner oben unter dem Hegedechs den halben Bach für die Flurberegnung abkehren und beim Wasserfall die halbe Wand heruntergebrochen ist.* An einem Wintertag des Jahres 1977 sei das gewesen und es habe furchtbar gekracht und gepoltert. Dabei sei die große, tiefe *Pluder*, das Fallbecken am Fuße der Felswand, in die früher das Holz herabgeworfen worden sei, von den Felstrümmern aufgefüllt worden und verschwunden. Auch daß man den Bach hier nicht Terner Bach, sondern *Müllerbachl* nenne, erzählt mir die Frau, denn einst sei hier das Müllerhaus gestanden. Bei einer Überschwemmung sei aber das Haus vom Wildbach fortgetragen und dann nicht mehr wiederaufgebaut worden.

Wir führen ein langes und gemütliches Gespräch und ich spüre, welch enge innere Beziehung hier die Leute noch zur Natur haben. Wie ich dann in wenigen Minuten auf dem guten Weg durch die schattige, kühle Schlucht den Wasserfall erreiche, finde ich alles bestätigt, was mir die Frau erzählt hat: Am Wandfuß liegt an der Stelle des einstigen tiefen Wasserbeckens ein großer Schuttkegel und darüber markiert ein großer heller Fleck die Stelle, an welcher die Granitmassen von der Wand gebrochen sind. Auch ist die Wasserführung nicht sonderlich stark, woran an diesem Spätherbsttag allerdings wohl nicht sosehr die Terner die Schuld tragen, als vielmehr die vorgerückte Jahreszeit.

Mag also wirklich sein, daß heute der Wasserfall nicht mehr so beeindrukkend ist wie in früheren Zeiten; dennoch finde ich ihn schön und besuchenswert. Es lohnt sich immer noch, auf der eiligen Fahrt durch das Pustertal hier anzuhalten, um im Anblick der herabstäubenden Wasser eine ruhige Stunde abseits aller Hektik des Alltags zu verleben.

Der 43 m hohe Obervintler Wasserfall im unteren Pustertal (Lexikon S. 165)

DER LABISEBENFALL IN VALS

Ein bewundernswertes Kleinod in den Pfunderer Bergen

Eigentlich könnte man für fast jeden Wasserfall, der sich nicht gerade in unmittelbarer Talnähe befindet, dasselbe sagen: *Die Almen, Seen, Berge und sonstigen Sehenswürdigkeiten ringsum sind bekannt, durch markierte Wege und Steige erschlossen und werden häufig besucht, nur den Wasserfall kennt kaum jemand.* Auch für unseren Labisebenfall trifft dies zu, obwohl er sich nur wenige Meter abseits vielbegangener Wege befindet.

Bald nach dem berühmten Almdorf Fane im hintersten Valser Tal trennen sich die Wege: Einer führt weiter talaufwärts zur Brixner Hütte, der andere links hinein zur Labiseben-Alm und weiter zum Wilden See. Und ganz oben, auf dem 3134 m hohen Gipfel der Wilden Kreuzspitze, treffen sich wieder die beiden Routen. Hunderte von Leuten gehen Sommer für Sommer diese Wege; die einen begnügen sich mit dem Besuch der hübschen Brixner Hütte oder des prachtvollen Wilden Sees, die anderen ruhen erst, wenn sie den höchsten Gipfel der Pfunderer Berge erreicht haben.

Würde man später alle diese Leute fragen, ob sie auf ihrem langen Weg einen Wasserfall gesehen hätten, so würden es mit Sicherheit die meisten verneinen oder höchstens den Wildbach in der Felsenge der sogenannten *Schramme* nennen. Von einem richtigen, starken Wasserfall des Labisebenbaches wüßte aber höchstwahrscheinlich kein Mensch etwas.

So ist es übrigens auch mir selbst ergangen. Wie oft stürmte ich auf diesen Wegen am Wasserfall vorbei, ohne ihn zu bemerken. Nun scheint es zwar kein Wunder zu sein, daß der Wasserfall so unbeachtet bleibt, denn er ist in keiner Karte verzeichnet, und auch im Schrifttum habe ich nirgends eine Erwähnung oder ein Bild von ihm gefunden. Aber daß man ihn nicht bemerkt, obwohl man, zumindest auf dem Weg zur Brixner Hütte, an ihm vorbeikommt und ihn folglich doch eigentlich sehen müßte, liegt wohl daran, daß man es auch am Berg immer noch zu eilig hat.

Wie dem auch sei, der Labisebenfall ist es wert, gesehen zu werden. Denn es ist ein außerordentlich hübscher Fall, in der Art dem berühmten Partschinser Wasserfall oder dem fast ebenso berühmten dritten Reinbachfall nicht unähnlich, nur eben mit seinen nur gut 15 m Höhe bedeutend weniger hoch. Aber die Höhe allein ist ja auch keineswegs immer ein Maßstab für die Schönheit eines Wasserfalls.

Gewiß, für einen tüchtigen Bergsteiger wäre der Besuch des Labisebenfalls kein Ersatz für die Besteigung der Wilden Kreuzspitze; für viele aber, die zur Fane-Alm gekommen sind, hier aber dann nicht mehr recht wissen wohin, da sie für eine längere Tour nicht vorbereitet sind, wäre der Wasserfall ein schönes, erlebnisreiches Kurzwanderziel, das allen Zauber der Bergwelt in sich vereint: senkrechte Felsen, blühende Matten, stürzende Wasser, erholsame, noch unberührte Alpennatur.

Der 17 m hohe Labisebenfall im hintersten Valser Tal (Lexikon S. 165)

DIE PETERSBERGER WASSERFÄLLE IM UNTERLAND

. . . und das Schicksal eines uralten Schluchtweges

Die beiden stattlichen Fälle kennt heute kein Mensch mehr, keine Karte verzeichnet sie, im Schrifttum werden sie nie erwähnt, so wie auch der Petersberger Bach, der auch Rennerbach genannt wird, kaum einmal Erwähnung findet. Denn der Bach ist sehr wild und befindet sich in einer noch viel wilderen Schlucht, in die sich heute niemand mehr hineinwagt. Früher aber, da war dies anders. Da führte ein breiter Weg, den man den *Judenweg* oder auch *Ochsentod* nannte, durch die vielfach senkrechten Steilflanken der Schlucht, und wohl jeden, der auf diesem langen Weg von Aldein oder Petersberg über den sogenannten *Roßsprung* nach Branzoll im Etschtal abstieg oder von dort zurückkehrte, mögen die stürzenden Wasser beeindruckt haben. Für den allerdings, der sich verspätet hatte und in die Nacht kam, wird der Gang unheimlich genug gewesen sein im nur schwachen Schein der flakkernden Laterne, während ringsum in der schaurigen Klamm stockdunkle Finsternis gähnte, aus der das furchterregende Tosen des Wildbaches zu hören war.

Ich hatte den unteren der beiden Wasserfälle von der Etschtalsohle aus mit dem Feldstecher erspäht; und da die Karten weder Weg noch Steig verzeichnen und mir auch sonst niemand Bescheid geben konnte, beschloß ich, einfach dem Bach entlang hinaufzusteigen. Dabei fand ich den untersten Teil des uralten Weges, der hier stellenweise tiefe Fahrrillen aufweist und kürzlich — Anfang 1979 — von der Südtiroler Landesregierung unter Landschaftsschutz gestellt wurde. Ich folgte diesem Weg und staunte dann nicht wenig, als er plötzlich am Bach endete, ohne mit einer Brücke weiterzuführen. Auch auf der anderen Bachseite war von einer Fortsetzung nichts zu erkennen. Also stieg ich kurzentschlossen am Bachrand hinan. Das war zwar nicht ganz ungefährlich, aber auch nicht unmöglich, zumindest anfangs. Bald querte ich, mich an Felsgriffen, Grasbüscheln oder Gesträuch festhaltend, steilste Felsstellen, bald zwangen mich Schuttrinnen im Steilwald hoch hinauf und jenseits wieder herabzusteigen, bald mußte ich den reißenden Bach überqueren, da es auf der einen Seite nicht mehr weiter ging, und schließlich gelangte ich an eine Stelle, an der meine Kletterkunst am Ende war: rechts des Baches eine senkrechte Felswand und links die kirchdachsteile Bahn einer gewaltigen Mure, die irgendwann einmal hier abgegangen sein mußte. Noch immer war kein Wasserfall in Sicht und an ein Weiterkommen war nicht zu denken. Also kehrte ich um und stieg rechts vom Bach, am Hang des sogenannten *Judenberges*, wieder ab. Und da entdeckte ich in dieser Wildnis, von der ich überzeugt war, daß sie noch nie eines Menschen Fuß betreten hätte, ein kleines Stück einer moosbedeckten Trockenmauer. Jetzt begriff ich, warum der Weg unten so plötzlich am Bach geendet hatte: dort mußte einst eine Brücke gewesen sein und dieses Stück Mauer da vor mir

Der obere, 19 m hohe Petersberger Wasserfall im Südtiroler Unterland (Lexikon S. 166)

war ein Rest des einstigen Weges. Suchend stieg ich weiter ab und fand die Bestätigung meiner Annahme in einigen weiteren Mauerresten, an manchen Stellen war der Weg sogar noch einigermaßen verfolgbar.

So hatte ich wohl einen uralten Wegverlauf, nicht aber meinen Wasserfall gefunden. Und so versuchte ich es das nächste Mal von oben. Bei einem der untersten Petersberger Höfe entdeckte ich nach langem Suchen im Gestrüpp eine fast völlig verwachsene Spur, die kaum einem Wildwechsel glich, geschweige denn einem Steig. Aber ich folgte ihr, wobei ich mir den Rückweg durch abgebrochene Zweige markierte, und gelangte, an der einzigen gangbaren Stelle, tatsächlich hinab in den Grund der Felsschlucht. Dank eines angeschwemmten Baumstrunkes, den ich quer über den reißenden Bach legte, kam ich trockenen Fußes ans jenseitige Ufer, wo ich wieder ein Stück der Weguntermauerung erspäht hatte. Teils war sie noch gut begehbar, teils aber auch bereits längst verschwunden; doch es ging recht gut talab, und bald hatte ich den oberen Wasserfall erreicht, von dessen Existenz ich allerdings nichts gewußt hatte. Ich maß seine Höhe, folgte weiter dem großteils abgerutschten Wegverlauf talab, und stand dann am Ausfluß des unteren Wasserfalls, den ich vom Tal aus erblickt hatte. Durch das Kletterseil gesichert, ließ ich vom äußersten Rand der überhängenden Wasserfallstufe das Lot in die Tiefe gleiten; als es unten war, zeigte die Meßleine eine Sturzhöhe von 38 Metern an.

Und der uralte Weg? Ja, er überquerte einst mit einer Brücke knapp oberhalb des Wasserfalls den Bach; und hoch über dem wilden Felskessel, in den der Wasserfall stürzt, klammert sich noch einige Meter die prachtvolle Untermauerung an den Steilhang. Ich betrat diesen Wegrest, von dem es kein Weiter gibt, nur kurz und mit gemischten Gefühlen; und ich war froh, als ich ihn wieder verlassen hatte.

Wer weiß, dachte ich für mich, als ich wieder den Rückweg antrat, wer weiß, am Ende war ich einer der letzten oder sogar der letzte Mensch überhaupt, der dort auf dem kurzen Wegrest gestanden ist und den unteren Petersberger Wasserfall aus nächster Nähe gesehen hat. Denn das ist sicher: über kurz oder lang wird die ganze Mauer in die Tiefe krachen und die Vorderseite der Wasserfallschlucht für immer unerreichbar sein.

Rechts: Der 38 m hohe, untere Petersberger Wasserfall; *links:* Der allmählich abbrechende letzte Wegrest hoch über dem Felskessel des Wasserfalles (Lexikon S. 166)

DER BLETTERMÜHLFALL ZWISCHEN ALDEIN UND RADEIN

Einer der bisher unbekanntesten Wasserfälle Südtirols

Wer diesen hohen Wasserfall zu Gesicht bekommen will, dem darf der schwindelerregende Tiefblick in eine wilde Felsschlucht nichts ausmachen. Er muß sich in sehr abschüssigem Waldgelände bewegen können und er darf nicht davor zurückschrecken, sich hoch über der Schlucht auf einen sehr schmalen Felspfeiler hinauszuwagen, der nur aus mächtigen Blöcken aufgebaut ist und jeden Augenblick in die schaurige Tiefe zu stürzen droht.

Dies jedenfalls war der Eindruck, den ich beim ersten Besuch des Wasserfalls hatte, und er trifft auch tatsächlich zu einem guten Teil zu. Ich war damals bereits etliche Stunden in dem unwegsamen Gelände herumgeirrt und hatte dabei so manche sehr heikle Stelle überwunden, ehe ich dann schließlich doch jene ausgesetzte Stelle fand, die den Blick zum Wasserfall erlaubte.

Beim zweiten Besuch war mir dann schon das Gelände bekannt, auch der kürzeste Zugang, der ein Stück recht gut einem alten, heute nicht mehr begangenen Waldweg folgt, und so erschien mir diesmal alles nur mehr halb so schlimm, wenngleich das Übersetzen des Baches im oberen Teil wegen der stärkeren Wasserführung einige Schwierigkeiten bot. So kann gesagt werden, daß ein erfahrener und schwindelfreier Bergsteiger bei genauer Verfolgung des im Anhang dieses Buches beschriebenen Zugangs kaum nennenswerte Hindernisse antreffen wird.

Doch nun auch ein Wort zum Wasserfall selbst. Wie das nebenstehende Bild zeigt — im Vordergrund sind einige Blöcke des besagten hohen, schwindelerregenden Felspfeilers abgebildet —, handelt es sich um einen typischen Vertreter jener Wasserfälle, die sich in den zahlreichen Felsschluchten der sogenannten Bozner Porphyrplatte befinden. Einige gelang es mir zu erkunden und zu vermessen, doch bin ich überzeugt, daß es noch zahlreiche weitere gibt, die noch nie eines Menschen Auge je gesehen hat.

Den Bauern von Lerch, einem verstreuten Weiler bei Aldein, scheint unser Wasserfall in der Bletterbachschlucht allerdings bekannt zu sein, wenn mir auch niemand einen genauen Zugang beschreiben konnte. Auch verzeichnet ihn die Kompaß-Wanderkarte an der richtigen Stelle, und zwar nur wenig unterhalb der einst ganzjährig bewohnten, heute aber verfallenen Blettermühle, die an einem uralten, von Aldein nach Radein führenden Verbindungsweg liegt.

Trotzdem darf der Wasserfall, der für den Freund einer noch gänzlich unberührten Naturlandschaft ein sehenswertes Tourenziel darstellt, als einer der bisher unbekanntesten Wasserfälle Südtirols bezeichnet werden. Und mit Sicherheit wird hier auch zum ersten Mal seine genau Sturzhöhe angegeben: sie beträgt 46 Meter; das nebenstehende Bild zeigt rechts ober dem Wasserfall die kleine Baumgruppe, von wo aus ich die Meßleine mit dem Lot hinabgleiten ließ. —

Der 46 m hohe Blettermühlfall zwischen Aldein und Radein auf der Hochfläche des Regglberges (Lexikon S. 168)

WASSERFALL IM »BUTTERLOCH« BEI ALDEIN

Ein »Cañon« von europäischer Bedeutung

Auf den rund hundert vorangegangenen Seiten dieses Buches haben wir fast alle Täler Südtirols durchwandert; wir haben dabei so manchen berühmten Wasserfall besucht, aber auch manch einen bisher unbekannten kennengelernt; wir sind in wilde Schluchten geklettert und bis in die Gletscherregion hinaufgestiegen, schattig und kühl war es da, warm und sonnig dagegen wieder dort.

So wollen wir zum Abschluß dieser bald heiteren, bald ernsteren Wanderung, die wohl viel Abwechslung bot, aber doch stets den Stempel unserer gewohnten Berglandschaft trug, nun noch einen Blick in eine Gegend werfen, die so fremdartig, so ungewohnt ist, als befände sie sich nicht in Südtirol und auch nicht in den Alpen, sondern in einem fremden Erdteil.

Und tatsächlich wird die Schlucht, von der hier die Rede ist und in die mit einem 35 m hohen Wasserfall der sandige Bletterbach stürzt, vielfach als *Cañon* bezeichnet — ein Ausdruck, der hierzulande sonst kaum gebraucht wird und auch nicht zutreffend wäre, in unserem Fall aber der einzig richtige ist. Die Leute von Aldein und Radein aber, deren Wälder und Wiesen sich am Rande der Schlucht ausbreiten, haben nicht weniger zutreffend die Bezeichnung *Butterloch* geprägt — wohl wegen der schlackenartigen Schichtung, die in der Tat an das Innere eines Butterfasses erinnert.

Die Geologen wiederum sprechen hier von *schulbeispielhaften Aufschlüssen* und zählen die Gesteinsfolgen vom Porphyr bis zum Mendeldolomit auf, während die Paläontologen den *Fossilienreichtum* rühmen.

Wir aber erfreuen uns in erster Linie an der Einmaligkeit dieses Fleckchens Erde und glauben jenen gerne, die von diesem *Butterloch* genannten *Cañon* behaupten, er sei eine Sehenswürdigkeit von europäischem Rang.

Der cañonartige, einmalige Kessel bei Aldein, der allgemein das „Butterloch" genannt wird, und (rechte Seite) der in diese Schlucht stürzende, 35 m hohe Wasserfall des Bletterbaches (Lexikon S. 167)

LEXIKON DER SÜDTIROLER WASSERFÄLLE

In der nachfolgenden Übersicht wird erstmals ein großer Teil der Südtiroler Wasserfälle mit genauen Angaben über Lage, Art, Höhe, geologische und botanische Verhältnisse sowie Zugänge beschrieben. Dazu muß aber ausdrücklich gesagt werden, daß keinerlei Anspruch auf Vollständigkeit erhoben wird, sondern nur jene Wasserfälle behandelt sind, die der Verfasser im Rahmen seiner — vor allem zeitlichen — Möglichkeiten erkunden und vermessen konnte. Trotzdem wurde versucht, eine gewisse Vollständigkeit für jene Wasserfälle zu erreichen, die durch eigene Weganlagen erschlossen und daher von besonderer touristischer Bedeutung sind. Bei diesen handelt es sich vorwiegend um Kurzwanderziele, die sich auch weniger bergerfahrene Wanderer zutrauen dürfen; wo größere Schwierigkeiten zu bewältigen sind, wird bei der jeweiligen Beschreibung ausdrücklich darauf hingewiesen. Dasselbe gilt auch hinsichtlich von Ausrüstungs- und Bekleidungsfragen, auf welche auch im einleitenden Abschnitt kurz eingegangen wurde.

Die Richtungsangaben *rechts* und *links* sind grundsätzlich im Auf- oder Abstiegssinn zu verstehen, sie gelten also für die Gehrichtung. Wo diese Angaben dagegen den Zusatz *orographisch* tragen, ist immer die Fließrichtung eines Wasserlaufs maßgebend. Zum Beispiel ist die im Aufstiegssinn rechte Seite eines Tales die orographisch linke.

Zur Nomenklatur der Wasserfälle sei bemerkt, daß die Bezeichnungen in jenen Fällen, in denen ein eigener Name für einen Wasserfall weder gebräuchlich ist noch in den Karten oder in der Literatur gefunden werden konnte, vom Verfasser nach persönlichem Ermessen gewählt wurden, in den anderen Fällen wurden die bereits vorhandenen Bezeichnungen verwendet.

Der besseren Übersicht halber sind die Wasserfälle nach Haupttälern bzw. nach den Einzugsgebieten der Südtiroler Hauptflüsse unterteilt. Diese Reihung entspricht — mit einigen kleineren Abweichungen — der Abgrenzung, wie sie in der im Athesia-Verlag erschienenen „Südtiroler Landeskunde in Einzelbänden“ getroffen wurde. Zum schnelleren Auffinden eines bestimmten Wasserfalls wurde die Reihenfolge jedoch durchlaufend numeriert. Sie wiederholt sich in der Vorsatzkarte dieses Buches wie auch im Stichwortverzeichnis.

An Kartenmaterial werden am Beginn eines jeden Abschnittes die zweckmäßigsten und gebräuchlichsten Wanderkarten angeführt. Von der Nennung der zahlreichen teils sehr guten, teils aber auch mangelhaften *lokalen Kartenblätter,* die meist nur in den Fremdenverkehrsämtern erhältlich sind, wird hier abgesehen. Dasselbe gilt für die italienischen *Meßtischblätter* 1 : 25.000 (Istituto Geografico Militare, Florenz); sie weisen nur italienische Nomenklatur auf und verzeichnen keine Markierungen, stellen aber das derzeit genaueste topographische Kartenwerk über Südtirol dar. Die rund 120 den Raum Südtirol lückenlos deckenden Blätter sind normalerweise in allen größeren Buchhandlungen erhältlich. — Dasselbe Institut bringt außerdem hervorragende Blätter im Maßstab 1:50.000 heraus, die hinsichtlich der Genauigkeit allen üblichen Wanderkarten desselben Maßstabs weit überlegen sind, aber auch nur italienische Nomenklatur und keine Markierungen tragen. Diese Blätter sind in den Buchhandlungen meist nicht vorrätig, können aber dort bestellt werden. Schnittübersichten aller genannten Karten sind in den Buchhandlungen oder bei den Verlagen kostenlos erhältlich.

A) VINSCHGAU

Dieser Abschnitt umfaßt das Haupttal des Vinschgaus bis Meran sowie sämtliche Seitentäler.

W a n d e r k a r t e n

Kompaß-Wanderkarte 1:50.000
Blatt 52 (Vinschgau)
Blatt 53 (Meran)
Blatt 72 (Ortles-Gran Zebru-Cevedale)

Freytag-Berndt-Wanderkarte 1:50.000
Blatt S 1 (Bozen-Meran und Umgebung)
Blatt S 2 (Vinschgau/Südliche Ötztaler Alpen)

Freytag-Berndt-Wanderkarte 1:100.000
Blatt 52 (Vinschgau)

1. Heilige-Drei-Brunnen-Fälle (Trafoi; Bilder S. 13/15)

C h a r a k t e r i s t i k

Die rund ein Dutzend Wasserfälle befinden sich unmittelbar über dem breiten, flachen, nur stellenweise bewaldeten und von Bächen und breiten Schuttströmen durchzogenen Boden am Ursprung des Trafoier Tales. Am Ostrand dieses Bodens liegt auf einer kleinen Rasenfläche der Wallfahrtsort zu den Heiligen Drei Brunnen: eine kleine, 1645 erbaute und in ihren Ursprüngen auf die Zeit um 1526 zurückgehende Loretokapelle, eine 1701/02 erbaute größere Wallfahrerkapelle mit barockem Altar und eine kleine Holzhütte, in der auf einem künstlich aus Steinen und Moos geschichteten Felssockel die Statuen von Christus, Maria und Johannes stehen. An dem Felssockel fließt aus drei Rohren kühles, gutes, angeblich heilkräftiges Quellwasser, das durch einen versteckten Schlauch von einer der verschiedenen natürlichen Quellen, die sich hinter der Hütte am bewaldeten Berghang befinden, zugeleitet wird. Um diese vielbesuchte Marienwallfahrt ranken sich zahlreiche Sagen und Legenden, und die Forschung nimmt an, daß die Usprünge sogar in vorchristliche Zeit zurückgehen. Eine der Legenden spricht davon, daß zur Zeit, als der Mönch Johannes de Grava im 13. Jh. hier in der Einsiedelei hauste, aus dem Fels drei Wasserstrahlen hervorbrachen, drei Engel vom Himmel schwebten und drei Kreuze in die Quellen fallen ließen, und ein Hirte namens Moritz zwei der Kreuze erfaßte und eines nach Stilfs und das andere nach Münster brachte. Das Ereignis zeigt ein Votivbild aus dem Jahre 1693. In diesem Zusammenhang von Bedeutung ist auch folgende Sage: Im Bergesinnern des Madatschmassivs befindet sich ein großer See, dessen Abflüsse aus drei Quellen bestehen. Doch eines Tages soll der See ausbrechen und alles verwüsten. — Die beiden Versionen belegen, daß es sich bei den ursprünglich verehrten Heiligen Drei Brunnen nicht um die kleinen Quellen bei den Kapellen handeln kann, da diese sich erstens nicht im Madatschmassiv, sondern am Fuße des Ortlers befinden, zweitens mehr als nur drei sind, drittens keineswegs als „Brunnen" anzusprechen sind und viertens nicht aus dem Felsen hervorbrechen, sondern sich in moosigem Waldgelände befinden. Vielmehr beziehen sich sowohl die Legende wie auch die Sage eindeutig auf jene mächtigen, wasserreichen Bäche, welche die hier zu behandelnden Wasserfälle bilden. Denn diese „Brunnen" befinden sich tatsächlich im Madatschmassiv, und zwar an der felsigen, teilweise von ausgedehnten Latschenfeldern bewachsenen Nordostflanke der Vorderen Madatschspitze (3184 m). Und vor allem treten diese Bäche so aus dem Felsen, als ob dahinter tatsächlich ein gewaltiger unterirdischer Bergsee läge. Die heutigen Wallfahrer halten jedoch diese reißenden Wildbäche nicht mehr für die Heiligen Brunnen, sondern füllen vertrauensvoll das Wasser der Waldquellen in ihre Plastikflaschen, und zwar, wie laut Überlieferung notwendig, aus allen drei Rohren, obwohl aus allen dreien dasselbe Wasser fließt. Trotzdem werden — als Naturbesonderheiten — auch die Madatschbäche mit ihren nicht sehr hohen, aber dank der starken Wasserführung sehr eindrucksvollen Wasserfällen häufig besucht.

Die heutigen „Drei Brunnen" bestehen aus zwei ziemlich weit links (in Blickrichtung von unten) befindlichen, sehr wasserreichen Sturzbächen und aus einem bedeutend weiter rechts (nordwestl.) befindlichen, weniger Wasser führenden Bach. (Da dieser rechte Bach von den Wallfahrtskapellen aus nur schwach einzusehen ist, ist es verständlich, daß die Wallfahrer die anderen beiden Bäche nicht als die Heiligen Drei Brunnen betrachten.) Wie die Felsformationen, die heute trockenen Schneisen, die durch den Legföhrenhang herabziehen, und die darunter liegenden Schuttkegel beweisen, befanden sich einst zwischen den beiden linken und dem weiter entfernten rechten Bach noch zwei weitere, wahrscheinlich ebenfalls sehr wasserreiche „Brunnen". Wie es scheint, ist der rechte schon vor sehr langer Zeit versiegt, während der linke, der den dritten der Drei Brunnen bildete, erst in neuerer Zeit austrocknete. Jedenfalls heißt es in den „Mitteilungen" des Deutschen und Österreichischen Alpenvereins, Jg. 1898, daß im Vorjahr ein Weg angelegt worden sei *im Thale der „hl. drei Brunnen" rings um den Thalkessel und zu den drei prächtigen Wasserfällen.* Und weiter: *Im Juni und Juli des heurigen Jahres wird überdies der Ursprung dieser drei Fälle zugänglich gemacht.* Ob zu jener Zeit noch der richtige dritte Brunnen Wasser führte oder im Bericht der heutige, weiter rechts befindliche Bach gemeint ist, konnte der Verfasser nicht mehr ermitteln. Der heutige Steig führt jedenfalls nur zu den Ursprüngen der beiden linken Bäche, wobei man allerdings am 17 m hohen untersten Wasserfall des rechten Baches vorbeikommt. Trotz der nicht allzu starken Wasserführung ist dieser Fall sehr schön, das Wasser schießt aus einer schmalen Felsklamm in freiem Fall über die senkrechte Felswand im Bogen hinab in das ausgekolkte, in 1658 m Höhe liegende Felsbecken. Den höchsten Punkt erreicht der Steig bei den Wasserfällen am Ursprung der beiden linken Bäche. Hier bekommt der Besucher eine naturkundliche Sehenswürdigkeit zu Gesicht, wie sie zumindest in Südtirol absolut einmalig ist. Man erreicht zuerst den rechten Bach, und zwar beim Fallbecken (1765 m) des obersten, sehr schönen, 15 m hohen Wasserfalls. Nur wenig höher, und zwar in 1786 m Höhe, befindet sich die „Quelle" des Baches. Mitten in der gewaltigen, geschlossenen Felswand schießt der wasserreiche Bach hervor, und zwar von unten nach oben, wobei ein breiter, etwa 50 cm hoher Springbrunnen gebildet wird und die Form des Felsloches nicht festgestellt werden kann. Rund um dieses Felsloch ist der Fels kompakt und weist weder Spalten noch größere Risse auf.

Der Ausfluß des linken (südöstlichen) Baches befindet sich nur wenige Minuten vom soeben beschriebenen entfernt in 1789 m Seehöhe, also fast in gleicher Höhe. Hier führt ein fast waagrechtes, in etwa rechteckiges Loch von ca. 2,5 m Breite und ca. 50 cm Höhe schräg abwärts in die senkrechte Felswand. Rechts von dem Loch, aus dem in etwa 120 cm Breite der Bach fließt, durchzieht ein feiner waagrechter Riß die Wand und trennt die unterschiedlich geschichteten Felsen voneinander. Unterhalb dieser „Riesenquelle", deren Wasserführung etwas schwächer als die der rechten ist, bildet der Bach einen nur 5—6 m hohen, nicht ganz

senkrechten und unbedeutenden ersten Wasserfall.
Die beiden Bäche stürzen über den hohen, gestuften, mit Latschen dicht bewachsenen Felshang sehr steil hinab, wobei eine ganze Reihe von weiteren, allerdings nicht sehr hohen Wasserfällen gebildet wird. Die beiden Sturzbäche erreichen auf der selben Höhe (1645 m) die Talsohle, wo sie direkt in den tosenden, vom Trafoier Ferner durch eine tiefe Felsschlucht herabkommenden Trafoier Bach münden. Damit beträgt die Gesamthöhe der beiden mächtigen Kaskaden 141 bzw. 143 m (alle Messungen und Erkundungen durch den Verf.).

Der Ausfluß des weiter entfernten, rechten der drei Bäche wurde vom Verf. nicht näher erkundet, doch konnte einwandfrei festgestellt werden, daß er den beiden anderen sehr ähnlich ist und sich in etwa auf der gleichen Höhe befindet. Dasselbe gilt auch für die einstigen Ausflüsse der beiden heute wasserlosen, dazwischenliegenden Bäche, die oben erwähnt wurden.
Geologisch wird das gesamte Gebiet von dem hier hellgrauen Dolomitgestein aufgebaut, dem der ganze zentrale Teil des Ortler-Hauptkammes angehört. Das triadische Gestein (sogen. Ortler-Trias) reicht von den Engadiner Dolomiten her und ist in vieler Hinsicht den Kalkbergen der Stubaier Alpen (Tribulaungruppe usw.) sehr ähnlich. In welcher Form nun sich die Wasser im Inneren der Vorderen Madatschspitze sammeln, um dann so einzigartig herauszutreten, muß selbstverständlich dahingestellt bleiben, ebenso wie die Frage, ob sich hinter den Ausflußöffnungen tatsächlich ein See verborgen hält. Ganz von der Hand zu weisen scheint eine derartige Annahme allerdings nicht zu sein. Jedenfalls ist es sehr begreiflich, daß es zu der diesbezüglichen Sage kommen konnte.

Zugang

Von der Stilfser-Joch-Straße zweigt 400 m nach der Ortschaft Trafoi links eine schmale Straße ab und führt nach 1,5 km zu den Baulichkeiten einer Alpinschule der ital. Polizei (1594 m). Hier Hinweisschilder „Wasserfall". Auf dem guten Fußweg Nr. 9 orographisch links (in Gehrichtung rechts) des Baches mit Prachtblick zu den Kaskaden und auf die übrige Hochgebirgsszenerie talein. Nach knapp 20 Min. erreicht man den ersten, untersten, 17 m hohen Wasserfall des rechten Baches. Auf dem Steig nun steiler empor, dann bald Überquerung des Baches (bei starker Wasserführung heikel bis unmöglich) und durch den Latschenhang in Serpentinen unschwierig hinauf zum Fallbecken des obersten Wasserfalls des rechten der beiden linken großen Bäche (1765 m, Fallhöhe 15 m). Insgesamt bis hierher 35 Min. Der kurze Aufstieg zum springbrunnenartigen Ausfluß des Baches verlangt leichte Kletterei und daher Bergerfahrung, absolute Schwindelfreiheit und Trittsicherheit und geeignetes Schuhwerk; nur für Geübte! — Um zum Ausfluß und obersten Wasserfall des linken der beiden Bäche zu gelangen, schlüpft man hinter dem ersten Wasserfall durch (man wird kaum naß) und folgt dem kurzen Steig nur leicht aufwärts. Hier ist der Wasserfall weniger interessant als vielmehr das rechteckige Felsloch, aus dem der Bach fließt. Es ist vom Steig aus gut einzusehen und erfordert keine Kletterei. Von hier — sofern der Bach überhaupt überschreitbar ist — führt der Steig jenseits weiter und an sich schön hinab in den Talboden. Derzeit (August 1979) ist vor diesem Abstieg aber dringendst abzuraten! Denn wer unten anlangt, müßte die beiden Madatschbäche brückenlos überqueren, was sehr gefährlich, wenn nicht gar unmöglich ist. Deshalb kehre man — solange es unten keine Verbindungsbrücke gibt — unbedingt auf dem Anstiegsweg wieder zurück!

2. Trafoibachfall (Trafoi; Bild S. 17)

Charakteristik

Der nicht sehr bedeutende und weithin unbekannte Wasserfall befindet sich sehr versteckt in jener außerordentlich beeindruckenden Felsklamm, die in sehr steilem Gelände am Westhang des hintersten Trafoier Tales in den Trias-Dolomit, der auch die zentralen Ortler-Berge aufbaut, geschnitten ist. Das untere Ende der Steilklamm liegt nahe der Polizei-Alpinschule im vielbesuchten Wallfahrtsgebiet der Heiligen Drei Brunnen. Hier mündet der in rund 2600 m Höhe unterhalb des Stilfser Joches entspringende Trafoier Bach, der die Klamm durchfließt und dabei außer dem hier behandelten noch zahlreiche weitere, allerdings kaum oder gar nicht einsehbare Wasserfälle bildet, in 1575 m Höhe in den wasserreichen, breiten Madatschbach. Die einmalige Klamm dürfte stellenweise hundert und mehr Meter tief sein, ihre Breite beträgt teilweise kaum wenige Dezimeter, teilweise aber auch etliche Meter; die Felswände scheinen an manchen Stellen geradezu ineinander verzahnt und weisen überaus formenreiche, bizarre Wasserschliffe auf. Da und dort kann man vom Rand der Schlucht aus in ihrem Grund den Bach oder auch ein Stück Wasserfall sehen. An einer Stelle, an der die Klammwände an ihrem oberen Rand durch eine natürliche Felsbrücke miteinander verbunden sind (diese Brücke wäre sehr ausgesetzt zwar, aber ohne nennenswerte Schwierigkeiten sogar überschreitbar), überquert ein bereits 1897 vom damaligen „Verein für Alpenhotels" angelegter, vom Weißen Knott an der Stilfser-Joch-Straße im Abstieg zu den Heiligen Drei Brunnen führender Weg mit einer guten Holzbrücke die Klamm. Diese Brücke in 1693 m Seehöhe gewährt einerseits einen atemberaubenden Tiefblick in die hier schätzungsweise mindestens 60—70 m tiefe, sehr schmale Klamm und andererseits den Anblick eines schönen, etwa 20 m hohen Wasserfalls (Höhe geschätzt). Die Holzbrücke wird „Bärenbrücke" genannt, eine Bezeichnung, die wohl von den früheren Jägern für die darunter befindliche natürliche Felsbrücke gebraucht worden sein dürfte. Die Brücke mit dem nahen Wasserfall ist vom hintersten Trafoier Talboden herauf auf einem guten Waldsteig unschwierig zu erreichen und stellt damit ein sehr lohnendes Wanderziel dar, das den Anblick eines der prachtvollsten Naturdenkmäler Südtirols, wenn nicht der Alpen überhaupt ermöglicht. Der Wasserfall ist in den Karten nicht verzeichnet und wird, ebenso wie die Klamm, auch in der Literatur nur selten erwähnt.

Zugang

Von der Stilfser-Joch-Straße zweigt 400 m nach der Ortschaft Trafoi eine schmale Straße ab und führt nach 1,5 km zu den Baulichkeiten der erwähnten Alpinschule der ital. Polizei. Hier bei der Straßenbrücke über den Trafoier Bach Hinweisschild „Bärenbrücke Nr. 10". Von da nun auf dem guten, markierten und in angenehmen Serpentinen angelegten Weg durch den Wald hinauf. Dabei genießt man sowohl herrliche Ausblicke auf die gewaltige Nordwestflanke des Ortlers als auch, an mehreren Stellen den Weg auf kleinen Steigen nach rechts kurz verlassend, atemberaubende Ein- und Tiefblicke in die Klamm. Am Rand der Schlucht ist aber größte Vorsicht geboten, da es keinerlei Absicherungen gibt! Nach einer knappen ½ Std. ist die Bärenbrücke erreicht, in deren Nähe eine Sitzbank mit Blick zum Ortler und auf den Talboden der Heiligen Drei Brunnen zur Rast einlädt. — Wer die Wanderung noch ausdehnen will, kann jenseits der Klamm auf dem Weg in einer weiteren halben Stunde zum Wirtshaus „Weißer Knott" an der Stilfser-Joch-Straße (1876 m) ansteigen, um dann wieder auf dem Anstiegsweg zum Ausgangspunkt zurückzukehren. Trotz des an sich guten Weges sind ein Mindestmaß an Übung im Bergwandern, Trittsicherheit, absolute Schwindelfreiheit und festes Schuhwerk für die Tour unerläßlich. Der Besuch der Bärenbrücke mit dem Wasserfall in der Klamm empfiehlt sich besonders in Verbindung mit dem Besuch der Wasserfälle der Heiligen Drei Brunnen (siehe Nr. 1).

3. Tschenglsbachfälle (Tschengls; Bild S. 19)

Charakteristik

Von der auf breitem Murkegel liegenden Ortschaft Tschengls am Südrand der Vinschgauer Talsohle zwischen Laas und Prad, zieht südseitig das steile, im unteren Teil schluchtartig verengte Tschenglser Tal bis zur Oberen Tschenglser Alm am Fuße der Tschenglser Hochwand empor. Durch dieses wilde Hochtal, das auf einer Entfernung von nur drei Kilometern einen Höhenunterschied von 1000 m aufweist, fließt der wasserreiche Tschenglsbach (auch Tschenglser Bach) ab, der seinen Ursprung in rund 2700 m Höhe am kleinen Tschenglser Ferner hat und von zahlreichen Seitenbächen zusätzlich gespeist wird; er mündet in 873 m Höhe nördlich von Tschengls in die Etsch. Zum Schutz vor weiteren Überflutungen, die sich wiederholt katastrophal über Tschengls ergossen, wurde der Bach in den letzten Jahren durch zahlreiche Schutzbauten in seinem untersten und oberen Teil gebändigt. In jenem unteren Abschnitt, in dem der Bach in einer tiefen, unzugänglichen Schlucht abfließt, befindet sich mindestens ein schöner, senkrechter Wasserfall, der von der Vinschgauer Talstraße und auch von einer Stelle am östlichen Schluchtrand einzusehen ist. Dem Verfasser gelang es trotz langwieriger und äußerst beschwerlicher Suche nicht, einen Zugang zu finden, so daß die Sturzhöhe — rund 30 m — nur geschätzt werden konnte. Die wichtigsten und höchsten Wasserfälle dagegen befinden sich oberhalb der Unteren Tschenglser Alm und oberhalb auch einer langen, relativ flachen, durch zahlreiche Sperrmauern verbauten Bachstrecke.

Hier sperrt ein mächtiger Felsriegel, der nordseitig mit mehr oder weniger senkrechter Flanke abbricht und auf seiner Hochfläche die Obere Tschenglser Alm trägt, das Hochtal. Über diese gewaltige Felsbarriere stürzen nicht weniger als vier Quellbäche, von denen die beiden äußeren allerdings nur geringe Wasserführung aufweisen, um am Fuß der Wand im V-förmigen Tal zusammenzulaufen und den Tschenglsbach zu bilden. Die beiden äußeren Wasserläufe besitzen keine Bedeutung und brauchen hier nicht näher behandelt werden, obwohl auch sie einige hübsche, wenn auch nur kleine Wasserfälle aufweisen. Die beiden mittleren dagegen müssen zu den höchsten und damit bedeutendsten Wasserfällen Südtirols gezählt werden. Vor allem der östliche besticht durch seine starke Wasserführung und durch die große Höhe, mit der er in nahezu senkrechtem Fall herabstürzt. Dieser östliche der beiden mittleren Wasserfälle ist es auch, der von der Vinschgauer Talstraße aus — trotz der beachtlichen Entfernung von gut 5 Kilometern — besonders auffällt. Der Bach, der zunächst die kargen Bergweiden der Oberen Tschenglser Alm in einem tiefen Geröllgraben und dann den oberen Rand des Felsriegels in einer schmalen Klamm durchfließt, stürzt im oberen Teil der Steilflanke über fünf Einzelstufen, wobei eine 38 m hohe Kaskade gebildet wird, und dann in ununterbrochenem, 113 m hohem Fall über die nahezu senkrechte Felswand, womit die gesamte Sturzhöhe der mächtigen Kaskade 151 m beträgt. Das kaum ausgeprägte Fallbecken liegt in 1721 m, der oberste Ausfluß in 1872 m Meereshöhe.

Die westliche Kaskade besitzt eine Gesamthöhe von 160 m (unterstes Fallbecken 1715, oberster Ausfluß 1875 m). Der Bach durchfließt oberhalb der Wasserfallwand das Gelände etwa in derselben Art wie der Bach des östlichen Falls. In der tiefen Klamm stürzt er dann zunächst über einige kleinere Stufen von jeweils nur wenigen Metern, dann über zwei weitere, jeweils senkrechte und 15 m hohe Stufen, die beide schöne, tief ausgekolkte Fallbecken besitzen (unteres Fallbecken 1830 m), und bildet dann an einer im oberen Teil sehr steilen, im unteren dagegen überhängenden Wandstelle einen prachtvollen Hauptfall von 68 m Sturzhöhe. Ab da verbirgt sich der Bach in einer mehrere Meter tiefen, schmalen Steilklamm, in der sich vier weitere, kleinere Wasserfallstufen befinden.
Das Gestein, ein mittelheller, teilweise schieferiger Gneis, gehört der sogenannten Vinschgauer Schieferzone an und zeichnet sich hier durch besondere Widerstandsfähigkeit aus. Die Vegetation an der sehr steilen bis senkrechten Wasserfallwand besteht vorwiegend aus Erlengebüsch, das besonders im oberen Teil zwischen den Kaskaden geschlossene dichte Bestände bildet, während die unteren und westlichen, großteils senkrechten Felspartien im ganzen gesehen bar jeglichen Pflanzenbewuchses sind.

Zugang

Von Tschengls (950 m; hierher in Eyrs von der Vinschgauer Staatsstraße abzweigende Landesstraße) entweder auf dem alten, aber durchwegs guten und schönen Fußweg Nr. 4 an der orographisch linken Seite des Tschenglser Tales, oder aber, etwas länger und dafür weniger steil, auf der neuen, für Privatverkehr gesperrten Forststraße orographisch rechts (im Aufstiegssinn links) durch schönen Bergwald hinauf zur Unteren Tschenglser Alm (1582 m; beide Wege sind ausreichend beschildert, außerdem gewährt eine gute Orientierungstafel im Dorf einen Gesamtüberblick über das Wegnetz. Die Tafel verzeichnet auch die Wasserfälle). Von der Alm nun nicht auf dem markierten Almweg weiter, der zur Oberen Tschenglser Alm führt (als Bergwanderung auch sehr lohnend), sondern auf einem unmarkierten, aber guten Steig in Bachnähe (orogr. rechts) talauf. Der Steig endet etwa 200 m unterhalb der Wasserfallwand, so daß das letzte Stück weglos und teilweise etwas mühsam, aber doch unschwierig bewältigt werden muß. Ab Unt. Tschenglser Alm rund 15 Min., ab Tschengls auf dem Weg Nr. 4 knapp 2½ Std., auf dem Güterweg knapp 3 Std.

4. Sturzbachfall (Laaser Tal)

Charakteristik

Der nur wenig bekannte, in den meisten Karten nicht verzeichnete Wasserfall befindet sich südöstlich der Unteren Laaser Alm in dem von Laas im Vinschgau südlich gegen die vergletscherten Laaser Berge (Hoher Angelus, Vertainspitze, Pederspitzen usw.) emporziehenden, steilen Laaser Tal. Der schöne, dreistufige Wasserfall wird vom sogenannten Sturzbach, einem der bedeutendsten und höchsten Zuflüsse des Laaser Baches, gebildet, der in rund 2800 m unter der felsigen Nordwand der Schluderspitze (3230 m) seinen Ursprung hat, durchwegs eine beachtenswert starke Wasserführung aufweist und bis zu seiner Einmündung in den Laaser Bach kurz unterhalb des Wasserfalls eine Länge von fast 3 km besitzt. Unmittelbar oberhalb der Unteren Laaser Alm schiebt sich ein noch leicht bewaldeter Rücken vor, der mit seiner Steilflanke jäh in das darunter liegende Kar abbricht. Über diese Steilstufe stürzt der Bach aus einer bereits tief eingeschnittenen Felsrinne teilweise senkrecht herab; der Fall ist bereits vom Anstiegsweg durch das Laaser Tal kurz sichtbar, seine Sturzhöhe beträgt 50 m, das Fallbecken liegt auf 1848 m Seehöhe, der Ausfluß aus einer schmalen Felsrinne liegt auf 1898 m. Seit dem Ausfall der einstigen Troppauer Hütte wird das Gebiet relativ wenig besucht, obwohl es eine großartige Hochgebirgsszenerie aufweist und für den tüchtigen Wanderer, noch mehr aber für den gletscherkundigen Hochalpinisten, verschiedene Tourenmöglichkeiten bietet. Der Zugang zum Wasserfall bereitet keinerlei Schwierigkeiten. Besonders in Verbindung mit einer der vielen Almwanderungen oder Gipfeltouren (z. B. Obere Laaser Alm, Laaser Spitze 3305 m) bietet der Fall ein hübsches Tourenziel und der kurze Abstecher vom Aufstiegsweg ist auf jeden Fall lohnend.

Zugang

Von Laas im Vinschgau (870 m) auf der zum Marmorbruch führenden Werkstraße (Markierung 5, 7, 10) durch das Laaser Tal hinauf; die Naturstraße ist befahrbar. Auf dem breiten Weg (Nr. 5) weiter zur Unteren Laaser Alm (1825 m) und in wenigen Minuten ostwärts zu dem bereits weiter unten sichtbar gewordenen Wasserfall. Ab Laas 3 Std. — Wer den Besuch des Wasserfalls mit der Gipfeltour zur Laaser Spitze verbindet, versuche nicht, dem Sturzbach entlang aufzusteigen, sondern kehre unterhalb des Falls zum markierten Weg zurück!

5. Kuenzentschatter (Martell; Bild S. 23)

Charakteristik

Die Kuenzentschatter ist der westliche der beiden Wasserfälle, die sich im Marteller Talschluß südlich über der Zufallhütte befinden. Der Kuenzenbach, der seinen Ursprung am Hohen Ferner hat und zusätzliches Wasser auch vom Ultnermarktferner erhält, stürzt hier als breiter, nicht allzu wasserreicher Fall sprudelnd und stäubend über einen langgezogenen Felsgürtel, mit dem die Nordhänge der Veneziaspitzen gegen den obersten Marteller Talboden abfallen. Als *Tschatter* wird in Martell allgemein ein mehr oder weniger steil herabstürzendes Gewässer bezeichnet, während der Name *Kuenzen* auf einen besonders mutigen und tüchtigen Marteller Bärenjäger zurückgehen soll, nach dem nicht nur der Wasserfall, sondern auch zwei nahe Bergseen (Kuenzen- oder Konzenlacken) und ein naher Berggipfel (Kuenzenspitze, 2878 m, westlich des Wasserfalls) benannt wurden. Die weithin sichtbare Kuenzentschatter ist den Einheimischen allgemein bekannt und war auch in der österreichischen Spezialkarte 1 : 75.000 vom Jahre 1913 verzeichnet, während sie heute in keiner Karte mehr aufscheint. Die geologisch in der sogenannten Marteller Quarzphyllitzone liegende mächtige Wasserfallstufe ist nahezu bar jeglicher Vegetation, nur schmale begraste Bänder durchziehen die größtenteils senkrechte Felswand; der den Wasserfall bildende Bach mündet unweit der Staumauer, die 1893 infolge vorhergegangener Ausbrüche eines Gletschersees erbaut wurde, in die Plima, den Marteller Talbach. Zusammen mit dem nahen Schranbachfall bildet die Kuenzentschatter ein hübsches, leicht erreichbares Kurzwanderziel von der Zufallhütte aus. Die Sturzhöhe des Wasserfalls beträgt 82 m, das kaum ausgebildete Fallbecken am Höchstpunkt eines stattlichen Schuttkegels liegt auf 2385 m Seehöhe (Messungen durch den Verfasser).

Z u g a n g

Kurz vor dem Ende der Marteller Talstraße (2088 m, in der Nähe das große, verfallende Hotel „Paradiso") zweigt rechts der Fußweg (gut beschildert und markiert) zur Zufallhütte ab. Auf ihm in ½ Std. zu dem schon von weitem sichtbaren Schutzhaus (2265 m; gut bewirtschaftet), auf dem Weg Nr. 150 leicht ansteigend zum oberen Talboden, links abzweigend über die lange Staumauer und damit in die Nähe der Kuenzentschatter (und des Schranbachfalles, vgl. Nr. 6). Ab Zufallhütte knapp 20 Min.

6. Schranbachfall (Martell; Bild S. 21)

C h a r a k t e r i s t i k

Rund 300 m östlich der „Kuenzentschatter" stürzt der nach der Vorderen Schranspitze von den Einheimischen als Schranbach benannte Abfluß des Ultnermarktferners über die langgezogene Felswand, mit der die Nordhänge der Veneziaspitzen gegen die Böden der Zufallalpe im hintersten Martelltal abbrechen. Dabei bildet der wasserreiche Bach einen schönen, senkrechten, bereits vom Aufstieg zur Zufallhütte sichtbaren Wasserfall, der zusammen mit dem Kuenzenfall ein schönes Kurzwanderziel darstellt. Der Schranbach, der in den meisten Karten nicht benannt und auch nur ungenau eingezeichnet ist, wie auch der Wasserfall selbst in keiner Karte aufscheint, durchfließt unterhalb der Gletschermoränen das zwischen Schranspitze im Osten und Kuenzenspitze im Westen eingelagerte, felsige Hochplateau in einer schmalen, mehrere Meter tiefen Klamm, die er in Jahrtausenden ausgeschürft hat, und biegt unterhalb der Wasserfallstufe scharf nach Westen ab, um nach Durchquerung eines sumpfigen Almbodens mit dem Kuenzenbach zusammenzufließen und schließlich bei der 1893 gegen die wiederholten Flutkatastrophen errichtete Sperrmauer in die Plima zu münden. Am Fuße der leicht überhängenden Wasserfallwand liegt ein stattlicher Schuttkegel, dessen breite Abbruchstelle noch deutlich sichtbar ist. Es ist mit Sicherheit anzunehmen, daß die Wasser- und Frosteinwirkung des Schranbaches mit zu diesem Felssturz geführt hat. Das nicht ausgekolkte Fallbecken des Wassersturzes liegt 75 m über dem versumpften Boden am Fuß der Felsflucht, und zwar in 2420 m Höhe. Die Sturzhöhe des Wasserfalles beträgt 37 m, der Ausfluß liegt in 2457 m Seehöhe (Messungen durch den Verf.). Geologisch liegt das ganze Gebiet in der sogenannten Marteller Quarzphyllitzone. Südöstlich über dem Wasserfall erhebt sich als wuchtiger Felskopf die 2888 m hohe Vordere Schranspitze, im Hintergrund weiter südlich ragen die prachtvoll vergletscherten Veneziaspitzen (höchste 3386 m) auf.

Z u g a n g

Vom Marteller Talschluß über die Zufallhütte und weiter zur „Kuenzentschatter" siehe dort. Von da nun ostwärts in wenigen Min. zum Schranbachfall. Ab Zufallhütte knapp ½ Std.

7. Plima-Fall (Martell)

C h a r a k t e r i s t i k

Unweit der Zufallhütte befindet sich der Wasserfall, der möglicherweise dem Gebiet den Namen *Zu-Fall* (soviel wie „beim Wasserfall") gegeben hat. Die Plima, der Marteller Talbach, durchfließt hier im Schlußhang des hintersten Martelltales eine der bizarrsten Felsklammen Südtirols und bildet dabei möglicherweise mehrere Wasserfälle, die aber nicht einzusehen sind. Jedenfalls ist der hier behandelte der einzige bedeutendere Wasserfall des von zahlreichen Gletscherabflüssen gespeisten Baches. Die wilde Felsklamm öffnet sich hier zu einem im Vergleich zur übrigen Enge der Schlucht relativ breiten Kessel, der vom Boden, auf dem die Zufallhütte steht, gut eingesehen werden kann. In diesen Kessel stürzt die Plima aus der oberhalb wieder sehr schmalen Klamm und bildet dabei den wegen seiner überaus starken Wasserführung recht eindrucksvollen, wenn auch nicht besonders hohen Wasserfall. Wohl wegen seiner nur geringen Sturzhöhe scheint er weder im entsprechenden Meßtischblatt noch in den Wanderkarten auf und wird von den meisten Besuchern des Gebietes auch kaum beachtet, vielfach auch gar nicht wahrgenommen. Der wilde Felskessel mit den tosenden Wassern und den an den senkrechten Wänden sich festkrallenden Zirben ist trotzdem ein sehenswertes Naturdenkmal, dessen Besuch sich für die Gäste der Zufallhütte auf jeden Fall lohnt. Geologisch liegt die Klamm mit dem

Der Plima-Fall in Martell

Wasserfall in der ausgedehnten, weit von Westen her ziehenden sogenannten Marteller Quarzphyllitzone. Der Ausfluß des Wasserfalls aus der hier etwa 30 m tiefen Klamm liegt in 2295 m Seehöhe, die Sturzhöhe des Falls beträgt 12 m, der Wasserspiegel im großen Fallbecken (es ist in heiklem Abstieg recht und schlecht zugänglich) liegt in 2283 m (Messungen durch den Verfasser). Die Wassertiefe im Fallbecken wurde vom Verf. nicht gelotet, scheint aber beachtlich zu sein.

Zugang

Kurz nach dem Gasthaus „Enzianhütte" im Talschluß von Martell auf dem gut beschilderten und markierten Weg von der Straße rechts ab und in gut ½ Std. in schönem, nur mäßig steilem Aufstieg hinauf zu der bereits von weitem sichtbaren Zufallhütte (2265 m; gut bewirtschaftetes Schutzhaus; hierher auch sehr lohnend vom verfallenden Hotel „Paradiso" am Ende der Talstraße, wobei man zweimal die wilde Felsklamm überquert). Von da über die Rasenböden südwärts leicht absteigend in wenigen Minuten zum Rand des Felskessels, von wo aus der Wasserfall schön einzusehen ist. Von dem Versuch, auf den angedeuteten Steigspuren bis zum Fallbecken abzusteigen, muß dringendst abgeraten werden, da das Gelände brüchig und schiefrig ist und ein Absturz in das eiskalte Wasser des tiefen Fallbeckens unweigerlich tödliche Folgen haben würde! — Stattdessen empfiehlt es sich, den Besuch der Zufallhütte und des Wasserfalls mit einer Wanderung zur „Kuenzentschatter" und zum Schranbachfall (siehe dort) zu verbinden.

8. Flimbachfall (Gand/Martell; Bild S. 25)

Charakteristik

Östlich über der Ortschaft Gand im äußeren Martelltal befindet sich in der steilen, doch größtenteils stark bewaldeten Talflanke eine baumlose, felsige Einbuchtung, in die von links her eine schmale Felsschlucht mündet. Durch diese Enge fließt der Flimbach, der sein weites Einzugsgebiet an der Nordseite der Tuferspitze hat und neben zahlreichen anderen Bächen auch vom Abfluß der beiden Flimseen gespeist wird. In der genannten felsigen Einbuchtung stürzt der den ganzen Sommer über wasserreiche Bach über einige senkrechte Felsstufen und bildet einen schönen, bereits von der Talstraße aus gut einzusehenden, mehrstufigen Wasserfall. Er scheint jedoch in keiner Karte auf und ist auch nur weglos und recht mühsam zugänglich. Ein kleiner Waldsteig würde genügen, um den Wasserfall zu einem schönen Kurzwanderziel zu machen. Der Verfasser konnte beobachten, daß er auch trotz des fehlenden Weges hie und da von Touristen besucht wird. Im wesentlichen besteht die Kaskade aus einem obersten, sehr schönen, senkrechten Hauptfall und aus mehreren unterhalb anschließenden kleineren Stufen, von denen eine, die höchste, rund 10 m hoch ist (geschätzt), während die übrigen nur höchstens 2—3 m hoch sind. Das unterste Fallbecken dieser unteren Kaskade liegt in 1406 m Seehöhe. Die Sturzhöhe des Hauptfalles beträgt 37 m, sein nur schwach ausgekolktes Fallbecken liegt in 1474 m Höhe, der Ausfluß in 1511 m. Damit beträgt die Gesamthöhe der ganzen Kaskade einschließlich einer nur kurzen mittleren Flachstrecke 105 m. Auch oberhalb des Hauptfalles befinden sich in der schmalen Felsklamm mehrere kleine Steilstufen, die aber ohne weitere Bedeutung sind. Geologisch liegt das Gebiet in der sogenannten Marteller Quarzphyllitzone und fällt hier durch besonders reichen Glimmergehalt auf. In unmittelbarer Nähe der Wasserfallstufen befinden sich einige sehr steile

Grashänge mit beachtlicher Flora, die weitere, ebenfalls sehr steile und felsdurchsetzte Umgebung ist mehr oder weniger dicht bewaldet (Fichten und Lärchen, dazwischen auch verschiedenartiges Gebüsch).

Zugang

Von dem in den letzten Jahren durch zahlreiche Neubauten stark angewachsenen Ort Gand (1267 m) zunächst auf einem breiten Fahrweg östlich hinauf zu einem Gehöft und dann durch den zunehmend steiler werdenden Wald leicht links haltend weglos und teilweise mühsam empor zum rechten (im Aufstiegssinn) Rand der großen Felsbucht mit den Wasserstürzen. Die unmittelbare Nähe sowohl der unteren Stufen als auch des oberen Hauptfalles ist in vorsichtiger Querung sehr steiler Grashänge zu erreichen. Insgesamt ab Gand rund 30—40 Min. — Der Aufstieg ist zwar nicht schwierig, wegen des felsigen und sehr abschüssigen Geländes aber beschwerlich und teilweise leicht ausgesetzt, weshalb Trittsicherheit und festes Schuhwerk vonnöten sind.

9. Tissbachfall (Goldrain)

Charakteristik

Eigentlich handelt es sich hier um eine ganze Reihe von Wasserfällen, die sich in jener engen Schlucht befinden, die, tief in die Steppenlandschaft des Vinschgauer Sonnenberges geschnitten, nahe der kleinen Ortschaft Tiss östlich von Goldrain ihren südlichen Ausgang hat. Von diesen zahlreichen Fällen, mit denen der Tissbach über die meist senkrechten und größtenteils unzugänglichen Felsstufen stürzt, ist aber nur der unterste und zugleich höchste von einiger Bedeutung. Er ist bereits von der Vinschgauer Talstraße aus einzusehen und auch unschwierig zu erreichen. Bedauerlicherweise weist er jedoch nur selten die volle Wasserführung des im Spätsommer ohnehin stark zurückgehenden Baches auf, da ein Großteil des Wassers bereits oberhalb des Wasserfalls für Beregnungszwecke abgeleitet wird. Der Wasserfall (auch als *Goldrainer Wasserfall* bekannt) ist sowohl im Meßtischblatt des italienischen Militärgeographischen Instituts als auch in den Wanderkarten verzeichnet, auch in der Literatur findet er verschiedentlich Erwähnung, wobei der Tissbach auch als Grubbach bezeichnet und die Höhe mit 110 m angegeben wird. Während in der Wasserfallschlucht üppige Vegetation wuchert, sind die beiderseitigen Hänge nur spärlich mit Sanddorn, Wacholder und einigen anderen meist dornigen Büschen bewachsen, stark von Felspartien durchsetzt und ausgedörrt. Selbst die jungen Föhrenbestände da und dort, das Ergebnis mühevoller Aufforstungsarbeiten, kommen nur langsam auf. Unweit des orographisch linken Schluchtausgangs befindet sich ein großes rundes Wasserreservoir in Beton, das zusammen mit einer Lichtleitung dem urweltlichen Bild mit der grünen Wasserfallschlucht den unschönen Stempel unserer Zeit aufdrückt. Am orographisch rechten Rand der geologisch in der sogenannten Vinschgauer Schieferzone liegenden Schlucht führt, an mehreren schönen Schalensteinen vorbei, ein uralter Steig hinauf zu dem auf einer aussichtsreichen Wiesenkuppe thronenden Schloß Annenberg; weitere markierte Steige führen auch links der Schlucht durch die Trockenhänge und eine luftige Hängebrükke ermöglicht die Querung von der einen auf die andere Seite. Desgleichen ist auch das Fallbecken des Wasserfalls auf einem kurzen, markierten, aber nicht besonders guten Steig zu erreichen. Der Wasserfall besteht im wesentlichen aus drei durch schöne, tief ausgekolkte Felsbecken voneinander getrennte Stufen, deren unterste rund 3 m, die mittlere etwa 15 m und die oberste rund 50 m hoch sind. Die Gesamthöhe der Kaskade beträgt 70 m, das unterste Fallbecken liegt in 733 m, der oberste Ausfluß in 803 m Seehöhe. Oberhalb des Hauptfalles befindet sich nach einer Flachstrecke von ca. 20 m, wo ein Großteil des Bachwassers orographisch rechts durch einen Waal abgeleitet wird (die Stelle ist ausgesetzt auf einem Steiglein zugänglich), ein weiterer schöner, rund 15 m hoher Wasserfall in der senkrechten Klamm.

Der Goldrainer oder Tissbachfall

Zugang

Von der auf schmaler Asphaltstraße erreichbaren Kirche von Tiss (698 m) ostwärts über den Bach (nicht der Nr. 6 folgen!), jenseits auf dem Wiesenweg hinan zum auffallenden Beton-Wasserspeicher und von dort auf dem mit Nr. 4 bezeichneten Waalsteig teilweise etwas beschwerlich eben hinein in die Schlucht und zum Fuß der Wasserfallstufen. Ab Tisser Kirche knapp 10—15 Min.

10. Mastaunbachfall (Unser Frau in Schnals)

Charakteristik

Das Mastauntal ist das innere der beiden westseitigen Seitenäste des Schnalstales. Es hat seinen Ursprung unter dem zu den südlichen Ötztaler Alpen gehörenden Bergkranz, in dem sich die gletscherlosen, teilweise über 3000 m hohen Berge Gerstgraser, Mastaunspitze, Malander und Wiegenspitzen erheben. Der das hochgelegene Almtal entwässernde, wasserreiche Mastaunbach stürzt an der Steilstufe, die den Ausgang des Tales bildet, unweit von Unser Frau über eine breite, stark geneigte und leicht gestufte Felswand und bildet damit einen der wenigen Wasserfälle an der Nordseite des Vinschgaues. Bedauerlicherweise wird von der Elektrizitätsgesellschaft „Etschwerke" ein Großteil des Bachwassers gegen den Vernagter Stausee hin abgeleitet, so daß der Wasserfall heute nur mehr einen Teil seiner ursprünglichen Wasserführung aufweist und damit viel von seiner einstigen Wildheit verloren hat. Immerhin wird aus touristischen Gründen dem Wasserfall soviel Wasser gelassen, daß er auch heute noch das lohnende Kurzwanderziel darstellt, das er früher in verstärktem Maße war. Seine Höhe beträgt 28 m, das breite Fallbecken, in dessen Nähe der zur Lafetzalm führende Fußweg den Bach überquert und eine Sitzbank zur Rast einlädt, liegt in 1542 m. Ein Wasserreservoir befindet sich orographisch links über dem breiten Ausfluß, der in 1570 m Seehöhe liegt (Messungen durch den Verf.). Die Wasserfallstufe wird von lichtem Lärchenwald umrahmt, der besonders im goldenen Herbstkleid mit dem weißschäumenden Wassersturz sehr malerisch kontrastiert. Das Gestein besteht aus dunklem Gneis, die Lage des Wasserfalls ist licht und freundlich. Abgesehen von einem ein Stück tiefer liegenden kleinen Privathaus und dem etwas höher befindlichen schönen Mastaunhof ist das Gebiet unverbaut und noch sehr ursprünglich. Im untersten Teil des Bachverlaufes befindet sich noch ein zweiter, rund 20 m hoher (geschätzt), frei herabstürzender Wasserfall.

Zugang

Von den Häusern im Talboden unterhalb der Kirche von Unser Frau auf markiertem Weg (Hinweisschild „Wasserfall, Mastaunalm, Lafetzalm, Nr. 17/19") durch die Wiesen zum Berghang, kurz leicht ansteigend hinan und dann wieder eben, mit schönen Ausblicken über das Tal und zu den gegenüberliegenden

Der Mastaunbachfall bei Unser Frau in Schnals

Bergen, durch den lichten Lärchenwald in schöner Wanderung zum Wasserfall. Knapp 20 Min. — Zur Gänze eben und etwas kürzer ist der Zugang von der Kirche aus, der sich bald mit dem soeben beschriebenen Weg vereint. Diese Variante kann auch nur als Rückweg benützt und so der Besuch des Wasserfalls als kleine Rundtour unternommen werden.

11. Partschinser Wasserfall (Partschins; Bilder S. 26/27)

Charakteristik

Der Partschinser Wasserfall ist nicht nur einer der höchsten und bekanntesten, sondern bei starker Wasserführung zweifelsfrei der beeindruckendste Wassersturz in Südtirol. Zwei Gasthäuser in seiner Umgebung und eine dorthin führende Straße sind Ausdruck der Bedeutung des Wasserfalls als einzigartige Touristenattraktion. Bereits von der Vinschgauer Talstraße aus sieht man den mächtigen Fall am Eingang ins Zieltal, aber am eindrucksvollsten ist er selbstverständlich aus unmittelbarer Nähe. Die außerordentlich reichen Wassermassen des Zielbaches, der in etwa 2800 m Höhe am Lodnerferner seinen Ursprung hat und bei seinem rund 8 km langen Lauf durch das steile Zieltal das Wasser von zahlreichen Seitenbächen aufnimmt, stürzen zuerst über mehrere in eine mäßig tiefe Klamm geschnittene, niedrige Felsstufen, um dann in hohem Bogen über eine nicht ganz senkrechte, glatte, 97 m hohe Felswand in die Tiefe zu donnern (die bereits früher ermittelte Höhenangabe wurde vom Verf. auf ihre Richtigkeit überprüft). Dadurch, daß die Wasserfallstufe sich nicht in einer tiefen Schlucht, sondern an einer breiten, offenen, weitgehend baumlosen Bergflanke befindet, ist der Fall weithin sichtbar und zudem weit weniger düster, als es ein Großteil der übrigen Wasserfälle ist. Die beiden genannten Gastbetriebe, von denen der dem Wasserfall näher liegende nur zu Fuß erreichbar ist, stören das Landschaftsbild nicht, eine zusätzliche Verbauung wäre aber unbedingt abzulehnen, zumal ein Naturdenkmal von der Bedeutung des Partschinser Wasserfalls zweifellos als Allgemeingut anzusehen sein muß und überdies nur in einer unverschandelten Umgebung für den allgemeinen Tourismus seinen vollen Wert besitzt. Dank eines vom Besitzer des oberen Gasthauses („Wasserfall") angelegten, durch Geländer gut abgesicherten Steiges mit einer kleinen Aussichtskanzel ist die unmittelbare Nähe des Wasserfalls im Bereich seines Ausflusses auch für ungeübte Geher leicht zu erreichen. Die stärkste Wasserführung weist er normalerweise im Juni/Juli auf, zur Zeit der stärksten Schneeschmelze in den Bergen, doch auch später und selbst im Herbst ist der „König der Südtiroler Wasserfälle" noch überwältigend. — Der winterliche, zu einer mächtigen Eiskaskade erstarrte Wasserfall war am Neujahrstag des Jahres 1977 Schauplatz einer seltenen bergsteigerischen Unternehmung: Die wiederholt mit anderen großen alpinistischen Leistungen hervorgetretenen Meraner Dieter Drescher und Leo Breitenberger durchstiegen in dreistündiger, schwierigster Kletterei den Eis-Wasserfall.

Zugang

So schön die einstündige Wanderung von Partschins (637 m) bis zum Wasserfall landschaftlich auch ist, so kann sie doch nur bedingt empfohlen werden, da es bedauerlicherweise keinen eigenen Fußweg gibt und man der oft recht stark befahrenen Asphaltstraße folgen muß. Diese endet beim Gasthaus „Birkenwald" (960 m). Von hier kann man dem steilen Güterweg oder — lohnender — dem markierten und gut beschilderten Fußweg folgen, auf dem man im Anblick des Wasserfalls in knapp 20 Min. das Gasthaus „Wasserfall" (1073 m) erreicht. Von da nun auf dem Geländersteig in wenigen Minuten leicht und gefahrlos bis in nächste Nähe des Wasserfalls, wo oberhalb der mit Sitzbank versehenen Aussichtskanzel eine Gedenktafel an ein tödliches Unglück erinnert. Es muß hier mit Nachdruck davor gewarnt werden, die gesicherte Aussichtswarte zu verlassen und höher emporzusteigen!

B) PASSEIERTAL

Wanderkarten

Kompaß-Wanderkarte 1:50.000
Blatt 43 (Ötztaler Alpen)
Blatt 44 (Sterzing)
Blatt 53 (Meran)

Freytag-Berndt-Wanderkarte 1:50.000
Blatt S 1 (Bozen-Meran und Umgebung)
Blatt S 4 (Sterzing-Jaufenpaß-Brixen)

Freytag-Berndt-Wanderkarte 1:100.000
Blatt 45 (Bozen-Meran und Umgebung)

12. Imstbachfall (Pfelders; Bild S. 31)

Charakteristik

Der stattliche Wasserfall befindet sich gegenüber dem Talboden, der sich orographisch rechts des Pfelderer Baches zwischen den kleinen Weilern Innerhütt und Sefnar ausbreitet. Hier fällt der Imstbach, der zusammen mit einer ganzen Reihe von Seitenbächen von den weiten Südhängen (Kühberg, Imstalm) der Imstspitze (3024 m) herabkommt, unmittelbar über dem Talboden über einen hohen, vom Weiler Zagl bis zu dem 2 km weiter talein liegenden Krößbichl das Pfelderer Tal nordseitig flankierenden, nahezu senkrechten Felsgürtel und bildet einen eindrucksvollen Wasserfall, der der Pfelderer Straße direkt gegenüber liegt. Der erwähnte Wandgürtel liegt geologisch noch in der Zone der Alten Gneise, in deren hartes Gestein (Plagioklasgneis) sich der Imstbach nur schwach einschneiden konnte, weshalb die Wasserfallrinne auch kaum in die Wand gekerbt wurde. Während die Südseite des Tales hier durchwegs stark bewaldet ist, zeigt sich die Nordseite fast ausnahmslos ohne jeglichen Baumbewuchs; oberhalb des Wasserfall-Ausflusses schaut der Gipfel der 3286 m hohen Seewerspitze heraus. Die gesamte Sturzhöhe des im wesentlichen zweistufigen Wasserfalls beträgt 170 m, das nicht ausgekolkte Fallbecken liegt auf 1450 m, während die kurze Flachstrecke zwischen den zwei Hauptstufen auf 1565 m liegt (Messungen durch den Verf.). Die Kaskade weist im Frühsommer die stärkste Wasserführung auf und ist folglich zu dieser Jahreszeit am eindrucksvollsten.

Zugang

Vom Weiler Innerhütt (1444 m; Gasthaus) im Pfelderer Tal auf der über Pill nach Moos führenden neuen Straße in wenigen Minuten nordwärts hinüber zum Pfelderer Bach und nach der Brücke links auf einem Wiesenweg eben talein zum Fallbecken des Wasserfalls. Insgesamt knapp 20 Min. — Die Kaskade ist bereits von Innerhütt aus gut einzusehen, so daß der Zugang nicht verfehlt werden kann.

13. Piller Wasserfälle (Pfelders; Bild S. 29)

Charakteristik

Inmitten der weiten Wiesen, die sich an der Sonnenseite des äußeren Pfelderer Tales ausbreiten, liegen zum Teil weit verstreut die Gehöfte von Pill (Großstein, Greit, Steckele, Bruck usw.). Oberhalb derselben ziehen steil, aber sehr schön gelegen die ausgedehnten Piller Wiesen mit zahlreichen Heuhütten zum Kamm empor, der sich zwischen Rauhem Joch und Weißem Knott erstreckt. Vom Kamm herab sprudelt eine ganze Reihe von Bächen, die zahlreiche kleinere und größere Wasserfälle bilden. Von Bedeutung sind allerdings nur zwei Wasserfälle, wobei einer vom Grubbach gebildet wird, während der den anderen bildende Bach namenlos ist. Da sich die Felswand, an der sich dieser Wasserfall befindet, von den Einheimischen Pitzkofel genannt wird, wird der Wasserfall hier auch *Pitzkofelfall* genannt. Die in den Karten nicht verzeichneten Wasserfälle liegen geologisch gesehen im sogenannten Schneeberger Zug, der hier vorwiegend aus Biotitschiefer aufgebaut wird und höher oben von mächtigen Marmorlagen (Weißer Knott) durchzogen wird. Die beiden Wasserfälle sind dank dem größtenteils baumlosen, freien Almgelände von Pill und noch besser von der gegenüberliegenden Talseite aus gut einzusehen und in kurzer Wanderung leicht zugänglich. Beim *Grubbachfall* handelt es sich um eine zweistufige Kaskade in einem großen, halbrunden Felskessel. Der Grubbach, der im oberen Teil von verschiedenen Seitenbächen zusätzlich gespeist wird und diesem Umstand seine starke Wasserführung verdankt, stürzt hier zunächst in einer tiefen Steilrinne mehrere Meter senkrecht in ein schön ausgekolktes Becken und dann von diesem im Bogen und weithin sichtbar über die senkrechte Felsmauer des erwähnten Kessels. Das breite Fallbecken liegt auf 1420 m Seehöhe, die Sturzhöhe des Wasserfalls (Gesamthöhe beider Stufen zusammen) beträgt 53 m (Messungen durch den Verf.).

Gut 100 m östlich des Grubbachfalles befindet sich der Pitzkofelfall. Die Wasserfallstufe ist hier nicht ein großer Kessel, sondern eine breite, ziemlich glatte und nicht ganz senkrechte Felswand. Der Bach, dessen Wasserführung geringer als jene des Grubbaches ist, hat sich im oberen Teil der Felsmauer eine ziemlich tiefe Rinne eingekerbt; oberhalb des Ausflusses sind besonders schöne Schliffe in dem weiß quergebänderten Gestein zu bewundern. Die Sturzhöhe des Wasserfalls beträgt 50 m, das Fallbecken liegt auf 1405 m Meereshöhe.

Im Frühjahr beleben an den Felsen beider Wasserfälle zahlreiche Blütenstöcke der Klebrigen Felsprimel das Bild, im Sommer umrahmen die saftiggrünen, blühenden Bergwiesen die schroffen Felsen mit den stäubenden Wasserfällen.

Zugang

Die Piller Höfe sind neuerdings auf einer gut asphaltierten Straße zu erreichen, die von der alten Pfelderer Straße bei der hohen Brücke, die zwischen Moos und Platt die Stieberfälle überquert, abzweigt und in Serpentinen am Sonnenhang hinanführt. Von den Höfen führen mehrere Steige durch die Wiesen in rund 10—15 Min. bis in die Nähe der Wasserfälle; da es sich dabei aber um keine richtigen Wege handelt und es auch keine Markierungen gibt, andererseits aber die Wasserfälle schon von weitem sichtbar sind, sei es dem Benützer dieses Buches überlassen, den ihm genehmsten Zugang zu wählen. Jeder ist schön, leicht und ohne jegliche Orientierungsprobleme. Für den trittsicheren und mit gutem Schuhwerk ausgerüsteten Geher empfiehlt es sich, vom Pitzkofelfall (dem östlichen der beiden) auf dem schmalen Hirtensteig zu den Piller Almhütten aufzusteigen, westwärts zu den Ausflüssen der beiden Wasserfälle zu queren, um die schönen Wasserschliffe und je nach Belieben die zahlreichen kleineren Wasserstürze bachaufwärts zu besichtigen. Bei starker Wasserführung bildet der Grubbach ziemlich weit oben einen schönen, relativ hohen Wasserfall, dessen Zugang aber teilweise recht mühsam und steil ist.

14. Stieberfälle (Moos/Platt; Bilder S. 32/33)

Charakteristik

Diese ungemein beeindruckenden Wasserfälle befinden sich genau unter der Brücke, mit der die alte (schattseitige) Pfelderer Straße zwischen Moos und Platt den wasserreichen Pfelderer Bach überquert (derzeit, Frühjahr 1979, neben der alten eine neue Brücke in Bau; die neue Brücke über die Passer bei Moos steht unmittelbar vor ihrer Vollendung). Im Passeiertal heißen die zahlreichen Wasserfälle durchwegs „Stieber“, die hier zu besprechende Kaskade wird zur Unterscheidung von den anderen nach dem nahen Bad Sand (derzeit nur als Gasthaus geführt) auch „Sandter Stieber“ genannt. Bereits früh hat sie als „Stieberfälle“ und fälschlich auch oft als „Stuibenfälle“ (manche Karten führen diese Bezeichnung auch heute noch) Eingang in Literatur und Kartenwerke gefunden. Bereits 1895 legte die Sektion Meran des Deutschen und Österreichischen Alpenvereins einen guten Wanderweg mit Brücken und Aussichtskanzeln an, so daß damals das urweltliche Geschehen gefahrlos bewundert werden konnte und für jedermann leicht zugänglich war. Heute erinnern kaum noch Spuren an diese einstige Weganlage. Vor einigen Jahren stürzte ein Tourist beim Fotografieren in die tosenden Fluten; seine Leiche konnte erst nach Wochen geborgen werden, und jenes achtjährige Mädchen aus Platt, das 1975 oberhalb der Wasserfälle in den Bach stürzte, wurde bis heute

nicht gefunden. Demnach ist von einer Annäherung an die Wasserfallschlucht heute dringend abzuraten. Einen sehr eindrucksvollen Einblick hat man von Moos an der gegenüberliegenden Talseite (besonders mit einem Feldstecher), wobei man die gesamte Kaskade frontal einsehen kann. Noch überwältigender aber ist der Tiefblick von der erwähnten Straßenbrücke aus; man blickt dabei senkrecht in das Fallbecken der obersten Stufe. Es ist dies ein fast kreisrunder, von spiegelglatt gescheuerten Felswänden umschlossener Kessel, in den die gewaltigen Wassermassen senkrecht hinabdonnern. Die Sturzhöhe dieses obersten Falles beträgt 19 m, der Ausfluß (14 m unter der Brücke) liegt auf 987 m Seehöhe, der Wasserspiegel des Fallbeckens auf 968 m. Eine Lotung des Fallbeckens ergab eine Wassertiefe von nicht weniger als 13 Metern! (verschiedene Schätzungen schwankten zwischen 3 und 25 m). Aus diesem obersten Fallbecken stürzt das Wasser in sehr schmaler Klamm erneut nahezu senkrecht hinab und bildet einen weiteren, 18 m hohen Wasserfall, dessen Fallbekken größer, aber wahrscheinlich weniger tief als das obere ist; es liegt auf 950 m Meereshöhe (alle Messungen durch den Verf.).
Ab diesem Fallbecken teilt sich der Bach in zwei Arme: Orographisch rechts schießt das Wasser durch eine schmale, 1—2 m tiefe Felsrinne mit schönen Schliffen nur mäßig steil der nahen Passer zu, links dagegen bildet sich bei sehr starker Wasserführung des Pfelderer Baches an einer breiten, jedoch nicht sehr stark geneigten Felsstufe der unterste, dritte Wasserfall. Seine Höhe beträgt nur wenige Meter und infolge seiner eher geringen Neigung ist er kaum als richtiger Wasserfall anzusprechen. Zudem führt er oft überhaupt kein Wasser, wobei dafür allerdings die Strudelwannen am Fuß der Felsstufe sehenswert sind. Die steile Wasserfallschlucht wird rechts und links von Bäumen gesäumt, an den Felsen (Schiefergneis) blüht im Frühjahr die Klebrige Felsprimel.

Z u g a n g

Von Moos im hinteren Passeiertal auf der nach Platt und weiter nach Pfelders führenden Straße zur Brücke, die den Wasserfall überquert (ab Moos ca. 1 km) und einen atemberaubenden Tiefblick in die Wasserfallschlucht gewährt. Der Abstieg rechts oder links der Schlucht, wobei mehrere vorspringende Felsen weitere eindrucksvolle Einblicke bieten, bereitet an sich trotz der erheblichen Steilheit keine nennenswerten Schwierigkeiten, darf aber nur von absolut schwindelfreien, trittsicheren und nur mit richtigen Bergschuhen bekleideten Gehern gewagt werden. Grundsätzlich muß hier jedoch davon abgeraten werden. Bedeutend schöner, leichter und vor allem nicht gefährlich ist der Weg, der bald nach der Brücke über die Passer bei Moos links abzweigt (Schild „Zum Korbflechter"), zu einem Bauernhaus und weiter zum Fallbecken des unteren (mittleren) Wasserfalls führt. Hier steht man am Fuß der wilden Klamm und dem mächtigen, 37 m hohen Doppelfall gerade gegenüber. Allerdings ist auch hier in unmittelbarer Wassernähe größte Vorsicht geboten! Gehzeit von der Straße bis hierher: ca. 20 Min.

15. Westliche Stuller Fälle (Stuls; Bilder S. 35/37)

C h a r a k t e r i s t i k

Rund 700 m westlich der Kirche von Stuls durchfließt der sogenannte Wasserfallbach in einem von uralten Trockenmauern eingefaßten Bachbett die Wiesenterrasse, auf der die kleine Ortschaft hoch über dem mittleren Passeiertal liegt. Dieser Wasserfallbach (in den meisten Karten fehlt die Benennung) hat seinen Ursprung oben auf den weiten Almböden, die man die Stuller Wiesen nennt; er ist einer der zahlreichen nordseitigen Zuflüsse, die nach größtenteils sehr steilem Lauf zwischen St. Leonhard und Moos in die Passer münden. Der seinen Namen sehr zu Recht tragende, im Frühsommer bedeutende, im Herbst aber leider nur mehr geringe Wasserführung aufweisende Bergbach bildet zunächst eine relativ niedrige Kaskade von untergeordneter Bedeutung, dann einen sehr schönen, besonders als Wanderziel sehr lohnenden, hohen Wasserfall und bald darauf die höchste Kaskade Südtirols und eine der höchsten der Alpen.
Die oberste Kaskade befindet sich unmittelbar oberhalb der Straße, die von Moos nach Stuls führt. Mit einem Höhenunterschied von rund 30 Metern poltert hier der Bach über mehrere, teils steilere, teils weniger steile Felsstufen herab und bildet mit einer nahen, allerdings wasserärmeren Kaskade und den darunter befindlichen Bauernhöfen ein zwar recht hübsches Bild, ist aber sowohl als Wasserfall selbst wie auch als Tourenziel ohne weitere Bedeutung. Beide Wasserstürze sind allerdings in den Meßtischblättern 1 : 25.000 verzeichnet, während sie in den Wanderkarten nicht aufscheinen. Von weit größerer sowohl touristischer als auch naturkundlicher Bedeutung dagegen ist der mittlere Fall desselben Baches. Im Gegensatz zum oberen ist er von der Stuller Straße aus nicht einzusehen, da er sich unterhalb derselben befindet. Hingegen ist er, zusammen mit den anderen, sehr schön von der schmalen Straße aus zu sehen, die von St. Leonhard über Breiteben nach Platt führt. Außerordentlich beeindruckend zeigt sich hier die gewaltige Felsflucht, über die der Bach größtenteils in freiem Fall und nur an einer Stelle nennenswert unterbrochen 342 Meter tief hinabstürzt. Der hier beschriebene mittlere Wasserfall befindet sich am oberen Abschnitt der Felswände, der durch ein dicht bewaldetes, waagrecht verlaufendes Terrassenband vom

unteren Teil getrennt wird. Der Ausfluß des senkrechten Wasserfalls befindet sich in 1250 m Höhe am Rand der Wiesen von Stuls. Nahe dem Ausfluß steht eine aufgelassene Mühle, wo der Verfasser mehrere jener rätselhaften Schalensteine entdecken konnte (Kultsteine?). Die Sturzhöhe des Wasserfalls beträgt 72 Meter, das tief ausgekolkte Fallbecken liegt auf 1178 m Seehöhe (alle Messungen durch den Verf.). Hierher führt durch den Waldgürtel, der größtenteils aus schönen Fichten besteht, von Westen wie von Osten her ein schöner, wenn auch nicht markierter Wanderweg.

Nur knapp 40 Meter tiefer (1140 m), am unteren Rand des bewaldeten Absatzes, befindet sich der Ausfluß der unteren Kaskade des Wasserfallbaches. Die Stelle ist vom erwähnten Wanderweg aus leicht zugänglich, der atemberaubende Tiefblick auf die 250 m tiefer liegende Talstraße, in etwa das untere Ende des Wasserfalls, ist jedoch nur etwas für absolut Schwindelfreie! In teilweise freiem Fall stürzt, zunächst zweigeteilt, der Bach senkrecht 120 Meter hinab, worauf eine nicht ganz senkrechte, jedoch immer noch sehr steile Wandstelle von rund 35 Höhenmetern den freien Fall des Wassers kurz unterbricht. Unterhalb dieses steilen Absatzes fällt der Bach erneut rund 60 Meter frei hinab, um schließlich in rund 910 m Seehöhe unmittelbar oberhalb der Passeirer Talstraße den Wandfuß und damit etwas weniger steiles, bewaldetes Gelände zu erreichen. Damit beträgt die Gesamthöhe dieses einzigartigen Wasserfalls nicht weniger als 230 Meter. Den einzigen Zugang bildet die Passeirer Talstraße, von ihr aus zeigt sich der Fall außerordentlich beeindruckend, man bewundert die stürzenden Wasser sozusagen aus der Froschperspektive.

Zugänge

Wie bereits dargestellt, befindet sich der obere Fall an der Straße nach Stuls und der untere an der Passeirer Staatsstraße (taleinwärts kurz nach km 5). Dafür befindet sich der mittlere Fall fern von Siedlungen und Straßen, besitzt aber einen schönen Fußweg als Zugang und bildet damit ein äußerst lohnendes Wanderziel auch für nicht sehr geübte Geher. Der nicht markierte, aber nicht schwer zu findende Weg beginnt bei den Höfen, die knapp unterhalb der nach Stuls führenden Straße (Weiler Stein, 1172 m, 2 km ab Moos) am Wiesenhang liegen. Man steigt die wenigen Höhenmeter bis zum untersten, auf einem kleinen Wiesenvorsprung stehenden Haus ab und wandert, zunächst durch Wiesen, dann stets durch schönen Bergwald, auf dem größtenteils ebenen, guten Weg in insgesamt 20 Min. ostwärts zum prachtvollen Wasserfall. Die Fortsetzung des Weges nach Osten führt noch ein Stück eben durch Wald und dann über Wiesen und an einzelnen Höfen vorbei in weiteren 40 Min. hinauf nach Stuls (1315 m). Von da auf der Straße (1,8 km; zu Fuß rund 35 Min.) zurück zum Ausgangspunkt. Gesamtgehzeit für die ganze Rundwanderung: 1½—2 Std.

16. Oberer Sagbachfall (Stuls)

Charakteristik

Der Wasserfall ist kaum von größerer touristischer Bedeutung, muß hier aber einer gewissen Vollständigkeit halber doch behandelt werden. Der Sagbach hat seinen Ursprung in rund 2300 m Höhe am Südwesthang der Hohen Kreuzspitze; er durchfließt zunächst steile Almhänge und bald darauf den wilden Graben, der zwischen der breiten Hangterrasse von Stuls und der Silberhütthöhe, einer vorspringenden, bewaldeten Felskuppe, die als Urzeitstätte erkannt wurde (der Verf. konnte hier im Frühjahr 1979 einen bis dahin unbekannten Schalenstein entdecken), eingeschnitten ist. In dem bewaldeten, von sehr steilen Hängen gesäumten Graben stürzt der Sagbach nur wenig unterhalb des von Stuls nach Schlattach führenden Weges über eine senkrechte, von Schiefergestein gebildete Wandstufe und bildet einen schönen Wasserfall, den die Einheimischen „Sagbachstieber" nennen. Dank der relativ starken Wasserführung des Sagbaches ist der Wasserfall im Frühjahr recht sehenswert, leider ist aber das Gebiet durch Abfälle jeder Art teilweise stark verschmutzt. Neuerdings wurde allerdings ein diesbezügli-

Der obere Sagbachfall bei Stuls im Passeiertal

ches Verbotsschild angebracht und es ist auch eine allmähliche Besserung der Lage zu verzeichnen. Die vom Verfasser durchgeführten Messungen ergaben eine Fallhöhe von 30 m, das Fallbecken liegt auf 1202 m, der Ausfluß auf 1232 m. Nach dem Wasserfall durchfließt der Sagbach eine ziemlich lange Flachstrecke, um dann wieder durchwegs sehr steil, stellenweise auch senkrecht abzufließen, wobei zahlreiche kleinere und größere, jedoch weitgehend bedeutungslose Wasserfälle und Kaskaden gebildet werden. Auch oberhalb des hier beschriebenen Wasserfalls stürzt der Bach mehrmals über kleinere Steilstufen. Der Wasserfall, dessen Wasserführung im Spätsommer und Herbst meist stark zurückgeht, ist in den Karten nicht verzeichnet und seiner verborgenen Lage zufolge auch weithin unbekannt.

Zugang

Kurz nach Moos in Passeier zweigt ostseitig die Asphaltstraße ab und führt zum hübschen Bergdorf Stuls. Von dort kann man auf dem Fahrweg weiter bis zum Graben des Sagbaches fahren. Von da nun zu Fuß ostwärts über den Bach und zum Wiesensattel, der zwischen dem Berghang und der Silberhütthöhe eingelagert ist. Vom Sattel weglos und sehr steil, aber nicht gefährlich hinab in den Sagbachgraben und damit zum Wasserfall. Etwa 10 Min., ab Stuls rund 20 Min.

Der oberste Guflbachfall hoch über dem Weiler Gomion

17. Guflbachfälle (mittleres Passeiertal; Bild S. 39)

Charakteristik

Diese Wasserfälle sind in keiner Karte verzeichnet, obwohl sie teilweise ziemlich hoch, sehr wasserreich und von der gegenüberliegenden Talseite aus gut einzusehen sind. Es handelt sich dabei um mindestens acht Einzelfälle, von denen der oberste höhenmäßig und landschaftlich besonders hervorzuheben ist, während die unteren kaum touristische Bedeutung besitzen. Die Fälle werden von dem an der Südostflanke der Hohen Kreuzspitze in rund 2450 m Höhe entspringenden und östlich der Silberhütt- oder Stuller Höhe, am Weiler Gufl vorbei, zur Passer abfließenden Guflbach (auch Grünalpbach genannt) gebildet. Inmitten ausgedehnter, steil abfallender Waldhänge (Fichten und Lärchen) befinden sich die Fälle größtenteils im relativ schmal und tief eingeschnittenen Bachgraben, der geologisch in der sogenannten Zone der Alten Gneise liegt. Die beiden untersten Fälle bilden zusammen eine schöne, rund 40 m hohe, nahezu senkrechte Kaskade in unmittelbarer Nähe eines am unteren Waldrand gelegenen, schönen Bauernhofes. Ihr Fallbecken liegt auf 875 m Seehöhe. Das Wasser stürzt hier über eine ziemlich breite Felswand, in der ein kleines Querband die beiden Stufen voneinander trennt. Der Doppelfall ist weithin sichtbar und leicht zugänglich. Dagegen sind die dicht übereinander liegenden, durchwegs bedeutend niedrigeren Fälle im Mittelteil des Bachverlaufes teilweise recht versteckt. Trotz des in ihrer Nähe vorbeiführenden bzw. den Bach überquerenden Weges, der von Gomion nach Stuls führt, stellen diese Fälle wegen ihrer geringen Sturzhöhen kaum ein nennenswertes Tourenziel dar. Anders dagegen verhält es sich mit dem obersten Fall. Er ist der weitaus höchste und schönste der Guflbachfälle. Das Wasser stürzt hier nur wenig unterhalb der Waldgrenze außerordentlich beeindruckend über eine breite, weithin auffallende, teilweise überhängende Felswand in die Tiefe. Unmittelbar oberhalb dieses Hauptfalles befindet sich, nur durch ein tief ausgekolktes Felsbecken von ihm getrennt, ein weiterer kleiner Wasserfall, der als Teil der ganzen Kaskade zu betrachten ist. In der Nähe des Ausflusses, der auf 1223 m liegt, überbrückt der von Stuls nach Glaiten führende Wanderweg Nr. 9 den Bach, der Zugang zum Fallbecken ist dagegen im letzten Teil weglos. Die Anlage eines einfachen Waldsteiges, eine Arbeit ohne großen Zeit- und Geldaufwand, wäre eine dankbare und sehr zu begrüßende Aufgabe für einen alpinen oder Fremdenverkehrsverein, da der Wasserfall zweifelsohne zu den höchsten und schönsten Südtirols gehört. Zusammen mit der oberen, kleinen Stufe beträgt die Gesamthöhe 71 m; das nicht ausgekolkte, felsige Fallbecken liegt auf 1152 m (Messungen durch den Verf.). Der Guflbach ist der wasserreichste und beständigste der zwischen St. Leonhard und Moos nordseitig herabfließenden Wildbäche (Wasserfallbach, Sagbach, Glaitner Bach); demzufolge weist er auch im Spätsommer und Herbst meist noch eine beachtliche Wasserführung auf und der Wasserfall ist somit auch noch zu dieser Jahreszeit ein sehr lohnendes Tourenziel.

Zugänge

a) Vom hübschen Bergdorf Stuls (hierher Straße ab Moos; 1315 m) auf der ebenen Naturstraße kurz weiter bis zu ihrem Ende. Nun auf dem breiten Weg Nr. 9, der nach Glaiten führt, zunächst über den Sagbach und zu einem Bildstock, dann über eine Wiese und durch Wald hinab bis kurz vor die Brücke, die einen kleinen Bach überquert. Hier nun auf einem unmarkierten Weg vom Weg 9 rechts ab, wenige Schritte hinab und dann, den Weg links verlassend und stets in der Nähe des erwähnten kleinen Baches bleibend, teilweise auf Steigspuren durch den steilen Wald hinab zum Fallbecken des Wasserfalls. Ab Abzweigung vom Weg 9 knapp 10 Min., insgesamt ab Stuls ca. ½ Std. — Dieser Zugang ist weder schwierig noch gefährlich, erfordert aber im letzten, weglosen Teil doch Trittsicherheit und gutes Schuhwerk (Bergschuhe), da das Waldgelände sehr abschüssig ist. Auch die Orientierung bereitet keine Schwierigkeiten, vorausgesetzt man entfernt sich nicht zu weit vom genannten kleinen Bach, da dieser unmittelbar unter dem Wasserfall in den Guflbach mündet und somit direkt zum Fallbecken führt. Außerdem weist auch schon bald das Rauschen des Wasserfalls die Richtung.

b) Von Gomion an der Passeirer Talstraße (766 m) führt ein zwar längerer, aber auch sehr lohnender Weg im Aufstieg zum Wasserfall. Er trägt die Markierung Nr. 7 und beginnt bei einem Bildstock wenig außerhalb der Häuser von Gomion (2 km ab St. Leonhard). In stetigem Aufstieg zunächst durch Wiesen, dann durchwegs im schönen Hochwald erreicht man nach 1 Std. in 1068 m Höhe den Guflbach. Auf dem Weg jenseits dann noch ein paar Minuten weiter und auf dem rechts abzweigenden, unmarkierten, aber guten Waldweg (den man beim Zugang a) im Abstieg kurz benützt) hinauf bis fast zur Einmündung in den Weg Nr. 9. Nun wie bei a) beschrieben, weglos in 10 Min. hinab zum Wasserfall. — Von einem vorzeitigen Verlassen des Weges, um in ebener Querung den Wasserfall zu erreichen, ist Geländeunkundigen abzuraten. Gehzeit ab Gomion insgesamt rund 1¾ Std.

18. Passer-Fall (Passeiertal; Bilder S. 40/41)

Charakteristik

Der weithin unbekannte, in der Literatur kaum einmal erwähnte und in den Wanderkarten und Meßtischblättern nicht aufscheinende Wasserfall befindet sich fast genau auf halber Strecke zwischen St. Leonhard und Moss. Es ist dies einer der wenigen Wasserfälle, die von einem der großen Südtiroler Talflüsse gebildet werden. Das zwischen den beiden genannten Ortschaften liegende Teilstück der Passer verläuft zwar teilweise in einer tiefen Schlucht, ist aber relativ zahm und weist auf seiner ganzen Länge von 7 km bei einem Höhenunterschied von nur 250 m durchwegs geringes, gleichmäßiges Gefälle auf. Nur in seinem Mittelteil befindet sich eine aus hellem, teils bizarr gebändertem, teils granitartig gesprenkeltem Gneis bestehende Steilstufe, die die Passer mit einem 11 m hohen (Messung durch den Verf.), sehr beeindruckenden Wassersturz überwindet. Der wasserreiche Fluß hat sich hier im Laufe der Jahrtausende tief in das Gestein gefräst, so daß heute die Wassermassen in tosendem Fall in eine schmale, gewundene Felsklamm stürzen, um dann wieder ihren gewohnten flachen Lauf fortzusetzen. Der die Wasserfallstufe bildende Felsriegel weist Rundschliffe, Strudeltöpfe, Rinnen und Wannen von seltener Mannigfaltigkeit und Schönheit auf und stellt damit ein einzigartiges Naturdenkmal dar, das sich durchaus mit so mancher berühmt gewordenen Klamm messen kann. Der Ausfluß (oberer Flachteil der Stufe) liegt auf 747 m Seehöhe, rund 300 m vom Gehöft Inner-Langwies talauswärts entfernt. Deshalb ist bei den Einheimischen neben *Passer-Stieber* auch die Bezeichnung *Langwies-Stieber* gebräuchlich. Ein schöner Waldweg vermittelt den Zugang und macht den Wasserfall zu einem überaus lohnenden Kurzwanderziel. Da im letzten Teil des Zuganges eine Wiese weglos durchquert werden muß, sei hier im Namen des Besitzers an die Besucher des Wasserfalls der dringende Appell gerichtet, das Gras nicht mehr als unbedingt notwendig zu zertreten!

Zugang

Von der Passeirer Talstraße zweigt beim „Schramerhof", genau 3 km ab St. Leonhard (Kilometerstein 3, 780 m Seehöhe), links der gute, über Außer-Langwies nach Inner-Langwies führende Weg ab, dem man zuerst durch Wiesen und später durch schattigen Wald größtenteils eben knapp 20 Min. lang folgt. Kurz vor Erreichen des Inner-Langwieshofes verläßt man den Weg nach links und erreicht, indem man die schmale Wiese leicht absteigend und möglichst schonend durchquert, die Passer und den erst im letzten Moment sichtbar werdenden Wasserfall. Ingesamt knapp ½ Std.

19. Glaitenbachfälle (Nähe St. Leonhard)

Charakteristik

Neben zahlreichen kleineren, unbedeutenden Wasserstürzen bildet der Glaitenbach zwei

Der obere Glaitenbachfall hoch über St. Leonhard in Passeier

sehr stattliche Wasserfälle, von denen der obere sichtbar, der untere dagegen mehr versteckt ist. Der nach dem hochgelegenen Bergweiler Glaiten benannte Bach hat seinen Ursprung in rund 2100 m Höhe auf den steilen Bergweiden der Glaitner Alpe unmittelbar unter dem Glaitner Joch; nach seinem Lauf durch Wiesenhänge und wilde Waldgräben, wobei er von zahlreichen kleineren Wasserläufen zusätzlich gespeist wird, stürzt er unterhalb von Glaiten sehr steil der Passer zu, in die er bei St. Leonhard in Passeier schließlich mündet. Der Bach führt vor allem während der Schneeschmelze im Frühsommer beträchtliche Wassermengen. Der untere Wasserfall befindet sich an einer nicht ganz senkrechten, leicht stufigen Felswand wenig oberhalb der Stelle, an der die Jaufenstraße bergwärts zum zweiten Mal den Glaitenbach überquert. Da sich der breite Fall einerseits in äußerst unwegsamen, steilem und felsigem Gelände befindet, keinen gebahnten Weg oder Steig als Zugang hat und andererseits in Straßennähe liegt, besitzt er keinerlei touristische Bedeutung. Seine Höhe wurde vom Verfasser nicht gemessen.
Bedeutend höher, aber einigermaßen leicht zu erreichen, liegt der obere Fall. Das Wasser stürzt hier — im Gegensatz zum unteren Fall — aus einer schmalen Felsrinne in freiem Fall über eine senkrechte Felswand. Seine Sturzhöhe beträgt 30 m, das schön ausgebildete Fallbecken liegt auf 980 m, der Ausfluß auf 1010 m Seehöhe. Oberhalb dieses als Kurztourenziel sehr lohnenden Wasserfalls befinden sich in der tief eingeschnittenen Bachschlucht noch einige weitere, allerdings wesentlich niedrigere Wasserstürze (sie wurden vom Verf. nicht vermessen). Fährt man auf der Passeirer Straße talein, so kann man den schönen Wasserfall schon von weitem sehen. Von der Jaufenstraße aber ist er nicht mehr einzusehen, ebensowenig auch von der höher oben die Bachschlucht überquerenden Hängebrücke. Das Gebiet mit den Wasserfällen liegt geologisch in der Zone der Alten Gneise. An den Felswänden blühen im Frühjahr ganze Polster der Klebrigen Felsprimel. Der hier abgebildete obere Wasserfall ist auf einem uralten, heute allerdings kaum mehr begangenen Steig, der stellenweise stufenartig in den Fels gemeißelt ist, ohne nennenswerte Schwierigkeiten zugänglich. Die Wasserführung des Glaitenbaches nimmt im Spätsommer allerdings meist stark ab, weshalb der Besuch des Wasserfalls im Frühjahr am lohnendsten ist.

Zugänge

a) Zum unteren Wasserfall: Von St. Leonhard in Passeier 2 km auf der Jaufenpaßstraße hinauf. Hier überbrückt sie zwei Bäche, von denen der östliche, bedeutend tiefer eingeschnittene der Graben des Glaitenbaches ist. An geeigneter Stelle folgt man nun dem Bachverlauf kurz aufwärts und steht bald am Fuß des Wasserfalls.

b) Zum oberen Fall: Von St. Leonhard auf der Jaufenpaßstraße hinauf bis zur 3. (Rechts)-kehre, die auf 925 m liegt. Hier nun auf einem nahezu unsichtbaren Steig — zuerst eine kleine Felsstufe überwindend — durch den sehr steilen Wald stets in Bachnähe hinauf zum Wasserfall. Ab Straße 15 Min.

20. Fartleisfälle (Nähe St. Martin)

Charakteristik

Bei den vom Fartleisbach gebildeten Wasserfällen handelt es sich um eine prachtvolle, neunstufige Kaskade, die sich in einer tief in dunklen Schiefer geschnittenen, schmalen Felsschlucht nordöstlich von St. Martin in Passeier befindet. Diese Schlucht wird Gilfenklamm genannt (namengleich mit der Gilfenklamm bei Sterzing), und der wasserreiche Fartleisbach, der mit unzähligen Seitenbächen von den Westflanken der Pfandl- und der Alplerspitze durch das Fartleistal herabkommt, stürzt über die einzelnen Gefällstufen, die er sich im Laufe der Jahrtausende tief in das Gestein gefräst hat. Höchster und bedeutendster ist der unterste, erste Fall (36 m), der zusammen mit dem unmittelbar darüber befindlichen und nur durch eine sehr kurze Flachstrecke getrennten zweiten Wasserfall (14 m) einen sehr schönen, auch von der Passeirer Talstraße aus sichtbaren Doppelfall ergibt. Die oberen sieben Fälle

Die untersten beiden Fartleisfälle in der Passeirer Gilfenklamm bei St. Martin

mit 19, 4, 3, 3, 15, 6 und 3 m Fallhöhe (von unten nach oben; Höhen geschätzt, werden ebenfalls nur von kurzen Flachstrecken (meist tief ausgekolkte, einige Meter breite Fallbecken) voneinander getrennt. Sie sind von unten nicht einzusehen, doch führt in 748 m Höhe eine Brücke über die Bachschlucht, von der man einen überwältigenden Blick auf die obersten fünf Wasserstürze hat. Das Fallbecken des untersten Wasserfalles liegt auf 655 m, der Ausfluß des obersten auf 768 m. Damit beträgt die Gesamthöhe der Kaskade 113 m (Messungen durch den Verfasser). Vom sechsten Fallbecken (von unten) wird Wasser für die Bewässerung der nahen Felder in zwei Holzrinnen und einem anschließenden Waal orographisch rechts abgeleitet, wodurch einerseits die unteren Fälle zeitweise weniger Wasser führen, andererseits vom Überwasser ein zusätzlicher, seitlicher Wasserfall gebildet wird, der in das dritte Fallbecken stürzt. Sowohl der untere Doppelfall als auch die Brücke über den oberen Fällen sind auf guten Wegen leicht zugänglich und der Besuch dieser Passeirer Gilfenklamm ist nicht viel weniger lohnend als jener der gleichnamigen Sterzinger Klamm. — In der Nähe des untersten Falles befindet sich ein kleines Elektrizitätswerk, für das das Wasser ebenfalls vom Fartleisbach abgeleitet wird (auf 1119 m Höhe), wodurch die Wasserführung in der Klamm eine zusätzliche Verminderung erfährt.

Zugänge

a) Direkter und kürzester Zugang: Kurz nach St. Martin zweigt bei km 17 der Passeirer Talstraße rechts eine Seitenstraße ab, führt über die Passer und an den Gebäuden der Passeirer Industrie- und Handelszone vorbei zum Gästehaus „Gilfenklamm“ (640 m). Von hier nun zu Fuß in den Bachgrund hinein, nach rechts auf einer Brücke über den Fartleisbach und am Gebäude des Elektrizitätswerkes links vorbei (nicht rechts auf dem markierten Weg hinauf!) und weiter auf der guten Weganlage in insgesamt knapp 10 Minuten zum Fallbecken des untersten, zweistufigen Wasserfalls. Nun wieder zum E-Werk zurück, auf dem rechts emporführenden Weg durch Wald hinauf zu einer Lichtung (751 m) und auf dem ebenen Wanderweg Nr. 3 nach links (nordwärts) in wenigen Minuten zur Brücke über den Wasserfällen. Insgesamt ab Gästehaus „Gilfenklamm“ (einschließlich Besuch des untersten Falles) ca. 40 Min.

b) Etwas länger, aber sehr lohnend ist die Höhenwanderung von St. Leonhard her: auf dem Weg Nr. 3 (zuerst ein Stück Straße) durchwegs nahezu eben teils durch Wiesen, teils durch Wald in angenehmer Wanderung in rund 1 Std. zur oberen Brücke.

21. Kalbenbachfall (Nähe St. Martin; Bild S. 42)

Charakteristik

Der schöne, dank einer guten Weganlage leicht zugängliche und zusammen mit dem Stieberfall bei Moos wohl bekannteste der Passeirer Wasserfälle (er wird auch *Passeirer Wasserfall* genannt) befindet sich am Ausgang des südlich von St. Martin in Passeier ausmündenden Kalbentales (in den Karten auch Kalmtal). Hier, nur etwa 500 m östlich von der Talstraße entfernt, aber von ihr aus nicht einzusehen, fällt das Wasser des in 2650 m Höhe unter der Rötenspitze entspringenden, rund 12 km langen Kalbenbaches über eine senkrechte, die schmale Talschlucht sperrende Felsstufe. Die früher überaus starke Wasserführung hat im Bereich des Ausflusses schöne Strudelwannen in den hellen Granitgneis geschliffen, desgleichen weist der Fels der Fallstufe starken Wasserschliff auf, und am Fuß der Wand ist ein ziemlich großes, tiefes Bekken ausgekolkt. Heute wird ein beachtlicher Teil des Bachwassers für ein kleines Elektrizitätswerkes abgeleitet, wodurch der Wasserfall einiges von seiner ursprünglichen Wildheit eingebüßt hat. Dafür bildet das Überwasser der Ableitung an der orographisch linken Schluchtwand einen zusätzlichen zweiten Wasserfall, der oft sogar mehr Wasser führt als der ursprüngliche Fall. Trotz dieser Beeinträchtigung ist der Kalbenbachfall immer noch ein sehenswertes, sehr beeindruckendes Naturschauspiel.

In den Kolken unterhalb des Wasserfalls, wo große Blöcke eines Bergsturzes liegen, sind im klaren Wasser Forellen zu beobachten. Die Sturzhöhe des ursprünglichen (wie auch des künstlichen seitlichen) Wasserfalls beträgt 48 m, das Fallbecken liegt auf 620 m Seehöhe, der Ausfluß auf 668 m (Messungen durch den Verf.). Trotz starken Besuchs ist das Gebiet sehr sauber gehalten, wozu die vom Grundbesitzer in dankenswerter Weise angebrachten diesbezüglichen Hinweistafeln sicherlich ihren Teil beitragen.

Zugang

Gleich nach der Brücke der Passeirer Talstraße über den Kalbenbach (5 km nördlich von Saltaus) zwischen den Häusern auf kurzer Fahrstraße links ab und zum Eingang der Kalbenschlucht. Nun zu Fuß über die Brücke, auf dem gut bezeichneten Weg durch schönen Wald talein, dann nochmals über eine Brücke und bald ist ein kleiner Boden mit Bänken nahe dem Fallbecken des Wasserfalls erreicht (insgesamt rund 5 Minuten). Einen schönen Tiefblick hat man von einer Bank aus, die sich in halber Höhe des Wasserfalls befindet und auf einem steilen Steig erreichbar ist.

C) ETSCHTAL

Dieser Abschnitt umfaßt das Gebiet zwischen Meran und Bozen einschließlich des Ultentales.

Wanderkarten

Kompaß-Wanderkarte 1:50.000
Blatt 53 (Meran)

Freytag-Berndt-Wanderkarte 1:50.000
Blatt S 1 (Bozen-Meran und Umgebung)

Freytag-Berndt-Wanderkarte 1:100.000
Blatt 45 (Bozen-Meran und Umgebung)

22. Klapfbergfälle (Ulten; Bild S. 45)

Charakteristik

Die prachtvolle, dreistufige Kaskade befindet sich an der Südseite des Ultentales, fast genau auf halber Strecke zwischen den Dörfern St. Nikolaus und St. Gertraud. Das Klapfbergtal, ein südliches Ultener Seitental, bricht hier unvermittelt mit einer mächtigen Felswand zum fast 200 Meter tiefer liegenden Haupttal ab. In diese Felswand ist eine steile Schlucht geschnitten, über deren Stufen der Klapfbergbach sehr beeindruckend und von der Talstraße bzw. vom gegenüberliegenden Talhang aus gut einzusehen, tosend und schäumend herabstürzt. Unterhalb des Waldgürtels liegen rechts und links der Wasserfallschlucht einige der typischen Ultener Bauernhöfe, ein weiterer liegt oberhalb des Steilhanges inmitten schöner, flacher Wiesen. Dementsprechend heißt er Klapfwieshof, während ein Hof östlich unter den Wasserfällen der Klapfhof ist. Der die Wasserfälle bildende und das ganze Jahr über sehr wasserreiche Klapfbergbach entspringt in ca. 2200 m Höhe unter dem Klapfbergjoch in dem das Ultental südseitig umfassenden Ilmenkamm und mündet in 1275 m Höhe in die Falschauer, den Ultener Talbach. Die Gesamthöhe der dreistufigen Kaskade beträgt 92 Meter, wobei der mittlere, vom Tal aus nicht sichtbare Wasserfall der unbedeutendste und mit rund 10 Metern Sturzhöhe der niedrigste ist. Der untere Fall dagegen besitzt eine Höhe von 28 m, sein Fallbecken liegt auf 1353 m, der breite Ausfluß auf 1381 m. Die breite Wasserfallstufe, die von senkrechten Felswänden beidseitig umfaßt wird, ist stark überhängend, so daß das Wasser in freiem Fall herabstürzt. Der obere Fall ist mit 29 m Sturzhöhe um einen Meter höher als der untere, die im Hintergrund eines weiten Felskessels liegende Wasserfallstufe ist aber nicht ganz senkrecht. Das kaum ausgeprägte Fallbecken liegt auf 1416 m, der breite Ausfluß auf 1445 m Höhe. In die Nähe des unteren Wasserfalls führt ein markierter Weg, während man von dem zum Klapfwieshof führenden Weg durch das steile Waldgelände auf angedeuteten Waldsteigen zum östlichen Rand der Schlucht queren und von dort den mittleren und oberen Wasserfall sehr eindrucksvoll einsehen kann. Die Annäherung an den Schluchtrand erfordert aber große Vorsicht und darf nur berggewohnten, trittsicheren und schwindelfreien Gehern empfohlen werden. In früheren Zeiten dienten die Wasserfälle für die Holztrift: Die Baumstämme wurden in kurze, meist einen Meter lange Museln zerteilt und bei Hochwasser einfach dem hinabstürzenden Klapfbergbach anvertraut.

Zugang

Von St. Nikolaus in Ulten auf der Talstraße 2,5 km talein bis zu einer Betonbrücke, die links den Talbach überquert (auf der rechten Straßenseite ein neues Gasthaus). Die Brücke führt auf einen größeren freien Platz, wo an einer Hütte der Hinweis „Wasserfall" mit Pfeil angebracht ist. Auf dem hier beginnenden, blau-weiß markierten Weg leicht ansteigend hinauf zum Klapfhof und weiter zum Bachgraben, den ein schmaler Steg überbrückt. Hier befindet man sich nahe unter dem unteren Wasserfall. Gehzeit ab Talstraße knapp 10 Min. — Um zum oberen Fall zu gelangen, steigt man vom Klapfhof auf dem guten Weg weiter bergan, verläßt ihn nach weiteren rund 10 Minuten und quert an gangbarer Stelle nach rechts bis zum Rand der Wasserfallschlucht, wo einige Punkte großartige Einblicke in die Kaskade bieten. Hier aber ist größte Vorsicht geboten!

23. Auerbergfall (Ulten)

Charakteristik

Der dank seiner bedeutenden Höhe und meist starken Wasserführung sehr schöne, nahezu senkrechte, sechsstufige Wasserfall befindet sich hoch oben im Auerbergtal, das westlich von St. Nikolaus vom Ultental südlich abzweigt und zu den bekannten Aussichtsgipfeln Seefeldspitze und Ilmenspitze emporzieht. Das größtenteils enge Tal verbreitert sich in seinem oberen Teil und trägt über einer breiten, das Tal quer abriegelnden Steilstufe die schöne Seefeldalm mit dem überaus hübschen, gleichnamigen See. Der mit einer starken Quelle in 2200 m Höhe auf der Seefeldalm entspringende und von einigen kleinen Zuflüssen sowie vom teilweise unterirdischen Seeabfluß zusätzlich gespeiste Auerbergbach stürzt, teils in einer schmalen Steilklamm versteckt, teils frei über die breite Felswand, sehr beeindruckend herab und bildet so die in den meisten Wander- und topographischen Karten verzeichnete Kaskade. Der breite Querriegel ist nur schütter mit Lärchen und Zirben bewachsen, so daß der untere, freie Teil des Falls schon von weitem sichtbar ist. Da der Weg durch das Auerbergtal zur Seefeldalm und zu den genannten Gipfeln in der Nähe des Wasserfalls vorbeiführt, ist dieser leicht zugänglich und stellt, besonders in Verbindung mit dem nur wenig höher gelegenen See oder den unschwierig ersteigbaren Gipfeln, ein lohnendes Tourenziel in Ulten dar. Die Gesamthöhe des geologisch in der sogenannten Zone der Alten Gneise befindlichen Wasserfalls beträgt 133 m, der oberste Ausfluß, eine tief eingeschnittene Felsrinne, liegt auf 1979 m, das unterste kaum ausgeprägte Fallbecken auf 1846 m ü. d. M. Von unten gut einzusehen sind nur die erste, unterste (46 m Sturzhöhe) und die zweite (24 m) Stufe. Die Höhen der oberen vier, ziemlich versteckten Einzelfälle betragen (von unten nach oben): 20 m, 25 m, 15 m und 3 m (Erkundung und Vermessung durch den Verfasser). Die dazwischenliegenden Absätze sind teils kurze Flachstrecken, teils auch nur kleine, meist jedoch schön ausgekolkte Felsbecken.

Der untere Teil der Kaskade des Auerbergbaches in Ulten

Zugang

Von St. Nikolaus in Ulten (1256 m) auf dem für Privatverkehr gesperrten Forstweg (Markierung Nr. 18) südseitig hinauf und hinein ins Auerbergtal, durch dieses an der gleichnamigen Alm (1644 m) vorbei und weiter bis in den Bereich des Wasserfalls. Bis hierher rund 2 Std. — Von hier weiter zur Seefeldalm mit dem gleichnamigen, wenig höher gelegenen See eine weitere knappe Stunde, zur Ilmenspitze (2656 m) ab Alm nochmals eine gute Stunde (zur Seefeldspitze, 2539 m, etwas weniger).

24. Brandisbachfall (Niederlana)

Charakteristik

Der den Wasserfall bildende Brandisbach entspringt nordöstlich unter dem Laugen in 1600 m Höhe nahe einer bewaldeten Kuppe, dem sogenannten Inneren Berg. Der wasserreiche, rund 9 km lange Bergbach mit zahlreichen Zuflüssen erreicht südlich von Niederlana die Talsohle des Etschtales und fließt hier nahe an der auf einer flachen Kuppe thronenden, seit 1807 unbewohnten, ruinenhaften Burg Brandis vorbei. Nach ihr hat der Bach seinen Namen; der wilde, steile und von teilweise senkrechten Felshängen gesäumte Graben, den der Bach durchfließt, wird die „Brandis-Gaul" genannt („Gaul" bedeutet so viel wie Schlucht). Diese tiefe Schlucht überquert mit einer großen Bogenbrücke die besonders kühn angelegte Gampenstraße, die hier nicht nur einen großartigen Aus- und Tiefblick auf Niederlana, die Burg Brandis und die weiten Obstkulturen im Etschtal, sondern auch den Einblick in den mächtigen Wasserfall des Brandisbaches gewährt. An den beiden Brückenenden kann das Auto abgestellt werden, und in der Mitte der Brücke sind an beiden Geländern kleine Kanzeln angebracht, die den Tiefblick auf den Wasserfall ermöglichen. Besser einzusehen ist der Fall aber, wenn man auf der Straße rund 100 Meter bergwärts geht: Von hier aus hat man die gewaltige Brücke und den ganzen Wasserfall sehr beeindruk-

Der Brandisbachfall bei Niederlana mit der Brücke der Gampenstraße

kend vor sich. Leider gibt es keinen Fußweg, auf dem der Brandisbachfall zugänglich wäre. Und leider ist das Gelände teilweise eine Müllablagerungsstätte; es wäre sehr zu wünschen, daß diesem Übelstand abgeholfen würde! Der Wasserfall ist im Meßtischblatt 1 : 25.000 des ital. Militärgeographischen Instituts verzeichnet, in den Wanderkarten scheint er jedoch nicht auf. Seine Sturzhöhe beträgt 42 Meter, der Ausfluß liegt auf 478, das Fallbecken auf 436 m Seehöhe (Messungen durch den Verf.); die nahezu senkrechte, einen halbrunden Kessel bildende Wasserfallstufe mit schönem Kolk am Wandfuß liegt geologisch im Bereich der sogenannten Bozner Porphyrplatte.

Zugang

Wie oben dargestellt bildet die Gampenstraße den einzigen Zugang zum Wasserfall. Die gut asphaltierte, durchwegs breite und prachtvolle Ausblicke über das Etschtal gewährende Paßstraße beginnt in Oberlana; Die hohe Brücke über dem Wasserfall befindet sich zwischen Kilometerstein 29 und 28, d. h. 3 km von Oberlana entfernt in 505 m Seehöhe.

25. Nalser Wasserfall (Nals)

Charakteristik

Der schöne Wasserfall befindet sich in unmittelbarer Nähe der Ortschaft Nals am westseitigen Hang des Etschtales. Der wasserreiche Sirmianer oder auch Payrsberger Bach, der in den Steilwänden unter dem Gaider Berg in etwa 1450 m Seehöhe seinen Ursprung hat und von mehreren Seitenbächen zusätzlich gespeist wird, stürzt hier als eindrucksvoller Wasserfall über eine breite, nur wenig eingebuchtete, senkrechte Felswand. Der tief in den Porphyr eingeschnittene Bachlauf wird allgemein als Höllental bezeichnet, der Bach trägt seinen Namen von den oberhalb Nals liegenden Weilern Ober- und Untersirmian bzw. von der als Ausflugsziel bekannten Halbruine Payrsberg. Auch die Bezeichnung Nalser Graben bzw. Bach werden mitunter gebraucht. Bei starker Wasserführung ist der Wasserfall sogar von der gegenüberliegenden Talseite her — etwa von Vilpian aus — gut sichtbar. Die Fallhöhe beträgt 26 Meter, das Fallbecken liegt auf 372 m, der Ausfluß auf 398 m ü. d. M. (Messungen durch den Verf.). Wenige Meter oberhalb dieses Hauptfalles befindet sich in der schmalen Felsschlucht noch ein weiterer, allerdings nur etwa 4 m hoher, senkrechter Wasserfall; das Porphyrgestein zeigt hier schöne Wasserschliffe (Fallbecken 402 m Seehöhe). Wasser und Bachbett sind weitgehend sauber; durch Nals wird der Bach zwischen alten Ufermauern der Etsch zugeleitet. Wenige Minuten unterhalb des Wasserfalls liegt die bekannte Schwanburg. Damit ist die Nähe der Kaskade mit dem Auto erreichbar; direkt zum Fallbecken führt orographisch rechts ein verwachsenes, aber unschwierig begehbares Steiglein durch dichtes Gebüsch. Ein zweiter Steig führt sehr steil am orographisch linken Hang empor; auf ihm und zuletzt in nicht ganz ungefährlichem Abstieg kann man auch den Ausfluß des Wasserfalls erreichen. Der erwähnte Steig führte ursprünglich einer heute verrotteten Wasserleitung entlang zur Burg Payrsberg empor, ist heute im oberen Teil durch Vermurungen aber nahezu unbegehbar geworden.

Zugang

Von Nals (331 m; hierher bei Vilpian von der Staatsstraße abzweigende Verbindungsstraße) auf der Straße zur Schwanburg (Kellerei). Über die Brücke und auf dem oben erwähnten Steiglein in wenigen Minuten (etwa 200 m) auf der orographisch rechten Bachseite (im Aufstiegssinn links) zum Fallbecken des Wasserfalls.

26. Fragsburger Wasserfall (Etschtal; Bild S. 46)

Charakteristik

Der besonders von der gegenüberliegenden Talseite (Vigiljoch-Hang, Eingang ins Ultental usw.) gut einzusehende Wasserfall befindet sich in 770 m (Fallbecken) Meereshöhe östlich der fast in gleicher Höhe liegenden Fragsburg bei Meran, 1,1 km (Luftlinie) von dieser ent-

fernt. Die wilde Schlucht des Sinichbaches bildet hier einen gewaltigen, tief in das Porphyrgestein eingeschnittenen, tobelartigen Steilabfall.
Bei diesem Wasserfall handelt es sich um einen der bedeutendsten und beeindruckendsten Südtirols. Obwohl im Raum Meran doch einigermaßen bekannt und dementsprechend relativ viel besucht, muß er trotzdem als wenig beachtet bezeichnet werden, scheint er doch in der Südtirol-Literatur kaum auf. Die meisten Karten allerdings verzeichnen ihn (einfach als „Wasserfall"). Der das ganze Jahr über viel Wasser führende, im Becken der Kirchsteiger Alm (heute Meran 2000) entspringende und erst nördlich von Burgstall in die Etsch mündende Sinichbach tritt aus einer tiefen, sehr schmalen Felsschlucht und stürzt stäubend und tosend über eine gewaltige Felswand in einen engen, orographisch links und vorne von einem hohen Felsriegel umschlossenen Kessel, wo das Wasser zuerst hoch aufgischtet und dann seitlich als beeindruckender Wildbach abfließt. Vom Fallbecken führt ein künstlich angelegter Wasserwaal orographisch rechts durch die Steilhänge bis in das Gebiet der Fragsburg zur Bewässerung der dortigen Obstgüter. Ebenso an der linken Seite wird mittels einer recht abenteuerlich angebrachten Rohrleitung Wasser für Bewässerungszwecke abgeleitet. Diese Wassernutzungen sind sicher schon sehr alt, wie auch der Wasserfall selbst bereits in den Spezialkarten des österreichischen Militärgeographischen Institutes von 1887 verzeichnet ist. Von der Fragsburg her führt ein guter, ursprünglich wohl hauptsächlich als Waalweg angelegter, heute aber auch von Touristen vielbegangener Weg zum Fuß des imposanten Wasserfalls, dessen Sturzhöhe 135 m beträgt (Lotmessung durch den Verfasser).

Zugang

Von der Fragsburg (727 m; erbaut 1357 von Otto von Auer, heute mit großem Gastbetrieb; hierher gute Straßen sowohl von Meran/Untermais, von Obermais wie auch von Sinich) auf gutem Weg (am Wegbeginn Hinweisschild „Wasserfall") größtenteils eben zuerst durch Wiesen, dann durch Laubwald in schöner Wanderung hinein in die wilde Steilschlucht des Sinichbaches und zum Fuß des Wasserfalls. Ab Fragsburg 15 Minuten.

27. Gargazoner Wasserfälle (Gargazon; Bild S. 49)

Charakteristik

Es sind nicht weniger als mindestens zehn zum Teil recht hohe, touristisch jedoch leider größtenteils bedeutungslose Wasserfälle, die vom Aschler Bach (im oberen Teil auch Kompatschbach, im unteren auch Gargazoner Bach genannt) gebildet werden und sich nordöstlich von Gargazon, der Ortschaft im Etschtal zwi-

Blick von Tisens auf Gargazon und die Gargazoner Wasserfälle

schen Meran und Bozen, befinden. Von der Staatsstraße bei Gargazon aus ist nur einer der untersten Wasserfälle einzusehen, während man von der gegenüberliegenden Talseite her, etwa von Tisens, alle zehn Fälle sehr schön sieht. Wären sie durch eine Weganlage erschlossen, gehörten sie sicher zu den berühmtesten Naturschönheiten Südtirols. So aber sind sie, bis auf die unteren, weitgehend unbekannt. Während die Wanderkarten nicht einen der Fälle verzeichnen, scheinen im ital. Meßtischblatt 1 : 25.000 immerhin deren vier auf. Während die oberen fünf Wasserfälle nahezu unzugänglich und folglich touristisch unbedeutend sind, ist der fünfte Fall (von unten nach oben gezählt) auf einem guten Weg und zuletzt auf einem schmalen Steig leicht zu erreichen. Er befindet sich unweit des weithin sichtbaren, auf einer vorspringenden Kuppe aufragenden, allmählich verfallenden Kröllturms und dürfte einer der höchsten der zehn Gargazoner Fälle sein; seine Sturzhöhe beträgt 40 Meter, das schön ausgekolkte Fallbecken liegt auf 392 m, der Ausfluß auf 432 m Seehöhe (Messungen durch den Verf.; die übrigen Fälle wurden nicht vermessen). Der ganzjährig wasserreiche und in seiner Wasserführung weitgehend konstante Bach stürzt hier aus schmaler Klamm über die nahezu senkrechte Felswand eines halbrunden Kessels. Während die untersten, knapp über der Talsohle befindlichen Fälle von üppiger Vegetation umrankt werden, sind die steilen Felshänge, welche die oberen Fälle flankieren, teilweise kahl und bar jeglichen Bewuchses. Die Schlucht, in der sich die mindestens zehn Wasserfallstufen dicht übereinander befinden, liegt geologisch in der Bozner Porphyrplatte, der die Wasserfälle bildende Aschler Bach (nach dem in seinem oberen Abschnitt liegenden Weiler Aschl benannt) entspringt in 1920 m Höhe im Bereich der Haflinger Almen, unmittelbar unter der sogenannten Schwarzen Wand nahe den bekannten „Stoanernen Manndlen" und mündet nach seinem rund 12 km langen Lauf durch wilde Gräben und über die Riesentreppe der Wasserfallstufen unweit von Gargazon in die Etsch.

Zugang

Wie erwähnt ist nur der fünfte Wasserfall gut zugänglich und als Tourenziel geeignet. Der schöne Fußweg beginnt am Dorfrand von Gargazon (Hinweisschild „Möltner Weg") und führt teils durch Gebüsch, teils über freie, aussichtsreiche Lichtungen nur mäßig steil in 20 Min. hinauf zum Kröllturm, dem schon teilweise verfallenen, quadratischen Bergfried einer mittelalterlichen Burg. Nahe dem Turm zweigt ein schmaler Steig vom Weg links ab und führt in wenigen Schritten in die unmittelbare Nähe des Wasserfalls.
Auch vom Weg Gargazon—Vöran kommt man nahe heran; Prachtblick Wasserfall - Krölltturm!

28. Vilpianer Wasserfälle (Vilpian; Bild S. 51)

Charakteristik

Der die vermutlich acht Wasserfälle bildende Möltner Bach entspringt in 1560 m Höhe südwestlich unter dem Möltner Joch, durchfließt zunächst das Bergdorf Mölten, von dem er seinen Namen hat, dann tief eingeschnittene, wilde und größtenteils unzugängliche Gräben, um schließlich bei Vilpian die Etschtalsohle und die Etsch zu erreichen. Der unterste Wasserfall ist von der Staatsstraße bei Vilpian kurz einzusehen. Er befindet sich an der untersten Steilstufe der Porphyrschlucht und besitzt nach verläßlichen Angaben eine Sturzhöhe von 82 Metern. Sein Fallbecken liegt in 273 m Seehöhe, also wenig höher als die Etschtalsohle, und wäre an sich auf einem schmalen Steig in wenigen Minuten leicht zugänglich. Dieser einzig mögliche Zugang aber führt leider durch private Obstanlagen und kann folglich nur nach eingeholter Erlaubnis begangen werden. Das flache Becken des senkrechten, meist sehr wasserreichen (sofern das Wasser nicht für Bewässerungszwecke abgeleitet wird) und sehr schönen Wasserfalls umgibt dichter Laubwald, an den sich die erwähnten Privatgründe und die Häuser von Vilpian anschließen. Trotz des Fehlens eines öffentlichen Zugangsweges darf der Wasserfall als eines der lohnendsten Kurzwanderziele Südtirols bezeichnet werden, zumal im Frühjahr und Frühsommer, wenn der Wasserfall am schönsten ist, den Obstgütern aber kaum Schaden zugefügt werden kann und folglich die Durchquerungserlaubnis ohne weiteres zu erhalten ist.

Die oberen Wasserfälle des Möltner Baches dagegen besitzen nur bedingt touristische Bedeutung. Nur zwei sind einigermaßen leicht zugänglich und als Wanderziele geeignet, während die übrigen sich derart tief in der urweltlichen Felsschlucht befinden, daß sie nahezu unerreichbar sind. Angeblich handelt es sich dabei um sieben Einzelfälle, der Verfasser konnte vom Flugzeug aus aber nur deren fünf entdecken. Demnach dürfte der oberste, im Bogen über eine nahezu senkrechte Felswand hinabstürzende, der höchste der oberen Fälle sein, wenngleich er wahrscheinlich bedeutend niedriger als der beschriebene unterste Fall ist. Vom Verfasser vermessen wurden lediglich jene beiden mittleren Fälle, die von Planatsch aus zu erreichen sind. Von dort aus führt nämlich ein Weg nahezu eben durch die Steilflanken und erreicht den Bach zwischen den beiden Fällen. Der untere besitzt eine Sturzhöhe von 25 Metern, sein Fallbecken liegt, von einem halbrunden Felskessel umschlossen, auf 515 m, der Ausfluß auf 540 m Seehöhe. Der Fall ist vom genannten Weg aus gut einzusehen und in kurzem Abstieg über Geröll auch unschwierig zugänglich. Der obere Fall befindet sich nach einer etwa 300 m langen Flachstrecke des Baches; er ist, zusammen mit einer oberen, kleinen Zweitstufe, insgesamt 24 m hoch, sein Fallbecken liegt auf 565 m ü. d. M. Er ist vom Ende des Weges aus nicht einzusehen und auch nicht allzu leicht zu erreichen, dies vor allem bei starker Wasserführung. — Beide Wasserfälle sind senkrecht und recht eindrucksvoll. Von den Schwierigkeiten, mit denen die Bauern das notwendige Beregnungswasser aus der wilden Felsschlucht führen, zeugen mehrere Plastikrohre, die teilweise hoch oben die schaurige Tiefe überqueren. Unterhalb der beiden beschriebenen Fälle ist vom Weg aus noch ein dritter einzusehen. Er wurde nicht vermessen, dürfte höhenmäßig aber an die beiden anderen herankommen.

Zugänge

a) Zum untersten Fall: Vom östlichen Dorfrand von Vilpian (zwischen Bozen und Meran an der Hauptstraße gelegen) führt ein guter Steig durchwegs eben zuerst durch Obstanlagen bis zu einem kleinen Haus (Elektrizitätswerk) und dann durch Laubwald und Gestrüpp zum Fallbecken des schönen Wasserfalls. Insgesamt knapp 10 Min. Da es sich wie erwähnt um einen Privatweg handelt, frage man beim Haus am Beginn des Weges unbedingt um die Durchgangserlaubnis. Unter den Felshängen in der Nähe des Wasserfalls achte man auch auf möglichen Steinschlag.

b) Zu den oberen Fällen: Beim Gasthaus „Terlaner Weinstube“ (250 m) ungefähr auf Halbweg zwischen Terlan und Vilpian zweigt ostseitig ein Fahrweg ab (Durchfahrt nur für Anrainer erlaubt) und führt in schöner Wanderung meist durch Laubwald hinauf zum Gehöft von Oberplanatsch auf einer kleinen Wiesenterrasse (545 m). Von da nun auf einem guten, aber unmarkierten Weg durch den steilen Wald nahezu eben hinein in den Bachgraben, wobei bald der erste und nach einem kleinen Wasserbehälter der zweite, 25 m hohe Wasserfall unterhalb des Weges sichtbar wird. Der Weg wird teilweise zum schmalen Steig und endet schließlich beim Bach. Insgesamt ab „Terlaner Weinstube“ 1½ Std., ab Oberplanatsch rund 35 Min. Um zum dritten, 24 m hohen Fall zu gelangen, muß der Bach entweder zweimal übersprungen oder ein kurzes Stück durchwatet werden, was durch ein Halteseil an der Felswand erleichtert wird. Abgesehen davon, bereitet der Zugang keine Schwierigkeiten: Man folgt, weglos zwar (von einem einstigen Weg ist nur mehr ein verwachsener Mauerrest übrig), einfach über Blökke und durch Gestrüpp knapp 10 Min. dem Bach talaufwärts und steht dann vor dem schönen Fall.

29. Margarethenbachfall (Siebeneich)

C h a r a k t e r i s t i k

Der nahezu unbekannte Wasserfall, der in keiner der dem Verfasser zur Verfügung stehenden Wander- und topographischen Karten aufscheint, befindet sich genau nordwestlich von Siebeneich im Etschtal in der wilden Felsschlucht des Margarethenbaches, die vielfach *Hölle* genannt wird. Der im oberen Teil Rienznbach genannte, am Salten östlich der Tschaufer Höhe (1468 m) entspringende und von mehreren Seitenbächen zusätzlich gespeiste Margarethenbach durchfließt zuerst lange eine sehr tiefe, schwer zugängliche Talfurche und stürzt dann in etwa 470 m Seehöhe (genaue Messungen waren dem Verfasser wegen der absoluten Unzugänglichkeit des Gebietes nicht möglich) aus einer mehrere Meter tiefen, kaum meterbreiten Felsklamm in einer aus gewaltigen, senkrechten Porphyrfpeilern gebildeten Verschneidung etwa 40 m (geschätzt) in die Tiefe, verschwindet an einem kleinen Absatz, der das Fallbecken bildet, teilweise in Felsklüften und kommt erst wieder tiefer an den Tag. Hierauf fließt der Bach im tiefen Graben zum breiten, von dichtem Laubwald bestandenen Murkegel, auf dem die Ruine der einstigen Margarethenkirche steht, und biegt dann scharf links ab, um schließlich in der Nähe des Bahnhofes von Siebeneich in die Etsch zu münden. Die unmittelbare Umgebung des Wasserfalls ist nicht zugänglich (durchwegs sehr steile bis senkrechte Felsabstürze), doch ist der Fall vom gegenüberliegenden Hang nahe dem Kohlstatthof aus gut einzusehen. Die Wasserführung ist im Frühjahr sehr stark und der Wasserfall dementsprechend eindrucksvoll, im Hochsommer und Herbst geht sie meist stark zurück.

Z u g a n g

500 m nach dem Ortskern von Siebeneich (in Richtung Terlan) auf der von der Staatsstraße rechts (östl.) abzweigenden kurzen Asphaltstraße zu dem Gebäudekomplex Datumhof und Ansitz Enzenberg (255 m). Rechts des langgezogenen Hauptgebäudes nun zu Fuß auf einem heute nur mehr wenig begangenen, aber guten Weg mäßig steil durch Buschwald hinauf und im oberen Teil auf dem breiten Güterweg (der alte Fußweg ist hier kaum mehr begehbar) in schöner Wanderung zu dem von Reben umgebenen, überaus schön gelegenen Kohlstatthof (440 m). Von der kleinen Wiese unterhalb des Hofes links weglos im Buschwald wenige Meter eben durch, bis man den Wasserfall, dessen Rauschen schon von weitem zu hören ist, zu Gesicht bekommt. Ab Datumhof knapp ½ Std.

D) SARNTAL

W a n d e r k a r t e n

Kompaß-Wanderkarte 1:50.000
Blatt 54 (Bozen)

Freytag-Berndt-Wanderkarte 1:50.000
Blatt S 1 (Bozen-Meran und Umgebung)

Freytag-Berndt-Wanderkarte 1:100.000
Blatt 45 (Bozen-Meran und Umgebung)

30. Fingeller Wasserfälle (Nähe Bozen)

C h a r a k t e r i s t i k

Fährt man auf der Sarntaler Straße von Bozen talein, erblickt man unmittelbar nach der Ausfahrt aus dem fünften Tunnel rechter Hand etwas erhöht die Ruine des sogenannten Fingeller Schlößls. Zwischen dem Burgfelsen und dem Berghang, den der genannte Tunnel durchbricht, befindet sich der kaum bekannte obere der beiden Wasserfälle. Der Haggenbach (auch Fingeller-, Grümmen- oder Jenesiener Bach), der in rund 1230 m Seehöhe nördlich von Jenesien entspringt und durchwegs relativ starke Wasserführung aufweist, fällt hier aus einer tief in den Porphyr geschnittenen Rinne rund 8 m (geschätzt) über eine senkrechte Steilstufe und bildet einen hübschen Wasserfall; sein Fallbecken liegt in 430 m Seehöhe. Nach etwa 300 m fällt der Haggenbach nach nur mäßig steilem Lauf um die Nordseite des Fingeller Burgfelsens herum erneut über eine senkrechte Felswand und bildet den unteren Fingeller Wasserfall. Dieser ist — im Gegensatz zum oberen — von der alten Sarner Talstraße, die heute nur mehr in ihrem äußersten Teil begehbar und einigermaßen gut befahrbar ist (Abzweigung bei Schloß Runkelstein von der Hauptstraße), aus nächster Nähe zu bewundern. Der Fall war früher ein beliebtes Ausflugsziel von Bozen aus und besaß sogar eine vom Alpenverein errichtete Steiganlage. Diese ist heute nur mehr schwindelfreien Gehern zu empfehlen, grundsätzlich aber immer noch begehbar. Unmittelbar neben dem Wasserfall überquert eine alte Betonbrücke die Talfer. Dieser untere, als Fingeller Wasserfall in der Literatur da und dort erwähnte, ebenso wie der obere aber in allen Karten fehlende Wasserfall ist genau 30 Meter hoch, sein Fallbecken liegt auf 371 m, der Ausfluß auf 401 m (Messungen durch den Verf.). Dicht unter dem Wasserfall befindet sich noch ein weiterer kleiner, unbedeutender Wassersturz von etwa 2 m Höhe. Die Vegetation an den Steilhängen und entlang des Bachverlaufs oberhalb des Wasserfalls besteht aus wenigen Sträuchern, Erlen und Kakteen.

Zugänge

a) Zum unteren Wasserall: Von Bozen auf der Sarner Talstraße kurz talein, beim Schloß Runkelstein rechts ab, über die Talfer und orographisch links derselben auf dem Fahrweg gut 1 km talein zum Fall; zu Fuß knapp 1 Std.
b) Zum oberen Fall: Vom Nordende des Tunnels 5 der Sarner Talstraße (etwa 3,5 km ab Bozen) am Berghang außerhalb des Tunnels in wenigen Schritten auf einem ebenen Steig zum Fall.

31. Fagenbachfall (Bozen; Bild S. 53)

Charakteristik

Der nach dem Bozner Stadtteil Fagen und nach dem gleichnamigen Bach benannte Wasserfall befindet sich orographisch rechts am Ausgang des Sarntales unweit des Gscheibten Turms und der über Guntschna nach Glaning führenden Straße. Damit ist der in unmittelbarer Nähe der Stadt Bozen liegende Wasserfall leicht zugänglich bzw. mit dem Auto erreichbar. Trotz dieser Stadtnähe bietet er aber einen sehr reizvollen Anblick inmitten heller Felswände, üppig wuchernder Vegetation und mit dem kreisrunden, zinnenbewehrten Gscheibten Turm in der Nähe. Das Gebiet wäre es wert, ähnlich dem Salurner Wasserfall unter Landschaftsschutz gestellt zu werden. Gebildet wird der Wasserfall vom rund sieben Kilometer langen, in 1300 m Höhe am Südrand des Saltens entspringenden Fagenbach, der hier aus einem schmalen, tiefen Einschnitt über eine senkrechte, eingebuchtete und die Fagenschlucht sperrende Porphyrfelswand sehr eindrucksvoll in das darunterliegende, flache Fallbecken stürzt, von dem aus der Bach bald wieder an einigen kleinen Felsstufen ein paar weitere Kaskaden bildet, um schließlich in die Talfer, den das Sarntal entwässernden Bach, zu münden. Die Sturzhöhe des Wasserfalls beträgt 78 m, sein Fallbecken liegt in 382 m, der Ausfluß in 460 m Seehöhe (Messungen durch den Verf.). So schön der Wasserfall selbst und so ursprünglich auch seine unmittelbare Umgebung ist, so bedauerlich ist es, daß der untere Bachlauf durch die straßen- und stadtnahe Lage oft arg verschmutzt ist. Während der Fagener Wasserfall im Meßtischblatt 1 : 25.000 aufscheint, verzeichnen ihn die Wanderkarten nicht.

Zugang

Als einzigen Zugang gibt es nur die nach Glaning führende Autostraße. Diese zweigt am Eingang ins Sarntal (etwa 1 km ab Siegesplatz in Bozen) von der Sarner Talstraße westseitig ab. Von der ersten scharfen Linkskurve der Straße (500 m ab Abzweigung), wo man sich bereits in der Nähe des Wasserfalls befindet, führt ein schmales Steiglein, das jedoch nur mit geeignetem Schuhwerk zu begehen ist, in wenigen Minuten zum Fallbecken. Wer zu Fuß von Bozen zum Wasserfall wandern will, der wähle zweckmäßigerweise im ersten Abschnitt nicht die Straße, sondern weiche auf eine der beiden Talferpromenaden aus.

E) EISACKTAL

Dieser Abschnitt umfaßt die Talfurche des Eisacks vom Brenner bis Bozen (Unteres Wipptal und Eisacktal) einschließlich der Seitentäler. Ausgenommen ist das Pustertal.

Wanderkarten:

Kompaß-Wanderkarte 1:50.000
Blatt 44 (Sterzing)
Blatt 54 (Bozen)
Blatt 56 (Brixen)

Freytag-Berndt-Wanderkarte 1:50.000
Blatt S 1 (Bozen-Meran und Umgebung)
Blatt S 4 (Sterzing-Jaufenpaß-Brixen)

Freytag-Berndt-Wanderkarte 1:100.000
Blatt 15 (Zillertaler Alpen)
Blatt 16 (Westliche Dolomiten)
Blatt 24 (Stubaier Alpen)

32. Eisack-Fall (Brenner)

Charakteristik

Bei diesem schönen Wasserfall handelt es sich um den einzigen, der vom Eisack auf seiner ganzen Länge von rund 86 Kilometern gebildet wird. Bevor dieser zu den bedeutendsten Südtiroler Flüssen zählende Wasserlauf seinen Weg durch das nach ihm benannte Eisacktal antritt, fällt er, bald nach seinem Ursprung unter dem 2186 m hoch westlich über dem Brenner gelegenen Sandjoch, in unmittelbarer Nähe der Ortschaft Brenner über eine nahezu senkrechte Steilstufe und bildet eine nur schwach gestufte Kaskade. Das Gestein dieser Steilstufe (wie auch des sanft ausgeprägten Sattelberg-Kammes) besteht aus dem Quarzphyllit der sogenannten Steinacher Decke, der hier dem Trias-Dolomit der Tribulaungruppe aufliegt. Der Ausfluß des Wasserfalls befindet sich am Ende einer langen Flachstrecke des hier noch nicht allzu wasserreichen Eisacks, der sich tief in das Gestein geschnitten hat. Der Ausfluß liegt in 1412 m und das Fallbecken in 1380 m Seehöhe; damit beträgt die Fallhöhe der Kaskade 32 m. Der nach dem Wasserfall zwischen Häusern hindurchführende und dann bald südwärts abdrehende junge Eisack ist hier durch Begrenzungsmauern in eine feste Bahn gelenkt. Der unweit der alten Pfarrkirche von Brenner befindliche Wasserfall ist gut von der Staatsstraße und ebenso von der Autobahn aus einzusehen, wobei allerdings die Gebäude in seiner Nähe mit dem regulierten Bachbett das an sich urweltliche Bild nicht gerade verschönern.

Zugang

Wer in die unmittelbare Nähe des Wasserfalls will, läßt am besten das Auto in der Nähe des Zugbahnhofes stehen und erreicht auf einer kurzen Seitenstraße in ein paar Minuten das Fallbecken. Der Bereich des Ausflusses ist überdies auf einem kleinen, steilen Steig erreichbar, der rechts vom Wasserfall (im Aufstiegssinn) emporführt.

33. Wasserfall in der „Hölle" (Pflersch; Bild S. 55 und Umschlag)

Charakteristik

In der Nähe der Gehöfte von Außer- und Hinterstein im hintersten Pflerschtal durchfließt der Pflerscher Bach, der von den Abflüssen des Feuerstein- und Stubenferners seine bedeutenden Wassermengen erhält — und daher im oberen Teil auch Fernerbach genannt wird — eine tiefe, wilde Schlucht, die allgemein als „Hölle" bezeichnet wird. In dieser schmalen, von hohen Schieferwänden gesäumten Felsklamm stürzt der tosende Bach über eine nahezu senkrechte Steilstufe und bildet den zwar ziemlich bekannten, jedoch etwas versteckten und in den meisten Karten und Meßtischblättern nicht verzeichneten Wasserfall. Obwohl eine eigene Weganlage fehlt, ist der wilde Felskessel, in den die Wassermassen donnern, relativ leicht zugänglich. Für die Einheimischen gilt der Wasserfall als Wetterkünder: Bei verläßlicher Witterung sieht man es schon von weitem aus der Schlucht „rauchen", d. h. den Wasserstaub emporsteigen, bei naher Wetterverschlechterung „raucht" die „Hölle" nicht. Die ganze Gegend — die finstere Felsschlucht, der tosende Wasserfall, die blühenden Wiesen, der Wald, darüber die schimmernden Gletscherberge, die schönen Berghöfe von Stein und der nahe Felsblock mit den bekannten, rätselhaften Felszeichnungen — macht den Wasserfall in der „Hölle" zu einem der besuchenswertesten Tourenziele des oberen Eisacktales. — Die Höhe des gewaltigen Wassersturzes wird in der Literatur mit 60 Metern angegeben, doch dürfte diese Angabe auf eine ungenaue Schätzung zurückzuführen sein, da die vom Verfasser dieses Buches durchgeführte Lotmessung am 20. 4. 1979 nur eine Höhe von 46 Metern ergab. Das breite, tief ausgeschürfte Fallbecken liegt in 1390 m, der Ausfluß in 1436 m Seehöhe. Das Gestein, in das die Felsschlucht der „Hölle" eingeschnitten ist, besteht teils aus Glimmerschiefer, teils —, so beim Wasserfall — aus hellem, weiß gebändertem Gneis. Die etwa drei Meter breite, von senkrechten bis überhängenden Felswänden umschlossene Wasserfallstufe ist nicht ganz senkrecht, ihre obere Kante ist schon stark abgerundet. Die Felsen zeigen teilweise schöne Wasserschliffe; nach kurzem Lauf des Baches befindet sich unterhalb des Hauptfalles ein weiterer, jedoch nur etwa 2—3 m hoher Wassersturz in der engen Klamm, während an der orographisch linken Schluchtwand, etwa 60 m vom Hauptfall entfernt, die herabfallenden Wasser des Trommelbaches zwei wasserärmere, aber immerhin schätzungsweise 20 m hohe seitliche Wasserfälle bilden. Unmittelbar am oberen, orographisch rechten Rand des wilden Felskessels der „Hölle" steht an schwindelerregender Stelle eine kleine Heuhütte, im ganzen Bereich leuchtet im Frühjahr die Klebrige Felsprimel in großen Mengen an den senkrechten Felsen.

Zugang

Von Hinterpflersch (1245 m; auch Innerpflersch oder Boden) entweder auf dem Fahrweg hinunter in den Talboden und bis zum Ende der Straße oder auf dem alten Fußweg Nr. 6 in schöner Wanderung eben talein und ab dem Ende des Fahrweges, den die Nr. 6 ein Stück verfolgt, mäßig steil durch schöne Wiesen hinauf zum Weiler Hinterstein (1418 m). Von da auf dem Weg 6 kurz weiter und orographisch links des ersten Baches (Trommelbach) am Schluchtrand auf einem angedeuteten Wiesensteig — möglichst ohne die Wiesen selbst zu betreten — wenige Schritte hinab, bis man plötzlich rechter Hand den Wasserfall einsieht. Insgesamt ab Hinterpflersch knapp 1 Std., bei Befahrung des erwähnten Fahrweges rund 20 Min. weniger. — Die auf der Schattseite nach Hinterstein führende neue Straße befindet sich derzeit (Sommer 1979) erst in Bau. Sie wird aber auch nach ihrer Fertigstellung erwartungsgemäß nur für Anrainer befahrbar sein.

34. Trommelbachfall (Pflersch)

Charakteristik

Bei diesem Wasserfall handelt es sich um eine weithin sichtbare, schöne, wenn auch nicht allzu wasserreiche Kaskade, die vom Trommelbach gebildet wird. Dieser Bach entspringt hoch oben unter der Wartliggrubenspitze, einer wenig ausgeprägten Erhebung im langen Ostgrat des Hohen Zahn, durchfließt die steilen Bergwiesen von Stein, dem hintersten Pflerscher Weiler, und mündet westlich unter Hinterstein, unweit des Wasserfalls in der „Hölle“ in den Pflerscher Bach, der hier auch Fernerbach genannt wird. In seinem unteren Teil stürzt der Bach in dem steilen, felsigen und nur von wenigen kleinen Fichtengruppen bestandenen Gelände teilweise in freiem Fall über zwei senkrechte, nur schwach eingebuchtete Felsstufen in ein relativ stark ausgekolktes Fallbecken, das auf 1505 m Seehöhe liegt. Die untere Stufe des Wasserfalls besitzt eine Höhe von 52 m, die obere von 45 m (Messungen durch den Verf.); die beiden Stufen sind durch eine kurze Flachstrecke voneinander getrennt, einschließlich welcher die Gesamthöhe der Kaskade 110 m beträgt. Die Bezeichnung Trommelbach (auch Trommlerbach) rührt wahrscheinlich daher, daß das am Wasserfall niederstürzende und an einer schrägen Felsplatte aufklatschende Wasser oft (bei einer ganz bestimmten Wassermenge) einen knatternden Ton erzeugt, der dem einer Trommel nicht unähnlich ist. Die Wasserführung des Trommelbachfalles ist während der Schneeschmelze im Frühsommer am stärksten, im Spätsommer und Herbst geht sie meist stark zurück. Der Wasserfall ist in den Wanderkarten und Meßtischblättern nicht verzeichnet.

Der Trommelbachfall bei Hinterstein im Pflerschtal

Zugang

Von Innerpflersch (Weiler Boden, 1245 m) auf dem guten Saumweg Nr. 6, der zur Magdeburger Hütte führt, talein und hinauf zu den Höfen von Hinterstein (1418 m), kurz weiter talein und in Bachnähe in wenigen Minuten unschwierig hinan zu dem schon von weitem sichtbaren Wasserfall. Ab Innerpflersch knapp 1 Std. — Eine bis zu den Höfen von Stein geplante Straße befindet sich derzeit (Sommer 1979) in Bau; sie zweigt bereits vor Erreichen von Innerpflersch von der Talstraße südlich ab; nach Fertigstellung erwartungsgemäß nur für Anrainer befahrbar.

35. Gansörbachfall (Hinterpflersch)

Charakteristik

Der zwischen dem nahen Weiler Außerstein und den Höfen von Hinterstein befindliche Wasserfall wird vom Gansörbach gebildet, der hoch oben unter den Westwänden des Pflerscher Tribulauns den Ausfluß des 2365 m hoch gelegenen Sandessees bildet, von dort durch eine steile, breit und tief eingeschnittene Talfurche zu Tal fließt und im unteren Teil, bevor er unterhalb der schönen Wiesen von Außer- und Hinterstein in den Pflerscher Bach mündet, über eine breite, im unteren Teil senkrechte, im oberen Teil nahezu senkrechte, aus dem Glimmerschiefer, der bis zum Sandessee hinaufreicht und dort den Dolomitaufbau der Tribulaungruppe trägt, gebildete Felswand stürzt. Da sich das Wasser an der Felswand in mehrere stäubende Strahlen verteilt und daher mit stark verminderter Schürfkraft den Fuß der Wasserfallstufe erreicht, ist das in 1482 m Höhe liegende Fallbecken überhaupt nicht ausgekolkt. Der tief eingeschnittene Ausfluß liegt in 1563 m Höhe, der breite Wasserfall hat damit eine Sturzhöhe von 81 m. Die den Wasserfall umgebenden, teilweise von senkrechten Felswänden durchsetzten Grasflanken sind nur da und dort von kleinen Fichtengruppen bestanden. Charakteristisch für diese felsigen Hänge ist das Vorkommen der Klebrigen Felsprimel, deren rosarote Blüten mit dem Weiß der Wasserfälle und dem ersten Grün der Grashänge im Frühjahr einen besonders schönen Kontrast bilden.

Zugänge

a) Von den Höfen von Hinterstein (siehe Nr. 34, Trommelbachfall) in schöner Wanderung entweder auf dem unteren Weg durch die Wiesen oder auf dem oberen Weg teil-

weise durch Wald (an einem alten Stolleneingang vorbei) ostwärts eben durch in knapp 10 Min. zum Gansörbach und damit in die Nähe des Wasserfalls.
b) Vom Fußweg Nr. 6, der von Hinterpflersch talein führt, zweigt nach etwa 5 Min. Gehzeit rechts ein guter, aber unmarkierter Steig ab und führt mäßig steil in insgesamt knapp 20 Min. durch schöne Wiesenhänge hinauf zu den Höfen von Außerstein (1392 m), von wo in wenigen weiteren Minuten der Wasserfall erreicht ist.

36. Mesnerbachfälle (Hinterpflersch)

C h a r a k t e r i s t i k

Bei diesen acht Wasserfällen handelt es sich um einen schönen, hohen, untersten Fall und sieben weitere nicht sehr hohe, auch touristisch nicht bedeutende Fälle, die sich in größeren Abständen übereinander in dem Graben befinden, der westlich des Koggrabens herabkommt und nach dem in der Nähe befindlichen Mesnerhof Mesnergraben genannt wird. Der im oberen Teil gegabelte Bach hat seinen Ursprung unter der breiten Süd- bzw. Südostflanke des Pflerscher Tribulauns, wobei der westliche Bachast unter anderem von einer starken Quelle gespeist wird, die am Fuß der senkrechten Tribulaun-Südwand zutage tritt. Auf dem Weg Nr. 7 zur Tribulaunhütte kommt man an dieser von den Bergsteigern sehr geschätzten Quelle vorbei. Während die oberen Wasserfälle nur mühsam zu erreichen, vom Talboden nicht einzusehen und wegen ihrer geringen touristischen Bedeutung weithin unbekannt sind, ist der unterste, höchste und bedeutendste von Hinterpflersch aus gut zu sehen und von dort auch gut erreichbar. Sein Fallbecken liegt auf 1238 m, und der Mesnerbach stürzt hier bei starker Wasserführung sehr beeindruckend über eine im oberen Teil leicht überhängende, im unteren Teil nahezu senkrechte, sehr breite Felswand (Glimmerschiefer) herab. Die Sturzhöhe dieses Wasserfalls beträgt 77 m (Messungen durch den Verf.). Die Umgebung der Felswand mit dem Wasserfall besteht aus schönen, aber ziemlich steilen Grashängen, die heute noch immer gemäht werden. Erst höher oben breitet sich ein langgezogener dunkler Fichtenbestand aus. Die oberen sieben Wasserfälle befinden sich weiter bachaufwärts, wo das Gelände teilweise äußerst steil ist und die Grashänge in Bachnähe nicht gemäht werden können. Auch hier ist — abgesehen von etlichen einzeln stehenden Fichten und Birken — kaum Baumbewuchs zu verzeichnen. Diese Wasserfälle sind nur vom Gebiet der Allrießalm an der gegenüberliegenden Seite des Pflerschtales einigermaßen gut einzusehen. Da sie in weglosem Gelände liegen und als Tourenziele kaum Bedeutung besitzen, wurden sie vom Verfasser nicht vermessen. Schätzungsweise betragen ihre Fallhöhen zwischen wenigen und höchstens rund 20 Metern. Die beiden obersten Fälle liegen auf etwa 1830 m Höhe, der östliche, nahe dem Zusammenfluß der oben erwähnten Bäche befindliche Fall dürfte die größte Sturzhöhe der sieben oberen Fälle aufweisen. Weder der unterste noch die oberen Fälle sind auf den Wander- und topographischen Karten verzeichnet.

Z u g a n g

Zum untersten, bedeutendsten Fall gelangt man, indem man von Hinterpflersch (1245 m) kurz dem Weg Nr. 6 talein folgt und dann in Bachnähe über die Wiesenböden zum Wasserfall ansteigt; rund 10 Min. — Um zu den oberen Fällen zu kommen, muß zunächst der Felsgürtel überwunden werden, an dem sich der unterste Wasserfall befindet, wobei man entweder nach eigenem Gutdünken an geeigneter Stelle weglos aufsteigt oder den nicht ganz leicht zu findenden Hirtensteig sucht, der etwas weniger mühsam zu den Heuhütten in der Nähe der unteren Wasserfälle emporführt. Von da steigt man beschwerlich und teilweise heikel in Bachnähe von Wasserfall zu Wasserfall, bis man die beiden höchsten erreicht hat; ab Hinterpflersch etwa 1½ Std. — Dieser Anstieg erfordert absolute Trittsicherheit, gutes Schuhwerk und vor allem größte Vorsicht auf den steilen Grashängen.

37. Koggrabenfall (Pflersch; Bild S. 57)

C h a r a k t e r i s t i k

Der Bach, der durch den wilden Koggraben herabkommt und westlich von Hinterpflersch (Weiler Boden) vorbeifließt, worauf er in den Pflerscher Bach mündet, ist der wasserreichste, längste und bedeutendste der nördlichen Seitenbäche von Pflersch. Er entspringt in etwa 2700 m Höhe unter der Schneetalscharte, erhält vor allem von einem in derselben Höhe unter dem Tribulaunjoch (weiter westlich) entspringenden, gleichrangigen sowie von verschiedenen anderen Seitenbächen zusätzliche bedeutende Wassermengen und fällt nach einer längeren Flachstrecke oberhalb des Dorfes von Hinterpflersch zunächst über mehrere Steilstufen und schließlich über eine hohe, von einem kleinen Absatz unterbrochene, senkrechte Felswand, wodurch ein beeindruckender, zweistufiger Wasserfall gebildet wird. Das Gestein ist auch hier — so wie bei allen Pflerscher Wasserfällen — neben Granit- und Schiefergneis der sogenannte Pflerscher Glimmerschiefer, dem der mächtige Kalkstock (Trias-Dolomit) der Tribulaungruppe aufliegt. Den Zugang zum Wasserfall bildet der zur Tribulaunhütte führende Steig Nr. 7. Dieser Zugang stellt eine kurze, überaus hübsche Wanderung dar, die sich auch ungeübte Wanderer zutrauen dürfen. Vom Weg aus ist allerdings nur der beschriebene Hauptfall sichtbar, während ein oberhalb desselben befindlicher weiterer Fall von etwa

20 m Sturzhöhe und einige kleinere, unbedeutende Stufen nicht einzusehen sind. Da die gesamte Kaskade sich in einem tief eingebuchteten Felskessel befindet und zudem noch an ihrer orographisch linken Seite von einem dichten Lärchen-, Erlen- und Fichtenbestand verdeckt wird, ist sie vom Dorf aus nicht einzusehen. Die vom Verf. gemessene Gesamthöhe des zweistufigen Hauptfalls beträgt 60 m (untere Stufe 38, obere 22 m); das schön ausgeprägte Fallbecken liegt auf 1310 m. Neben verschiedener anderer üppiger Vegetation blüht in der Nähe des Wasserfalls der schöne Türkenbund (gänzlich geschützt!).

Zugang

Von der Kirche in Hinterpflersch (1245 m) nordwärts auf Nr. 7 zunächst an den Häusern einer neuen Wohnsiedlung vorbei, dann durch den oben erwähnten dichten Erlenbestand in wenigen Serpentinen kurz hinauf und auf einem kurzen, links abzweigenden Steig zum Wasserfall. Insgesamt knapp 15 Min.

38. Maißlbachfälle (Pfitschtal; Bild S. 59)

Charakteristik

Der Maißlbach (Maißl = kleine Waldrodung) hat seinen Ursprung hoch oben unter dem Roten Beil (2950 m) bzw. am kleinen, aber tiefen Maißlsee. Er fließt, von mehreren kleineren Seitenbächen zusätzlich gespeist, zwischen den Langspitzen und der Pletzenspitze durch ein steiles Almtal abwärts und bildet im untersten, bewaldeten Teil unmittelbar über dem Pfitscher Talboden eine mehrstufige, wildschäumende Kaskade. Dank der starken Wasserführung des Maißlbaches (in manchen Karten auch Meiselbach) bildet die Kaskade, deren Ausfluß in 1591 m Höhe aus einer tief eingeschnittenen Felsklamm tritt, ein eindrucksvolles Naturschauspiel. Das unterste Fallbecken liegt auf 1506 m Höhe, die gesamte Sturzhöhe beträgt 85 m. Diese vom Verf. ermittelte Höhe der im wesentlichen fünf- bis sechsstufigen Kaskade bezieht sich nur auf den untersten Teil des Maißlbaches; oberhalb desselben befinden sich in der schmalen, tiefen Felsklamm noch weitere Wasserfallstufen, die aber nicht einzusehen und wohl auch kaum zugänglich sind und daher keinerlei touristische Bedeutung besitzen. Geologisch liegt das Gestein, in das der Wasserfall eine relativ tiefe Steilschlucht geschürft hat, in der sogenannten Unteren Schieferhülle. Die Wasserfallstufe wird von steilen, bis senkrechten teils bewaldeten, teils baumlosen Felsflanken umgeben; der Maißlbach mündet nach dem Wasserfall nahezu ohne Gefälle rund 2 km hinter St. Jakob in den Pfitscher Bach. Die prachtvolle Kaskade ist von der Pfitscher-Joch-Straße gut einzusehen und bietet mit der darüber kühn aufragenden Vorderen Langspitze (2559 m) ein schönes, allerdings wenig beachtetes Bild. Der Zugang von St. Jakob aus ist leicht und stellt eine schöne Wanderung dar, die von Touristen auch relativ häufig unternommen wird.

Zugang

Von St. Jakob, dem Hauptort des inneren Pfitschtales (1446 m) auf einem südlich abzweigenden Fahrweg (wird nur selten von Autos befahren und eignet sich sehr als Wanderweg) hinab zum Talboden, in landschaftlich sehr schöner Wanderung eben ca. ½ Std. talein, auf der dort befindlichen Brücke über den breiten Pfitscher Talbach und jenseits auf dem Weg weiter in wenigen Minuten zum Wiesenboden, der sich am Fuße der Kaskade ausbreitet.

39. Obere Aglsfälle (Ridnaun; Bild S. 61/62)

Charakteristik

Der Aglsboden im hintersten Ridnauntal (in der Literatur auch oberer Aglsboden, von den Einheimischen fast nur Sennerboden genannt) ist eine ziemlich große Ebene, die nach der Errichtung einer Sperrmauer am Vorderrand (erste Mauer 1745, heutige 1880 errichtet) durch Schuttablagerungen entstanden ist und heute teilweise Grasbewuchs sowie eine einfache Almhütte trägt. Die noch einfachere Vorgängerin dieser Almhütte wurde zur Zeit der alpinen Erschließung von den damaligen ersten Bergsteigern oft als Unterkunft benützt und scherzhalber „Hotel Agls“ genannt. Unweit der Hütte und von ihr aus einzusehen befinden sich unmittelbar über dem Boden die oberen Aglsfälle, die in einer tief eingeschnittenen Felsklamm vom Ridnauner Bach, der hier Fernerbach genannt wird, gebildet werden. Abgesehen von mehreren höher gelegenen Stufen, die jedoch keine weitere Bedeutung besitzen, handelt es sich im wesentlichen um zwei nicht besonders hohe, trotzdem aber sehr eindrucksvolle, den ganzen Sommer und Herbst über sehr wasserreiche Fälle, die zusammen eine prachtvolle Kaskade bilden und nur durch einen kleinen Absatz mit besonders schön und tief ausgekolktem Fallbecken voneinander getrennt werden. Bei überdurchschnittlich starker Wasserführung kommt es manchmal auch vor, daß der Bach den Absatz überspringt und auf diese Weise aus der zweistufigen Kaskade ein einziger Wasserfall entsteht. Dagegen zeigen sich bei geringer Wasserführung besonders deutlich die prachtvollen Felsschliffe, die der Fernerbach in vielen Jahrtausenden herausgearbeitet hat. Geologisch liegt die Felsklamm mit den Wasserfällen in der Zone der Stubaier Gneise und Schiefer, die Umgebung der Schlucht ist teilweise begrast, weitgehend baum- und strauchlos und sehr steil. Die Gesamthöhe der beiden nahezu gleich hohen Wasserfallstufen beträgt 23 m, das untere, große und stark ausgekolkte Fallbecken liegt auf 1720 m Seehöhe (Messungen durch den Verf.).

Von der nur wenige Meter tiefer liegenden Almhütte führt ein Steig zum Fernerbach, den eine schmale Hängebrücke überquert, und anschließend einige von Hirten benützte Steigspuren in die unmittelbare Nähe der Kaskade.

Zugang

Von Maiern im hintersten Ridnauntal (Erzaufbereitung, 1417 m) auf dem zur Teplitzer Hütte und weiter zu Becherhaus und Müllerhütte führenden, guten Saumweg Nr. 9 in der Nähe des tosenden Fernerbaches in mäßiger Steigung hinauf zur Staumauer am Aglsboden. Hier ist die Kaskade bereits sichtbar. Man kann nun die teilweise versumpfte Ebene, die der Fernerbach in vielen Windungen und Wasserläufen durchfließt, sowohl ostseitig auf dem Weg 9 als auch westseitig auf einem guten Steig umrunden und gelangt so in die Nähe der Wasserfälle. Wer den westseitigen Steig wählt, muß nach der Almhütte eine luftige, schwankende Hängebrücke überqueren (nur Schwindelfreien zu empfehlen); die letzten Meter sind weglos und leicht ausgesetzt, aber ohne nennenswerte Schwierigkeiten auf schwachen Steigspuren zu überwinden. Insgesamt ab Ridnauner Talschluß 1 Std.

40. Untere Aglsfälle (Ridnauntal; Bilder S. 62/63)

Charakteristik

Die vier Wasserfälle, von denen allerdings nur zwei von Bedeutung sind, befinden sich unweit des Weges, der vom Ridnauner Talschluß zu den Schutzhütten des Stubaier Zentralstokkes führt (Teplitzer, Becher-, Müllerhütte), ein paar hundert Meter unterhalb der 1880 in der heutigen Form errichteten Sperrmauer am Aglsboden. Da der Bach in diesem Bereich aber hinter einer bewaldeten Felskuppe abfließt, sind die Fälle vom Weg aus nicht sichtbar und demgemäß auch weitgehend unbekannt. Sie scheinen auch in keiner Karte auf, was wohl auf ihre geringe Sturzhöhe zurückzuführen sein dürfte. Trotzdem handelt es sich bei den zwei bedeutenderen Fällen dank der überaus starken Wasserführung um sehr eindrucksvolle Kaskaden, zumal sie sich überdies in einer einzigartigen, stellenweise sehr schmalen Felsklamm befinden, die mit die schönsten Felsschliffe Südtirols aufweist. — Der Ridnauner Bach, der hier auch Fernerbach heißt und von den zahlreichen Abflüssen der mächtigen Gletscher (der Übeltalferner gilt als zweitgrößter Gletscher Südtirols) seine bedeutenden Wassermengen erhält, hat sich tief in den Fels genagt und dabei bizarre Gebilde von seltener Formenvielfalt geschaffen. Das einzigartige Naturdenkmal ist zwar größtenteils weglos, aber sowohl von oben als auch von unten nicht besonders schwierig durch felsdurchsetztes Waldgelände zugänglich und in Verbindung mit den oberen Aglsfällen (siehe Nr. 39) sehr besuchenswert. Der unterste Wasserfall ist bereits vom erwähnten Hüttenweg, der im unteren Teil den Zugang vermittelt, schwach einzusehen. Er liegt auf rund 1600 m Seehöhe. Die tosenden Wassermassen stürzen in der sich hier verbreiternden Felsschlucht über eine nicht ganz senkrechte Stufe von etwa 15 m Höhe (geschätzt). Nur wenig höher befindet sich der zweite Fall, der allerdings fast unsichtbar ist (nur das Fallbecken ist einzusehen), da das Wasser durch ein senkrechtes Felsloch abstürzt, das sich inmitten mächtiger Gesteinsblöcke befindet. Die Höhe dieses Wasserfalles beträgt nur wenige Meter. Ebenfalls nur geringe Höhe weist auch der dritte Wasserfall auf, und auch er liegt in der hier sehr schmalen, gewundenen Klamm so verborgen, daß er kaum einzusehen und daher kaum von Bedeutung ist. Bedeutendster der vier unteren Aglsfälle dagegen ist der oberste, trotz seiner auch nur relativ geringen Sturzhöhe von 12 m (Lotmessung durch den Verf.). Aus einer mehrere Meter tiefen, teilweise kaum halbmeterbreiten Felsklamm, welche die schönsten Felsschliffe der gesamten Wasserfallschlucht aufweist, donnern die Wassermassen über eine breite, gut einzusehende, nahezu senkrechte Stufe in das breite, tief ausgekolkte, in 1670 m Seehöhe liegende Fallbecken. Dieser Wasserfall befindet sich 200 m von der erwähnten Staumauer am Aglsboden (auch Sennerboden oder Senner-Eben genannt) entfernt, wo der Bach durch einen künstlichen Stollen kurz umgeleitet wird.

Die heute weithin unbekannte Felsklamm mit den Wasserfällen und den sehenswerten Felsschliffen wurde 1891 in den „Mitteilungen" des Deutschen und Österreichischen Alpenvereins erstmals ausführlich beschrieben, nachdem sie von Carl Müller aus Teplitz, dem Erbauer der Müllerhütte, ein Jahr vorher entdeckt worden war. 1899 ließ dann der Ridnauner Postmeister Stefan Haller auf eigene Kosten eine Weganlage entlang der Klamm errichten, die am 18. August desselben Jahres feierlich eingeweiht wurde. Zum Dank, den die Ridnauner dem Alpenverein für seine verschiedenen Leistungen entgegenbrachten, wurde die Klamm nach dem Ministerialrat Burkhard, dem 1. Präsidenten des Vereins, *Burkhardklamm* getauft. Im Jahre 1900 erbaute die DuÖAV-Sektion Hannover eine große Brücke über den untersten Wasserfall. Weg und Brükke verfielen aber dann im Laufe der Zeit, und die Klamm sowie ihre neue Bezeichnung gerieten wieder in Vergessenheit. — Dem Verfasser des vorliegenden Buches bereitete die Wiederentdeckung der Klamm einige Schwierigkeit, da in dem erwähnten Bericht in der Vereinszeitschrift mehrmals von einem weiteren, 200 m hohen Wasserfall die Rede geht, der sich östlich über der Klamm befand. Heute ist von einem solchen aber nichts mehr zu sehen; an der bezeichneten Stelle befindet sich jedoch der frische Abbruch eines rezenten kleinen

Bergsturzes, so daß anzunehmen ist, daß der Wasserfall sich einst hier befunden haben muß. Endgültige Gewißheit darüber, daß die hier beschriebene Klamm mit den Wasserfällen identisch ist mit der *Burkhardklamm,* brachte die Angabe eines alten Hirten, der sich noch schwach an den einstigen Weg und die Brücke, die noch anscheinend in den dreißiger Jahren recht und schlecht begehbar waren, erinnern konnte. Darüber hinaus verzeichnet auch eine ältere Alpenvereinskarte in diesem Gebiet zwei Wasserfälle.

Zugang

Vom Ridnauner Talschluß (Erzaufbereitung, 1417 m) auf dem breiten Saumweg Nr. 9 (Weg zur Teplitzer, Becher- und Müllerhütte) dem Fernerbach entlang mäßig ansteigend talein bis zu einem ersten kleineren Boden (sogen. Furt, in manchen Publikationen auch als unterer Aglsboden bezeichnet; 1705 m). Hier vom Weg 9 rechts ab, über die breite Holzbrücke, jenseits (ostseitig) über Rasenböden kurz talaus und auf einem schwachen Viehsteig wieder taleinwärts hinauf auf eine bewaldete Kuppe. Hier schöner Blick zum untersten Fall. Teilweise weglos und etwas beschwerlich am orographisch linken Schluchtrand weiter hinan, an den zwei kleinen, versteckten mittleren Fällen vorbei, und empor zum vierten, obersten Wasserfall. Insgesamt bis hierher rund 1 Std. Nun entweder auf dem Anstiegsweg zurück oder — lohnender — in wenigen Minuten hinauf zur Sperrmauer am Aglsboden (und evtl. zu den oberen Aglsfällen, siehe dort) und auf dem Weg 9, der am unteren Boden verlassen wurde, in rund 40 Min. zurück zum Ausgangspunkt. Die Tour weist kaum nennenswerte Schwierigkeiten auf, erfordert aber doch einige Übung im Bergwandern, Trittsicherheit, Schwindelfreiheit und zweckmäßiges Schuhwerk.

41. Gilfenklamm-Fall (Ratschings; Bilder S. 64/65)

Charakteristik

Am Ausgang des Ratschingstales verschwindet der bis dahin gemächlich im breiten Bachbett dahinfließende Ratschinger Bach kurz nach Jaufensteg in der rund 50 m tiefen, etwa 400 m langen und stellenweise kaum einen Meter breiten, in den weißen Ratschinger Marmor geschnittenen Gilfenklamm. Es handelt sich bei dieser Felsschlucht um eine der eindrucksvollsten und einzigartigsten Sehenswürdigkeiten der Alpen. Dementsprechend wurde sie auch schon früh begehbar gemacht: In den Jahren 1893—1895 baute die damalige Sektion Sterzing des Deutschen und Österreichischen Alpenvereins eine teils kühn in die Felswände gesprengte, teils über luftige Holzbrücken und -stege führende Weganlage durch die Klamm, wobei sich besonders der damalige Bezirksrichter von Sterzing, Franz Engl, verdient machte. Am 25. Juli 1898 wurde die Weganlage unter dem Protektorat des Erzherzogs Ferdinand Karl feierlich eingeweiht und die Klamm nach dem Kaiser von Österreich von Gilfenklamm in *Kaiser-Franz-Josef-Klamm* umgetauft, ein Name, der sich jedoch nicht durchsetzen sollte. Bereits 1910 aber mußte die Weganlage wegen Baufälligkeit gesperrt werden und verfiel in der Folge vollends. Teilweise mit neuer Trassenführung wurde sie jedoch 1961 vom Verschönerungsverein von Ratschings neu erbaut, so daß die Klamm heute wieder gefahrlos begangen werden kann. Zur Deckung der Instandhaltungskosten wird eine Begehungsgebühr eingehoben, was absolut berechtigt ist. Während der Ratschinger Bach sonst zwar mit tosenden Walzen und Strudeln, aber ohne größere Gefälle die Klamm durchschießt, stürzt er in ihrem Mittelteil über eine senkrechte Steilstufe und bildet hier den einzigen, aber überaus beeindruckenden Wasserfall. Die das ganze Jahr über bedeutenden Wassermassen stürzen hier (Ausfluß in 1105 m ü. d. M.) durch einen schmalen Schlund genau 15 m in das tief ausgekolkte Fallbecken (3 m tief), worauf sie durch ein rund 3 m hohes, knapp 2 m breites Felsloch in einer vor dem Fallbecken querstehenden Felsrippe diese im Volksmund allgemein als *Kirche* bezeichnete, eindrucksvollste Stelle der Gilfenklamm verlassen. Eine genau über dem Wassersturz die Klamm überquerende Brücke gewährt einen atemberaubenden Tiefblick (und ermöglichte dem Verfasser auch die senkrechten Lotmessungen), eine eigene Aussichtsbrücke weiter klammauswärts (21 m über dem Bach) bietet einen schönen Blick, von vorne her in das urweltliche Geschehen.

Zugänge

a) Von der Ortschaft Stange im äußeren Ridnauntal (976 m) vor der Abzweigung der Ratschinger Talstraße links auf gut beschildertem Wanderweg zuerst orographisch links des Ratschinger Baches talein, bald auf breiter Brücke den Bach überquerend und später mehrmals von einer auf die andere Seite wechselnd, teils eben, teils leicht aufwärts durch die zunehmend enger werdende Schlucht, die bei der oben erwähnten Aussichtsbrücke (hier die Gedenktafeln an die erste Erbauung der Weganlage) in die eigentliche Klamm übergeht. Nun orogr. links auf dem in die Felsen gesprengten Steig in Stufen und durch einen Stollen hinauf zu der über den Wasserfall führenden Brücke (ab Stange ca. ½ Std.). Die Weganlage führt, wieder mehrmals die Klamm überquerend, weiter talauf und endet schließlich in Jaufensteg bei der Ratschinger Straße (1150 m; neues Gasthaus, Bushaltestelle). Insgesamt von Stange bis hierher etwa 45 Min.
b) Man kann selbstverständlich die Klamm auch nur im Abstieg (also in umgekehrter

Richtung) durchwandern, nachdem man Jaufensteg mit dem Autobus erreicht hat. Am lohnendsten ist jedoch, zuerst durch die Klamm von Stange aus aufzusteigen und wieder auf dem gleichen Weg zurückzukehren, da die Tour relativ kurz ist. Insgesamt 1½ bis höchstens 2 Std.
Besonderer Hinweis: Obwohl die Brücken mittels Eisenträger verläßlich gebaut sind, befolge man unbedingt den auf Tafeln angeführten Hinweis, die Brücken möglichst einzeln, auf keinen Fall aber in Gruppen von mehr als fünf Personen zu betreten!

42. Auerbergfall (Graßstein)

C h a r a k t e r i s t i k

Der Wasserfall befindet sich einen Kilometer nördlich der Ortschaft Graßstein im Eisacktal an der orographisch linken Seite. Er wird von dem Bach gebildet, der mit einer starken Quelle oberhalb der Hütten der Planner Alm (1938 m) auf der kleinen Hochfläche des Kampele entspringt und in einem kleinen, in den sogenannten Brixner Granit geschnittenen Felsental südwestwärts steil herabfließt. Im untersten Teil stürzt der Bach über einen hohen, durch zwei kleine Absätze in drei nahezu senkrechte Stufen unterteilten Felsabbruch, worauf das Wasser in den Eisack mündet. Der bei starker Wasserführung hübsche Wasserfall ist sowohl von der Autobahn als auch von der Eisenbahn aus gut einzusehen, von der Staatsstraße aus dagegen wird er durch einen dichten Waldstreifen verdeckt. Das Fallbecken liegt auf 896 m, der Ausfluß auf 1008 m, womit die Gesamthöhe der Kaskade 110 m beträgt. Im Hochsommer und Herbst geht die Wasserführung des Baches meist stark zurück und der Wasserfall verliert an Bedeutung. Das ganze Gebiet ist weglos und sehr schroff und felsig; nur sehr schütterer Mischwald bedeckt die steilen, zu den gegenüber im Talboden liegenden Auerhöfen gehörigen und folglich auch Auerberg genannten Hänge.

Z u g a n g

Knapp 1 km nördlich der Ortschaft Graßstein (zwischen km 496 und 497) von der Staatsstraße (854 m) östlich ab und weglos durch den Wald in wenigen Minuten ohne Schwierigkeiten bis unter den Wasserfall.

43. Puntleider Wasserfälle (Graßstein)

C h a r a k t e r i s t i k

Obwohl es sich um zwei sehr schöne, stattliche und das ganze Jahr über wasserreiche Wasserfälle handelt, sind sie in den meisten Wanderkarten nicht verzeichnet. Auch das italienische Meßtischblatt verzeichnet sie nicht, dafür aber einen tieferen, der sowohl höhenmäßig als auch touristisch und naturkundlich

Der obere der beiden Puntleider Wasserfälle

kaum von Bedeutung ist. Die beiden Fälle werden vom Puntleider Bach (auch Bergler- oder Seebach genannt) gebildet, der seinen Usprung einerseits als Berglerbach in rund 2300 m Höhe in den Karen zwischen Tagewaldhorn und Kreuzberg und andererseits als Seebach am bekannten Puntleider See (1848 m) hat. Neben diesen beiden Quellbächen speisen auch mehrere weitere Wasserläufe den das ganze Gebiet zwischen Tatschspitze und Kreuzberg entwässernden Puntleider Bach, der südlich der Ortschaft Graßstein in den Eisack mündet. Die zwei Wasserfälle befinden sich unweit der schön gelegenen, neuerdings durch eine Forststraße erschlossenen Berghöfe von Puntleid und sind sowohl leicht zugänglich als auch von der Brenner-Staatsstraße aus kurz einzusehen. Der geologisch im Brixner Granit liegende Bachverlauf wird von schönem, allerdings durchwegs sehr steilem Bergwald umgeben. Der untere Wasserfall ist nicht ganz senkrecht, er befindet sich in einem kleinen, von steilen Grashängen umschlossenen Felskessel. Sein breites Fallbecken liegt in 1016 m, die Sturzhöhe beträgt 30 m. Oberhalb des Falls durchfließt der Bach eine etliche Meter lange, teilweise ebene, schön in den kompakten Granit geschnittene Flachstrecke, über welcher die glatte, senkrechte, ebenfalls auffallend geradlinig ins Gestein geschnittene, einige Meter breite Felswand mit dem oberen Fall aufragt. Das

Fallbecken dieses Wasserfalls liegt in 1048 m, die Sturzhöhe beträgt 19 m, der Ausfluß liegt in 1068 m Seehöhe. (Messungen durch den Verf.) Unterhalb und oberhalb dieser beiden Hauptfälle befinden sich noch zahlreiche weitere, allerdings nur niedrige und unbedeutende Kaskaden. Nahe dem Ausfluß des oberen Hauptfalles überspannt eine gute Holzbrücke die nur mäßig tiefe Bachschlucht.

Zugang

Von Graßstein (844 m) nicht auf der für Privatverkehr gesperrten Forststraße, sondern auf dem gut beschilderten und markierten Waldweg Nr. 14 orographisch links des Baches mäßig steil hinauf. In der Nähe des untersten Pundleider Hofes (Lechnerhof, 1010 m) mündet im Wiesengelände der Weg in die Forststraße ein, der man am besten bis zur zweiten Rechtskehre folgt (Abkürzen ist mühsam und nicht empfehlenswert, aber möglich). Bei dieser zweiten Rechtskehre (1046 m; hier ist bereits das Rauschen der Wasserfälle zu hören) zweigt, zuerst kurz leicht abwärts, ein unmarkierter, aber guter Waldweg ab, der in wenigen Minuten eben durch zur Brücke (1070 m) führt, die oberhalb der Wasserfälle den Bach überquert. Um von da in die Nähe der Wasserstürze zu gelangen, kann sowohl rechts als auch links des Bachgrabens weglos und steil, aber nicht schwierig die wenigen Meter abgestiegen werden. Insgesamt ab Graßstein rund 45 Min.

44. Flaggerbachfall (Mittewald; Bild S. 67)

Charakteristik

Bei diesem Wasserfall handelt es sich um einen der schönsten in Südtirol. Er befindet sich hoch oben in dem bei Mittewald im Wipptal (Obereisacktal) westlich abzweigenden und zur Flaggerscharte hinaufziehenden Flaggertal, in etwa auf Halbweg zwischen Unterer und Oberer Flaggeralm. Der dunkle Schiefergneis, der dem tiefer zutage tretenden Brixner Granit aufliegt, riegelt hier das waldreiche, in seiner Ursprünglichkeit einmalige Flaggertal mit einer hohen, leicht gestuften, nahezu senkrechten Felswand quer ab. Über diesen hohen Felsriegel stürzt der Flaggerbach, der am 2479 m hoch gelegenen Flaggersee nahe der Marburger Hütte seinen Ursprung hat, von zahlreichen Seitenbächen zusätzlich gespeist wird und daher eine starke Wasserführung aufweist, sehr beeindrukkend in die Tiefe. Unterhalb und oberhalb des Wasserfalls ist der Bachverlauf flach und zahm, die nähere Umgebung ist größtenteils unbewaldet, so daß der Fall sowohl von unten als auch vom markierten Weg, der zur Marburger Hütte führt, gut einzusehen ist. In der Literatur da und dort sowohl kurz erwähnt als auch eingehend beschrieben, im Meßtischblatt des italienischen Militärgeographischen Instituts an der richtigen Stelle verzeichnet, scheint er jedoch in den meisten Wanderkarten nicht auf. Die Gesamthöhe des vierstufigen Wassersturzes beträgt 57 m, der Ausfluß liegt auf 1831 m, das nicht ausgekolkte, in grobem Blockwerk liegende Fallbecken befindet sich in 1774 m Seehöhe (Messungen durch den Verf.). Die Vegetation im Bereich des Wasserfalls besteht aus Legföhren, Erlengebüsch, Fichten, einzelnen Birken und Ebereschen und vor allem aus schönen Bergzirben. — Oberhalb des Wasserfalls, und zwar bereits im Bereich der schön gelegenen Oberen Flaggeralm, befinden sich noch zwei weitere, allerdings nur mehr wenige Meter hohe und touristisch bedeutungslose Wasserfälle. Sie werden hier nur erwähnt, weil einer von ihnen im oben genannten Meßtischblatt verzeichnet ist. Der untere der beiden ist vom Boden der Oberen Alm aus einzusehen und hat seinen Ausfluß in 1974 m, der obere liegt nur wenig höher (Ausfluß 2014 m). Beide sind von der Alm auf dem markierten Weg in wenigen Minuten zu erreichen. Auch sie werden vom Flaggerbach gebildet und liegen in einer kleinen Felsklamm.

Zugang

Von Mittewald im Wipptal (Obereisacktal; 803 m) auf dem breiten Schotterweg (Markierung Nr. 16, Fahrverbot für alle Fahrzeuge, für Pkw auch nicht befahrbar), durch prächtigen Bergwald am schäumenden Bach entlang, durch das urweltliche Flaggertal hinan zur Unteren Flaggeralm (1619 m, ca. 2 Std.). Von hier auf dem Fußweg noch rund 15 Min. weiter, dann links ab und weglos leicht absteigend, teilweise durch dichtes Gehölz, hinein in den freien Talboden unter dem Wasserfall. Hier zeigt sich die mächtige, stäubende Kaskade am schönsten. Insgesamt ab Mittewald rund 2½ Std. — Zweigt man vom markierten Weg nicht ab, sondern steigt weiter empor, erreicht man eine Stelle, von der aus der Wasserfall von seitlich oben ebenfalls schön, aber nicht so eindrucksvoll wie von unten einzusehen ist. Hierher ab Untere Flaggeralm rund 40 Min. Zu empfehlen ist von dieser Stelle aus der kurze Abstecher (weitere 20 Min.) zu der überaus schön gelegenen Oberen Flaggeralm (1939 m).

45. Schrambacher Wasserfall (Schrambach; Bild S. 69)

Charakteristik

Der weithin sichtbare Wasserfall befindet sich an der Westseite des mittleren Eisacktales, etwa auf Halbweg zwischen Brixen und Klausen nur wenig über der Talsohle (Fallbecken 618 m). Das ganze Gebiet ist eine überaus hübsche Landschaft bestehend aus dem kleinen Weiler Schrambach mit der erhöht zwischen ein paar alten Gehöften liegenden gotischen Kirche St. Peter, aus von Buschreihen durchzogenen, mit uralten Kastanienbäumen und Weinreben bestandenen, teilweise auch nur steppenartigen Hängen, und eben aus unserem Wasserfall, der vom Schnauderer Bach gebildet wird und hier aus einem von dichter Vegetation erfüllten tiefen Einschnitt über eine helle, aus dem Schiefergestein des sogenannten Brixner Quarzphyllits aufgebaute, eingebuchtete Felswand herabstürzt. Die unmittelbare Umgebung des Wasserfalls ist unverbaut und in ihrem jahrtausendealten Urzustand erhalten. Die Fallhöhe des bei starker Wasserführung zweistrahlig über die senkrechte Felsmauer stürzenden Falls beträgt 63 m (Messung durch den Verf.). In seinem Abschnitt unterhalb des Wasserfalls wird der Schnauderer Bach in Schrambach meist Mühlbach genannt, nach einigen heute verfallenden Getreidemühlen, die sich entlang des Wasserlaufes befinden.

Zugang

Von der Staatsstraße (ca. 6 km südlich von Brixen und ebensoviel nördlich von Klausen) zweigt beim Haus „Rudi Cash" und Gasthof „Schoberhof" westseitig die asphaltierte Straße ab, die zu den Häusern von Schrambach führt. Dort weist ein Hinweisschild zum Wasserfall und je ein Steig führt links und rechts des Baches in wenigen Minuten leicht und mühelos hinauf in die unmittelbare Nähe des Wasserfalles.

Der Klammfall bei Klausen

46. Klammfall (Nähe Klausen)

Charakteristik

Der von der Staatsstraße, Autobahn und ebenso von der Eisenbahn aus gut sichtbare Wasserfall befindet sich ungefähr auf Halbweg zwischen Klausen und Albeins im Eisacktal an der orographisch rechten Talseite. Die Örtlichkeit — teils unkultivierte, von Gebüsch durchsetzte Grashänge, teils schöne Rebanlagen, dazwischen einige Höfe und Häuser, und inmitten von dem allem der Wasserfall — trägt die treffende Bezeichnung Klamm. Mitten in diese liebliche Landschaft ist ein tiefer, von hohen, senkrechten Schieferwänden (Brixner Quarzphyllit) umgebener, halbrunder Felskessel geschnitten. Das Wasser des relativ kleinen, aber das ganze Jahr über konstant Wasser führenden Klammbaches stürzt in überaus schönem Fall von seinem in 640 m Höhe liegenden Ausfluß über die rückseitige Felswand des Kessels in die Tiefe. Die Felsbucht mit dem Wasserfall überragt eine Wildnis von außergewöhnlich üppiger Vegetation (artenreiches Gebüsch, Efeu, Birken, Eichen, Kastanien, Erlen, Föhren), die dem Ganzen ein fast tropisches Aussehen verleiht. Desgleichen verläuft der Bach in seinem oberen Teil von seinem Ursprung in rund 1200 m westlich von Feldthurns bis zum Ausfluß des Wasserfalls durchwegs in einer von dichtem Gebüsch verdeckten, tief eingeschnittenen unzugänglichen Felsschlucht, in der sich ein zweiter, etwa 15 m hoher (geschätzt) Wasserfall befindet. Wenngleich somit die unmittelbare Umgebung des Wasserfalls eine ursprüngliche Naturlandschaft ist, bringt die talnahe Lage mit allerlei Bauten, Straßen und vor allem mit den Stromleitungen doch eine unschöne Beeinträchtigung der weiteren Umgebung mit sich. Die vom Verfasser ermittelte Sturzhöhe des Wasserfalls beträgt 22 m, das Fallbecken liegt auf 618 m Seehöhe, der Klammbach fließt gegenüber der Mündung des Villnösser Baches in den Eisack.

Zugang

Genau gegenüber dem Eingang ins Villnößtal zweigt von der Brenner-Staatsstraße, 3 km nördlich von Klausen, westseitig ein Fahrweg ab und führt in die Nähe des oben erwähnten Dickichts. Bei der Rechtskurve des Fahrweges nahe dem Bruggerhof beginnt ein schmaler, teilweise verwachsener Steig und führt teils rechts, teils links des Baches durch dichtes Gestrüpp in knapp 15 Min. zum Fallbecken des Wasserfalls.

47. Flitzer Wasserfall (Villnöß; Bild S. 71)

Charakteristik

Der schöne, relativ bekannte und in den Wanderkarten meist verzeichnete Wasserfall befindet sich südwestlich von St. Peter in Villnöß in dem wilden Bachgraben des nach dem Weiler Flitz benannten Flitzer Baches. Dieser ziemlich wasserreiche Bach, der auf ca. 1900 m knapp unter der Flitzer Scharte im Raschötzer Kamm entspringt, in der weiten Bucht des Flitzer Forstes von einer ganzen Reihe von Seitenbächen (Steineitsbach, Tschanbach u. a., auch das eisenhaltige Mineralwasser der bekannten Flitzer Quelle, 1550 m, fließt in den Flitzer Bach) gespeist wird und bei Pardell in den Villnösser Talbach mündet, stürzt in 1165 m Seehöhe (Ausfluß) aus einer seichten Rinne über eine senkrechte, den Hintergrund eines halbrunden Felskessels bildende Phyllitschieferwand. Die Höhe des Wasserfalles beträgt 45 m, das Fallbecken liegt auf 1120 m Meereshöhe (Messungen durch den Verf.). Die Steine im Bachbett unter dem Wasserfall sind vom Eisenoxyd des von der Flitzer Quelle kommenden Wassers rostrot gefärbt. Der Wasserfall ist auf guten Wegen leicht zugänglich und wird als eines der lohnenden Villnösser Wanderziele auch häufig besucht.

Zugang

Beim Weiler Pitzak in Villnöß (1099 m, unterhalb von St. Peter an der Talstraße gelegen) zweigt rechts von der Talstraße die zu den Flitzer Höfen führende Straße ab (bei Abzweigung Hinweisschild „Flitzer Wasserfall"). Nun entweder zu Fuß auf dem größtenteils dieser Straße folgenden Weg Nr. 29 oder mit dem Auto auf der Straße hinauf bis unter den ersten, aufgelassenen Flitzer Hof (Maschisserhof, 1322 m; zu Fuß ab Pitzak knapp 1½ Std.), wo rechts der Fußsteig zum Wasserfall abzweigt (wieder Hinweisschild). Auf diesem Steig nun teilweise leicht absteigend, teilweise eben in 20 Min. durch schönen Wald zu einem kleinen Boden mit Sitzbank unter einer überhängenden Felswand nahe dem Wasserfall. Von hier oder von dem steilen, zum Bach hinabführenden Steig aus schöner Blick auf den Wasserfall. Der Zugang führt teilweise durch schwarzen Kohlenstoffphyllit, der im Bereich des Flitzer Kessels mit dem Wasserfall auf den meist grauen Phyllitschiefer übergeht.

48. Murfreitfall (Sellastock; Bild S. 74)

Charakteristik

Der schöne Wasserfall befindet sich an der Nordwestseite des Sellastocks zwischen dem Großen Murfreitturm im Westen und der Murfreitspitze im Osten. Der den Fall bildende Bach, für den der Verfasser keinen Namen ermitteln konnte, hat seinen Ursprung oben auf dem breiten Terrassenband, das den Sellastock waagrecht durchzieht und mit den sogenannten Raibler Schichten die Trennlinie zwischen dem Schlerndolomit unten und dem Hauptdolomit oben bildet. In einer Senke des Terrassenbandes liegt oberhalb des Wasserfalls der im Hochsommer meist zur Gänze austrocknende Drachensee *(Lech dl Dragòn)*, von dem der Wasserfall den Großteil seines Wassers erhält. Der zur Zeit der Schneeschmelze sehr wasserreiche, wie die meisten Wasserläufe in den höheren Lagen der Dolomiten aber im Spätsommer versiegende Wasserfallbach stürzt zunächst über schwach gestuftes, nicht ganz senkrechtes Felsgelände und bildet im unteren Teil den eigentlichen, an der mächtigen Wand größtenteils frei herabstäubenden Hauptfall. Die vom Verf. ermittelte Sturzhöhe beträgt 87 m, die Gesamthöhe einschließlich des oberen, nicht senkrechten Abschnitts beträgt 149 m, das nicht besonders ausgebildete Fallbecken am oberen Rand ausgedehnter, von prachtvoller Alpenflora, einzelnen Lärchen und Zirben bewachsener Schutthänge liegt auf 2168 m Seehöhe. Der Wasserfall ist von der von Gröden zum Grödner Joch führenden Straße aus sowohl gut einzusehen als auch unschwierig, wenn auch weglos zu erreichen. Da offensichtlich weder der Bach noch der Wasserfall einen eigenen Namen tragen, wird für den Wasserfall vom Verf. die oben gebrauchte Bezeichnung vorgeschlagen.

Zugang

Vom Kilometerstein 3 der von Plan de Gralba über den Culac-Sattel zum Grödner Joch führenden Paßstraße (2013 m) weglos, aber unschwierig über den oben beschriebenen Schutthang in gut 20 Min. hinauf zum Wasserfall. Der Anstieg ist von jedem Wanderer leicht zu bewältigen, gutes Schuhwerk ist aber vonnöten.

49. Pitzbachfall (St. Ulrich/Gröden; Bilder S. 73)

Charakteristik

Der schöne Wasserfall, dessen Wasserführung im Hochsommer und Herbst allerdings meist stark zurückgeht, ist von der Grödner Talstraße beim Weiler Pescosta (zwischen St. Ulrich und St. Christina) gut einzusehen. Er befindet sich südseitig rund 500 m über der Talsohle an einer breiten, die bewaldete Talfurche des Pitzbaches sperrenden Dolomit-Felswand. Der auf der Seiser Alm in rund 1900 m Höhe entspringende Pitzbach stürzt hier aus einer schmalen, mehrere Meter tiefen Felsklamm in senkrechtem Fall über die erwähnte, leicht überhängende Wandstufe, um dann wieder im tiefen Graben nur relativ mäßig steil dem Grödner Bach zuzufließen. Der Wasserfall ist in alten Kartenwerken (z. B in der österreichischen Spezialkarte von 1892, 1 : 75.000) an der richtigen Stelle und mit der Bezeichnung *Wasserfall-Pissadoi* verzeichnet, in den heutigen Wander- und topographischen Karten scheint er meist nicht mehr auf. Seine Sturzhöhe beträgt 61 m, das breite Fallbecken liegt auf 1545 m, der Ausfluß auf 1606 m Seehöhe (Messungen durch den Verf.). Üppig wuchernde Vegetation und steiler Nadelwald umgeben die Wasserfallstufe, an der hohen Felswand vollführt der farbenprächtige Mauerläufer seine akrobatischen Kletterkünste. Der Zugang zu dem vor allem im Frühsommer bei voller Wasserführung sehr besuchenswerten Wasserfall folgt im unteren Teil einem zur Seiser Alm führenden Weg und ist hier leicht, während das letzte Stück etwas beschwerlich, aber doch von jedem einigermaßen geübten Bergwanderer mit gutem Schuhwerk unschwierig zu bewältigen ist.

Zugang

Vom Ostteil von St. Ulrich (ca. 1230 m) auf der von der Hauptstraße südlich abzweigenden Minertstraße hinab, über den Grödner Bach und jenseits talein zum Café „Waldrand" nahe der Brücke, die den Pitzbach überquert (1263 m). Nun auf breitem Weg hinauf zu „Toni's Waldschenke", auf dem unmarkierten Weg weiter — den Pitzbach auf guten Holzbrücken zweimal überquerend — und schließlich am ostseitigen Hang durch den Wald hinauf, bis wo der Weg eine scharfe Linkskurve beschreibt. Hier vom Weg ab, auf dem schmalen Steig zuerst ziemlich gerade hinauf und zuletzt nach rechts (hier ist der Steig kurz durch Vermurung unterbrochen) zum Wasserfall. Ab Café „Waldrand" 1 Std., zu Fuß ab St. Ulrich 1½ Std.

50. Gran-Pùent-Fall (St. Ulrich/Gröden)

Charakteristik

Nordöstlich von St. Ulrich befindet sich beim Weiler Oberwinkel eine tiefe, nur wenige Meter breite Felsschlucht, die der vom Annatal kommende Cùecenes-Bach in Jahrmillionen in den Porphyr geschnitten hat. Von der Arbeit des Wassers zeugen schöne Rundschliffe. Der Bach stürzt hier nahezu senkrecht in die Tiefe der ausgekolkten Klamm und bildet einen besonders im Frühsommer sehr eindrucksvollen Wasserfall. Genau über dem Fall, der zusammen mit der Felsschlucht ein vielbesuchtes Wanderziel darstellt, führte bis vor kurzem eine schöne, wie die Inschrift besagte, 1938 vom Zimmermeister Kostner errichtete charakteristische Holzbrücke über die Klamm. Seit altersher wird sie im Ladinischen *Gran Pùent,* Hohe Brücke, genannt. Heute ist sie durch eine neue, breite, mit dem Auto befahrbare Brücke ersetzt, trägt aber eine Aussichtskanzel und vermittelt einen einzigartigen Tiefblick in die Felsklamm mit dem Wasserfall. Die Sturzhöhe des Wasserfalls beträgt 22 m, sein Fallbecken, ein tief ausgekolkter Strudeltopf, liegt auf 1465 m, der Ausfluß auf 1487 m. Die Tiefe der Klamm beträgt von der Hohen Brücke bis zum Fallbecken genau 30 m (Messungen durch den Verfasser).

Zugang

Von St. Ulrich in Gröden auf der Martinstraße am besten mit dem Auto bis hinauf zum Café „Martin". Ab hier (die Befahrung der Straße ist nur für die Anrainer erlaubt!) zu Fuß in wenigen Minuten zur Hohen Brücke mit dem Wasserfall. Insgesamt ab St. Ulrich zu Fuß 1 Std.

51. Barbianer Wasserfälle (Barbian; Bild S. 79)

Charakteristik

Während im allgemeinen nur der unterste, höchste der Barbianer Fälle bekannt ist, und auch in den Karten und in der Literatur stets von nur einem Wasserfall die Rede ist, handelt es sich in Wirklichkeit um eine mächtige, insgesamt achtstufige Kaskade. Sie beginnt — von unten nach oben betrachtet — mit dem weithin sichtbaren, auf einem bis zum Fallbecken führenden Wanderweg häufig besuchten, sogenannten Barbianer Wasserfall. Er ist der höchste der acht Einzelfälle und auch zweifellos der beeindruckendste. Die beträchtlichen Wassermengen (sofern sie nicht für die Flurbewässerung abgeleitet werden) stürzen sehr beeindruckend über eine breite Felswand, die, wie der ganze übrige Bachlauf, im Bereich der sogenannten Bozner Porphyrplatte liegt. Die Sturzhöhe dieses nahezu senkrechten Wasserfalls beträgt 85 Meter, sein Fallbecken liegt auf 1013 m, der Ausfluß, eine in die Felskante geschnittene Rinne, liegt auf 1098 m Seehöhe. Bachaufwärts folgen diesem Hauptfall dicht aneinandergereiht zuerst ein rund 4, dann ein rund 6 und schließlich zwei kaum mehr als 2 m hohe Wasserfälle. Nach dieser verhältnismäßig unbedeutenden Strecke befinden sich ein rund 20 Meter hoher Fall (Ausfluß in 1150 m), ein etwa 10 m hoher und nach einer Flachstrecke von rund 40 Metern endlich der letzte und zweithöchste Wasserfall in der tief in das Gestein geschnittenen Wasserfallschlucht. Dieser oberste und nach dem untersten bedeutendste der acht Fälle besitzt eine Sturzhöhe von 45 Metern, wobei — ähnlich wie beim Hauptfall — ein kleiner Felsabsatz mit schönem Kolk den Sturz des Wassers kurz unterbricht. Der Ausfluß liegt auf 1215 m, das Fallbecken auf 1170 (alle Messungen durch den Verf.). Zu diesem Wasserfall führt von einem Bauernhof her ein schmaler, aber guter Steig, da hier das Wasser für die Beregnung der Felder abgeleitet wird. Somit ist der Fall leicht zugänglich und stellt ein schönes Tourenziel dar. Da er von der Wasserentnahme durch die Bauern nicht betroffen ist, weist er — im Gegensatz zu den unteren Fällen — eine den ganzen Sommer über gleichbleibende Wasserführung auf. Der die Wasserfälle bildende Ganderbach entspringt in 1980 m Höhe südöstlich unter dem Rittner Horn (unweit des Unterhornhauses), durchfließt zunächst tief eingeschnittene Gräben, erhält vom 4 km langen Kaserbach viel zusätzliches Wasser und stürzt dann über die einzelnen Wasserfallstufen in die Tiefe. Der gewaltige Bergsturz, dem die Felswand des untersten Falles ihre Entstehung verdankt, liegt in Form unzähliger Felstrümmer, einer sogenannten Gand (daher der Name Gander Bach), bachabwärts. Nach umfangreicher Zähmung durch das Wildbachverbauungsamt, die eine Wiederholung jener Flutkatastrophe von 1891, die 33 Menschenleben forderte, verhindern soll, mündet der wilde Gander Bach nach seinem rund sechs Kilometer langen Lauf bei Kollmann in die Etsch. Die Bachstrecke mit den Wasserfällen liegt inmitten weiter, steiler Bergwälder, die aus Fichten und Lärchen bestehen und an zahlreichen Stellen von senkrechten Felspartien durchsetzt sind. Der unterste der Barbianer Fälle ist bei Kollmann auch vom Tal aus sichtbar, besonders schön aber von der gegenüberliegenden Seite her; er ist einer der höchsten und meistbesuchten in Südtirol.

Zugänge

a) Zum untersten Wasserfall: Von Barbian (830 m; hierher schmale und kurvenreiche, 4,5 km lange Asphaltstraße ab Waidbruck) auf der nach Barbian führenden Straße kurz südwärts, dann rechts auf der Forststraße (Durchfahrt nur für Anrainer erlaubt) hinauf bis zur dritten Kehre und von den dortigen Höfen auf dem schönen Fußweg Nr. 8/A nur mäßig steil hinauf zu dem schon von weitem sichtbaren Wasserfall. Insgesamt ab Barbian rund 40 Min.

b) Zum obersten Wasserfall: Von Barbian auf dem Fußweg Nr. 3 (Hinweisschild „Wasserfall“ in Dorfmitte) teils durch Wiesen, teils durch Wald hinauf zum Montnigerhof (1070 m) und von dort auf dem unmarkierten, aber guten Waldsteig in langer Querung der steilen Hänge hinein in den Bachgraben und direkt zum Fallbecken des obersten 45 m hohen Wasserfalls. Ab Barbian 1¼ Std.

52. Stegerbachfälle (Nähe Atzwang)

Charakteristik

Die beiden schönen Wasserfälle des Stegerbaches sind in den Wanderkarten nicht verzeichnet, obwohl zumindest der untere vom Weg, der von Steg nach Siffian führt, und auch von der gegenüberliegenden Talseite, etwa von der Straße von Blumau nach Völs aus, gut einzusehen ist. Dieser untere Fall ist auch im Meßtischblatt 1 : 25.000 des italienischen Militärgeographischen Instituts — allerdings viel zu tief — verzeichnet. Blickt man von der Auto- oder Eisenbahn oder auch von der Staatsstraße vom kleinen Weiler Steg südlich von Atzwang ostseitig hinauf, kann man den Wasserfall selbst zwar nicht einsehen, wohl aber fällt die dem Fall nahe, auf einem steilen Felsvorsprung stehende Ruine Stein (743 m) auf. Der Wasserfall befindet sich südlich unterhalb der Ruine; hier durchfließt der meist wasserreiche, manchmal sehr wilde Stegerbach, der in 1430 m Höhe im sogenannten Gungelwald am Ritten entspringt, eine tief in den Porphyr geschnittene Schlucht und stürzt dann an einer senkrechten Felswand als schöner Wasserfall in einen tiefen, von einem Felsvorsprung gebildeten, unzugänglichen Kessel. Die Höhe des Wasserfalls beträgt schätzungsweise rund 50 m. Der Fall ist sowohl von unten als auch von oben nahezu unzugänglich. Trotzdem ist der Aufstieg von Steg zu den Leitacher Höfen mit dem Blick zum Wasserfall und der Weiterweg auf einem uralten Pflasterweg zur Ruine Stein und zum oberen Stegerbachfall sehr lohnend.

Der obere Fall befindet sich einige hundert Meter bachaufwärts vom unteren entfernt. Er ist dem unteren sehr ähnlich, doch liegt er ziemlich versteckt hinter dem Burgfelsen der Ruine Stein. Dafür aber führt, von der genannten Burgruine, ein Weg ziemlich näher an ihn heran, als dies beim unteren der Fall ist, womit er ein lohnendes Tourenziel darstellt. Auch der Ausfluß des Wasserfalls ist, besonders bei nicht allzu starker Wasserführung, relativ leicht zugänglich, da ein markierter Weg unweit davon zum Stegerbach führt; der Ausfluß, von dem aus man einen sehr schönen Ausblick zur Ruine Stein, auf Schlern, Hammerwand und Tschafon hat, liegt auf 754 m ü. d. M. Der meist stark wasserführende Bach stürzt hier aus der 3 m breiten Felsklamm in senkrechtem Fall über die von hohen, wilden, eine eindrucksvolle Felsschlucht bildenden Porphyrwänden gesäumte Wasserfallstufe in das auf 728 m Höhe liegende, tief ausgekolkte Fallbecken, das in einem steilwandigen, rund 5 m breiten Felskessel eingebettet ist. Die Sturzhöhe des Wasserfalls beträgt 26 m (Messungen durch den Verf.). Im weiteren Verlauf des Stegerbaches bis zum unteren Wasserfall befinden sich noch einige weitere, allerdings nur niedrige, bedeutungslose Fallstufen.

Zugang

Von Steg (3 km südlich von Atzwang; Gasthaus „Steg“, Parkplatz und Bushaltestelle) auf dem guten, mit Nr. 11 bezeichneten Weg durch den von Robinien bestandenen Steilhang hinauf, unter dem Autobahn-Viadukt durch und weiter zum ersten Leitacher Hof (20 Min.). Von hier aus sieht man — allerdings noch ziemlich weit entfernt — den unteren Wasserfall mit der rechts darüber aufragenden Ruine Stein. Auf dem schön gepflasterten, in seinem Urzustand belassenen Weg weiter, wobei der Wasserfall nur noch kurz sichtbar bleibt und dann hinter der Felskuppe mit der Ruine Stein verschwindet, in schöner Wanderung hinauf zum Sattel, der den Burgfelsen mit dem Hinterland verbindet (1 Std. ab Steg). Nun auf einem kurzen, unmarkierten, aber gut begehbaren Weg in wenigen Minuten bis zu der Stelle, von der aus man den Prachtblick zum oberen Wasserfall hat. Der Weg endet jedoch bald und die felsigen Seitenflanken verhindern den Zugang in die unmittelbare Nähe des Falls. —

Will man zu seinem Ausfluß, steigt man auf dem markierten, schon vor dem erwähnten Sattel in zwei Serpentinen ansteigenden Weg noch kurz an und quert dann in die Schlucht hinein. Bei starker Wasserführung steigt man recht mühsam und auch nicht ganz ungefährlich sehr steil zum Ausfluß hinab, bei wenig Wasser kann man von der Stelle, wo der Weg den Bach (als Brücke dienen zwei glitschige Baumstämme) überquert, im Bachbett bis zum Ausfluß vordringen.

53. Frötschfall (Seis/Ratzes; Bilder S. 76/77)

Charakteristik

Der nur geringe Wasserführung aufweisende, trotzdem aber sehr hübsche und in der alpinen Literatur immer wieder erwähnte Wasserfall befindet sich an der Südseite des wildromantischen Frötschtales, und zwar in nächster Nähe der Holzbrücke, mit welcher der sogenannte Proßlinersteig kurz nach der Abzweigung des Touristensteiges den Frötschbach überquert. Das von schönen geologischen Aufschlüssen und üppiger, artenreicher Vegetation gekennzeichnete Frötschtal (auch Ratzeser Schlucht genannt) hat seinen Ursprung unter der breiten Nordflanke der Roterdspitze am Südwestrand der Seiser Alm und es zieht unter den gewaltigen Felswänden des Schlerns in nordwestlicher Richtung gegen Seis hinab. Entlang des Weges, der von Bad Ratzes durch das grabenartige, bewaldete Tälchen zur Proßlinerschwaige führt, befindet sich eine ganze Reihe von kleineren, namenlosen Wasserläufen, die rechts und links von den steilen bis senkrechten Felswänden herabrieseln und dabei bezaubernde, aber touristisch wie naturkundlich weitgehend unbedeutende Wasserfälle bilden. Auch der Frötschbach selbst, der zuweilen ziemlich wasserreiche Hauptbach des Tälchens, stürzt mehrmals über kleine Steilstufen und bildet dabei einige Wasserfälle von allerdings nur geringer Höhe. Von all diesen Sturzwässern wird hier nur der einleitend genannte Fall behandelt, da er der bekannteste ist und im alpinen Schrifttum mehrfach als „schöner Wasserfall" Erwähnung gefunden hat. Die Bezeichnung „Frötschfall" wurde vom Verfasser in Ermangelung eines bereits vorhandenen Namens gewählt, obwohl sie nicht ganz richtig ist, da der Fall nicht direkt vom Frötschbach, sondern nur von einem seiner namenlosen Zuflüsse gebildet wird. Dieser kleine Bach, dessen Wasserführung zur Zeit der Schneeschmelze am stärksten ist und im Hochsommer meist stark zurückgeht, hat seinen Ursprung oben unter den Schlernwänden in rund 1800 m Höhe. Er durchfließt unweit östlich der Schlernbödele-Hütte einen steilen Graben und stürzt, kurz vor seiner Einmündung in den Frötschbach und unmittelbar über dem erwähnten Proßlinersteig in freiem, sprühendem Fall über eine schön quergebänderte, leicht überhängende, aus dem hier vorherrschenden Grödner Sandstein gebildete, ungegliederte Felswand. Der Wasserfall ist in Bergsteigerkreisen auch als erfrischende Naturdusche nach ermüdender Klettertour oben in den Schlernfelsen beliebt. Das entsprechend der schwachen Wasserführung nur flache Fallbecken liegt in 1345 m Höhe, die Sturzhöhe des Wasserfalls beträgt 26 m (Messung durch den Verfasser). Die Umgebung der Wasserfallstufe ist teilweise stark felsdurchsetzt, im übrigen aber dicht bewaldet (größtenteils Fichte).

Zugang

Von Seis am Schlern (1004 m) entweder auf schmaler Autostraße (3 km) oder zu Fuß auf schattigem Waldweg Nr. 8, später 3, an der sehenswerten Ruine Hauenstein vorbei, in rund 1 Std. zum schön gelegenen Hotel Bad Ratzes (1205 m). Von da nun auf dem gut beschilderten und mit Nr. 1 markierten Wanderweg orographisch links des Frötschbaches leicht ansteigend talein zu Weggabel (rechts führt die Nr. 1 hinauf zur Schlernbödele-Hütte) und auf Nr. 1/A weiter in insgesamt (ab Ratzes) 30 Min. zum Wasserfall. Ab Seis zu Fuß knapp 1½ Std. — Wer den Besuch des Wasserfalls mit einer größeren Rundtour verbinden möchte, kann dem Weg, der bald nach dem Fall den Frötschbach überquert, weiter bergan folgen. Nach gut 1 Std. (ab Wasserfall) wird die bereits in Almgelände liegende, bebewirtschaftete Proßlinerschwaige (1739 m) erreicht. Von da auf der Nr. 1/A weiter, über den Frötschbach, jenseits, bald auf Nr. 1, großteils nahezu eben zur Schlernbödele-Hütte des Südtiroler Alpenvereins (1726 m; ca. 35 Min. ab Proßlinerschwaige) und auf Nr. 1 hinab nach Bad Ratzes. Gesamtgehzeit für die Rundtour ab und zurück nach Bad Ratzes etwa 3—3½ Std.

54. Eggentaler Wasserfälle (Eggental)

Charakteristik

Die Landkarten verzeichnen im ganzen Eggental keinen Wasserfall, dafür aber ein Gasthaus „Wasserfall". Dieses Gasthaus ist zwar tatsächlich nach dem einst sehr bekannten und vielbesuchten Wasserfall des Eggentaler Baches (in den Karten auch Karneid-Bach) benannt und weist auf sein Vorhandensein hin, der Fall befindet sich aber gut zwei Kilometer weiter talauswärts (taleinwärts gerechnet 2,5 km ab Kardaun). Vor, also westlich des ersten Straßentunnels stürzt hier der Bach über eine senkrechte Felsstufe. Karl Felix Wolff beschrieb den Wasserfall in seiner 1908 erschienenen „Monographie der Dolomitenstraße" folgendermaßen: *Der Bach hat die Porphyrflächen mit seinen Sand- und Geröllmassen glatt gescheuert. Er windet sich mühsam um den quergelagerten Felsriegel* (den der Tunnel durchbricht) *und schießt dann in ungestümer*

Hast unter die Brücke hinein, wo seine blankgeschliffene Porphyrrinne mit vornübergeneigter Mündung abbricht. Der Bozner Fremdenverkehrs- und Verschönerungsverein hat zwei kleine Warten, eine oben und eine unten, ferner eine hölzerne Treppe und einen Steg bauen lassen, um den Anblick des Eggentaler Wasserfalles zu ermöglichen. Über 113 bequeme Stufen gelangt man ins Bachbett hinunter und steht nun dem Katarakt gerade gegenüber. Er ist nicht besonders hoch, wirkt aber ergreifend durch die außerordentliche Wildheit seiner Umgebung, welche mit ihren rauhen Schroffen den Schall zehnfach zurückwirft. In mächtigem Schwunge, schäumend und sprühend, stürzt die glänzende Flut hervor und als ob sie die Felsen eingedrückt hätte, zeigt das Gestein rechts und links seltsam verbogene Streifen. — Was Wolff über den Wasserfall selbst sagte, trifft auch heute noch zu — vorausgesetzt, daß der Bach genügend Wasser führt, was heute leider nicht immer der Fall ist, da er ein Stück weiter talein in einem Staubecken für die Stromerzeugung aufgestaut wird. Die beiden erwähnten Aussichtswarten und die Holztreppe hingegen sind schon längst nicht mehr vorhanden; sie wären heute auch beinahe unnütz, nicht nur wegen der oft schwachen Wasserführung des Baches, sondern vor allem deshalb, weil eine Wanderung auf der schmalen, vielbefahrenen Straße durch die Eggentaler Schlucht geradezu lebensgefährlich wäre. Der Autofahrer aber sieht vom Wasserfall überhaupt nichts, da dieser sich genau unter der Straßenbrücke befindet und somit nicht eingesehen werden kann. Die vom Verfasser gemessene Höhe des Wasserfalls, der infolge der genannten Umstände heute leider kein touristischer Anziehungspunkt mehr sein kann und hier nur mehr einer gewissen Vollständigkeit halber angeführt wird, beträgt 15 m; der Ausfluß liegt auf 462 m, das breite Fallbecken auf 447 m Seehöhe (Messungen durch den Verf.). Vor allem weil sie recht auffällig sind, sollen hier auch die beiden anderen Eggentaler Wasserfälle erwähnt werden, wenngleich sie keinerlei touristische oder naturkundliche Bedeutung haben. Der eine befindet sich bald ab Kardaun orographisch links ziemlich hoch oben, der zweite ein Stück weiter talein unmittelbar über dem Bett des Eggentaler Baches, ebenfalls orographisch links. Die beiden nicht sehr hohen und auch nicht konstanten Wasserfälle werden vom Überwasser des abgeleiteten und durch einen langen Felsenstollen zum Kraftwerk der „Etschwerke" in Kardaun geführten Eggentaler Baches gebildet. Demzufolge handelt es sich nicht um natürliche, sondern um künstlich geschaffene Wasserfälle; fixe Eisenleitern, die von unten zu den viereckigen Stolleneingängen führen, aus denen das Wasser hervorströmt, ermöglichen den Werkarbeitern den Zutritt.

Der Wasserfall des Eggentaler Baches

Zugang

Da die Lage der Wasserfälle aus dem Gesagten bereits hervorgeht, sie praktisch nur mit dem Auto erreichbar sind und zudem kaum touristische Bedeutung besitzen, erübrigt sich hier eine weitere Beschreibung.

F) PUSTERTAL

Dieser Abschnitt umfaßt die Talfurche der Rienz einschließlich des Tauferer-Ahrntales, des Gadertales und der übrigen Seitentäler sowie das Sextental.

Wanderkarten

Kompaß-Wanderkarte 1:50.000
Blatt 56 (Brixen)
Blatt 57 (Bruneck-Toblach)
Blatt 58 (Sextener Dolomiten)
Blatt 82 (Tauferer-Ahrntal)

Freytag-Berndt-Wanderkarte 1:50.000
Blatt S 3 (Pustertal-Bruneck-Drei Zinnen)
Blatt S 4 (Sterzing-Jaufenpaß-Brixen)
Blatt S 5 (St. Ulrich-Cortina d'Ampezzo-Marmolata)
Blatt 123 (Defereggen und Virgental)

Freytag-Berndt-Wanderkarte 1:100.000
Blatt 15 (Zillertaler Alpen)
Blatt 16 (Westliche Dolomiten)
Blatt 17 (Östliche Dolomiten)

55. Altensteinfall (Sexten)

Charakteristik

Bei diesem Wasserfall handelt es sich um eine sehr schöne, auch noch im Spätsommer relativ wasserreiche Kaskade, die auch in der Literatur oft erwähnt wird. Seltsamerweise ist sie in manchen heutigen Wanderkarten und sogar im entsprechenden Meßtischblatt 1 : 25.000 des italienischen Militärgeographischen Institutes nicht verzeichnet, obwohl sie in Kartenwerken, die um die Jahrhundertwende erschienen sind, sehr wohl aufscheint. Der Wasserfall befindet sich im oberen Teil des Altensteiner Tales, das vom hintersten Fischleintal (Sextener Seitental) westlich gegen den Toblinger Riedl, in dem die Dreizinnenhütte steht, emporzieht. Unweit des markierten, vielbegangenen Weges zur Dreizinnenhütte stürzt hier der Altensteiner Bach (in einigen Karten als „Rio Landro" bezeichnet), der auf der Bödenalpe mit den gleichnamigen Seen seinen Ursprung hat (teilweise schöne Quellen der anfangs unterirdischen Seeabflüsse) und nach seiner Vereinigung mit dem Bachernbach das Fischleintal entwässert, über einc breite, nahezu senkrechte, schwach gestufte Dolomit-Felswand. Sie liegt bereits oberhalb der Waldgrenze und das umliegende Gelände ist nur von einigen zwergwüchsigen Zirben und Lärchen und von Legföhren bewachsen. Dadurch ist der Fall gut einzusehen und vom erwähnten Fußweg aus auch leicht, wenn auch etwas beschwerlich zugänglich. Die Gesamthöhe des Wasserfalls beträgt 109 m, der oberste Ausfluß liegt auf 2190 m, das unterste, nur schwach ausgekolkte Fallbecken auf 2081 m Seehöhe. Die oberste der drei Stufen ist 44 m hoch, sie wird von der 37 m hohen Mittelstufe durch einen kleinen Absatz mit einem schönen Fallbecken getrennt. Unterhalb des ebenfalls schön ausgeprägten Fallbeckens der mittleren, senkrechten Stufe in 2018 m Höhe befindet sich die unterste, im oberen Teil sehr steile und nur im unteren Teil senkrechte Stufe mit insgesamt 27 Metern Höhe (Erkundung und Messungen durch den Verf.). Der Besuch des Wasserfalls ist besonders in Verbindung mit dem Aufstieg zur Dreizinnenhütte mit ihrem berühmten Blick zu den Nordwänden der Drei Zinnen lohnend.

Zugang

Vom Hotel „Dolomitenhof" im Fischleintal (hierher Straße von Moos) auf dem für Privatverkehr gesperrten Fahrweg in ½ Std. talein zur Talschlußhütte (1540 m) und rechts auf dem guten Weg Nr. 102 durch das wildschöne Altensteintal knapp 1½ Std. hinauf. Dann — in 1970 m Höhe — links vom Weg ab und in etwa 20 Minuten weglos dem Bach entlang unschwierig zu dem bereits vom Weg aus sichtbar gewordenen Wasserfall. — Ab hier — weglos orogr. rechts — weiter zur Dreizinnenhütte (2438 m) eine weitere Stunde.

Der Altensteinfall in Sexten

56. Eggerbachfälle (Antholz; Bild S. 81)

Charakteristik

Die drei schönen Wasserfälle befinden sich genau nördlich des Dorfes Antholz Mittertal, rund 800 m Luftlinie von diesem entfernt. Sie werden vom Eggerbach gebildet, der mit einer starken Quelle in 2437 m Höhe in einem Kar unter dem von der Schwarzen Wand zum Gänsbichljoch ziehenden Kamm entspringt, von etlichen Seitenbächen zusätzlich gespeist wird, die Bergweiden der Graseralm durchfließt, anschließend im unteren, stark bewaldeten Teil in einem tief eingeschnittenen, schluchtartigen Graben über die Wasserfallstufen stürzt und schließlich bei Antholz Mittertal in den Antholzer Talbach mündet. Unterhalb der Wasserfälle, die ein beliebtes Wanderziel darstellen, liegen orographisch links inmitten schöner Wiesen die charakteristischen Berghöfe Hirber und Brugger, rechts der Scheiber und weiter hangabwärts der Innerkumpfl. Zu diesen Höfen und damit auch in die Nähe der unteren beiden Wasserfälle führt neuerdings eine schmale, asphaltierte Höfeerschließungsstraße. Das Gestein im Bereich der Wasserfälle besteht aus dem sogenannten Antholzer Gneis, einem hellen, granitischen Gestein, das zusammen mit Schiefer und anderen Gneisarten die große Zone der Alten Gneise bildet, die ganz

Südtirol durchzieht und beiderseits weit über dessen Grenzen hinausreicht. Von der erwähnten Höfestraße wie auch vom Antholzer Talboden aus sind nur die beiden unteren Wasserfälle einzusehen. Der untere besitzt eine Sturzhöhe von 35 m, seine Felsstufe ist leicht gestuft und nicht ganz senkrecht, das Fallbecken liegt auf 1403 m Höhe. Eine glatte, senkrechte Wand, über die das Wasser in freiem Fall sehr beeindruckend herabstürzt, bildet dagegen die Stufe des oberen (mittleren) Wasserfalls, der 22 m hoch ist und den Ausfluß in 1460 m Seehöhe besitzt. Sein Fallbecken ist nicht nennenswert ausgebildet, es geht vielmehr nahezu unvermittelt in die Stufe des unteren Falls über. Bedeutend höher und von unten nicht einzusehen liegt der dritte, oberste Wasserfall. Der Eggerbach stürzt hier in einer schmalen Felsverschneidung in freiem Fall herab, das Gelände ist wild und unwegsam. Das Fallbecken liegt auf 1503 m, die Sturzhöhe des auf einem schmalen, steilen Steig erreichbaren Wasserfalls beträgt 37 m (Messungen durch den Verf.). Der steile, felsdurchsetzte Bergwald, der die Wasserfälle umrahmt, besteht vorwiegend aus Fichten und Lärchen.

Die unteren Eggerbachfälle in Antholz

Z u g a n g

Vom Gasthof „Post“ in Antholz Mittertal (1241 m) auf Nr. 17 zuerst am bekannten, durch besonders gutes Quellwasser ausgezeichneten Hartmannsbrunnen vorbei und dann bald durch Wald und Wiesen teils eben, teils leicht ansteigend zum Innerkumpflhof (1323 m) und zur Straßenbrücke nahe den unteren Wasserfällen; rund 40 Min. Nun orographisch rechts des Baches auf gutem Weg hinan zu einer Bank, links (im Anstiegssinn) hinaus zum Scheiberhof und, im Wald bleibend, auf dem markierten Weg hinauf bis zu einem Quersteig. Auf diesem (markiert) nach rechts zunächst leicht, später stärker ansteigend und leicht ausgesetzt in die Nähe des obersten Wasserfalls. Insgesamt ab Antholz Mittertal knapp 1½ Std.

57. Rötbachfall (Kasern, Ahrntal; Bild S. 83)

C h a r a k t e r i s t i k

Der gewaltige, wenn auch nicht senkrechte Wassersturz des Rötbaches befindet sich südöstlich über dem Weiler Kasern im hinteren Ahrntal. Er ist vom Tal aus schön einzusehen und wird als eigenständiges Kurzwanderziel häufig besucht. In den meisten Wanderkarten scheint er allerdings nicht auf, dafür ist er aber im Meßtischblatt des italienischen Militärgeographischen Instituts verzeichnet. Die bereits nahe der Waldgrenze befindliche und leicht zugängliche Wasserfallstufe wird von einer kleinen, vorne mit senkrechter Felsflucht abbrechenden Geländekuppe gebildet; war demnach der Fall einst wahrscheinlich mehr oder weniger senkrecht, so hat sich im Laufe vieler Jahrtausende der Bach ziemlich tief in das relativ wenig widerstandsfähige Gestein, das geologisch in der sogenannten Schieferhülle liegt, gefressen, wodurch der Wasserfall einiges an ursprünglicher Steilheit verloren hat. Trotzdem kann er immer noch als echter Wasserfall angesprochen werden, der dank der überaus starken Wasserführung, die auch im Spätsommer und Herbst nur unmerklich zurückgeht, sehr eindrucksvoll und besuchenswert ist. Der den Fall bildende Rötbach hat seinen Ursprung hoch oben im Röttal unter einem mächtigen Kranz vergletscherter Dreitausender und erhält die beträchtlichen Wassermengen vorwiegend vom Rötkees und vom Rotfleckkees, zwei noch recht ansehnlichen Gletschern, sowie auch von zahlreichen weiteren kleineren Zuflüssen. Der Ausfluß des leicht gestuften Falls liegt auf 1755 m, das nur schwach ausgekolkte Fallbecken auf 1695 m, woraus sich eine Sturzhöhe von 60 m ergibt (Messungen durch den Verf.). Die Umgebung ist weitgehend unbewaldet, die Hänge weisen eine vielfältige Alpenflora auf. Nur wenig oberhalb des Wasserfalls überquert der zur Lenkjöchlhütte führende Weg den Rötbach, zahlreiche Stolleneingänge und andere Spuren des einstigen Kupferbergwerks befinden sich im Bereich des Wasserfalls und stellen eine zusätzliche Sehenswürdigkeit dar.

Zugang

Von Kasern im hintersten Ahrntal (1595 m; Bushaltestelle) auf dem zur Lenkjöchlhütte führenden Weg Nr. 11 östlich hinab, über die Ahr und jenseits am Hang leicht aufwärts talaus bis zur Brücke, mit der der Weg den Rötbach erstmals überquert. Hier, noch vor der Brücke (der Wasserfall ist auch von hier aus gut einzusehen, so daß es keinerlei Orientierungsprobleme gibt), vom Weg links ab und auf gutem, jedoch unmarkiertem Steig im Aufstiegssinn links des Baches unschwierig hinauf zum Wasserfall. Insgesamt ab Kasern knapp ½ Std.

58. Hasenbachfall (Ahrntal; Bild S. 85)

Charakteristik

Rund einen Kilometer hinter St. Peter im Ahrntal mündet von Süden der Hasenbach, der in etwa 2300 m nordöstlich unterhalb der Ochsenlenke, einem weiten Sattel im Kamm der Durreckgruppe entspringt, nach rund 4 km langem Lauf durch das Hasental in die Ahr. In seinem unteren Teil stürzt der das ganze Jahr hindurch viel Wasser führende Bach über zwei Steilstufen einer ostseitig von senkrechten Felswänden begrenzten Klamm. Der Ausfluß des oberen, nach unten sich stark verbreiternden und nicht ganz senkrechten Wasserfalls liegt auf 1430 m ü. d. M., das Fallbekken auf 1405 m. Damit beträgt die Fallhöhe 25 Meter. Das Fallbecken des weniger bedeutenden, nach einer kurzen Flachstrecke durch eine schmale Felsrinne hinabschießenden unteren Falls liegt auf 1385 m (Fallhöhe 17 m), und somit beträgt die Gesamthöhe der beiden Stufen 45 Meter (Messungen durch den Verfasser). Die Schieferklamm mit dem zweistufigen Wasserfall wird auf beiden Seiten von sehr steilem, dichtem Nadelwald (größtenteils Lärchen) umstanden, ist von der Ahrntaler Straße aber gut einzusehen und auf gutem Weg leicht zugänglich. Im Bereich der Mündung des Hasenbaches befinden sich mehrere Bauernhöfe.

Zugang

Vom Götschhof (1331 m; taleinwärts links der Talstraße, Bushaltestelle; 1,5 km nach St. Peter) südwärts auf breiter Brücke über die Ahr (bei der Brücke Hinweisschild „Wasserfall") und auf gutem Weg Nr. 1 durch lichten Wald mäßig steil in 10 Minuten hinauf zum Fallbecken der oberen Wasserfallstufe.

59. Oberer Frankbachfall (Ahrntal)

Charakteristik

Die weithin sichtbare, zweistufige Kaskade gehört zu den höchstgelegenen in Südtirol. Der vom Frankbachkees kommende Frankbach stürzt, zwischen der darunter liegenden Frankbachalm und dem darüber liegenden sogenannten Sandrain, einem weiten Moränengelände, in zwei Stufen über eine breite Felsflanke, die geologisch in der Zone der Alten Gneise liegt und aus hellem, widerstandsfähigem Granitgneis aufgebaut wird. Der Wasserfall ist schätzungsweise rund 40 m hoch, das Fallbecken, in dem sich noch im Spätsommer oft ein Lawinenrest hält, liegt auf ca. 2020 m Höhe. So wie das Frankbachtal als Aufstiegsroute für Bergtouren nur relativ selten gewählt wird, ist auch der obere Frankbachfall weithin unbekannt und in den meisten Karten nicht verzeichnet. Das Meßtischblatt 1 : 25.000 des italienischen Militärgeographischen Institutes verzeichnet die Kaskade jedoch ziemlich genau (als „Cascata di Rio Franco"). Dank dem markierten Weg durch das Frankbachtal, der gegen das Frankbachjoch hinauf führt, ist der Wasserfall leicht zugänglich, bildet aber nur in Verbindung mit der hübschen Frankbachalm ein einigermaßen lohnendes Tourenziel am Fuß des vergletscherten, prächtigen Großen Löffler. Wegen der beachtlichen Höhenlage ist die Kaskade im Hochsommer am schönsten, wenn die Wasserführung des Gletscherbaches am stärksten ist.

Zugang

Bei Mühleck (1033 m), dem durch zahlreiche Neubauten entstandenen Weiler zwischen St. Johann und Steinhaus im Ahrntal, zweigt nordseitig der Weg Nr. 18 ab und führt durch das Frankbachtal (im Aufstiegssinn rechts, nicht links des Baches!) sehr schön in 2½ Std. zur hübschen Filegger Hütte auf der Frankbachalm (1838 m) und in einer weiteren halben Stunde zum obersten Boden mit dem nahen Wasserfall. Der Anstieg kann durch Befahrung einer Höfeerschließungsstraße um rund 20 Min. abgekürzt werden.

60. Unterer Frankbachfall (Ahrntal)

Charakteristik

Weder in den topographischen Meßtischblättern noch in den Wanderkarten ist dieser schöne Fall eingezeichnet, obwohl er ein vielbesuchtes, durch Hinweisschilder, guten Zugang und Hängebrücke erschlossenes Naturdenkmal ist. Allerdings ist weniger seine Höhe das Besondere, als vielmehr die Wildheit der herabtosenden Wassermassen und die Felsklamm, in der sich das urweltliche Geschehen abspielt. Der Frankbach ist einer der zahlreichen Bäche, die an der Südseite des Zillertaler Hauptkammes steil und wild gegen das Ahrntal abfließen. Er hat seinen Ursprung hoch oben im sogenannten Sandrain zwischen Großem Löffler und Keilbachspitze und erhält das Wasser von mehreren Abflüssen des noch recht stattlichen Frankbachkeeses. Unmittelbar unter den Moränen des Gletschers bildet der

Bach den oberen Frankbachfall, durchfließt dann die Frankbachalm und stürzt, bereits im untersten Teil des Frankbachtales, oberhalb einer tief eingeschnittenen Felsklamm über eine nicht ganz senkrechte Steilstufe. Diesem Hauptfall schließen sich noch ein zweiter unterer und ein dritter, seitlicher künstlicher Fall an, welch letzterer von einem etwas höher abgeleiteten Mühlbach an der westseitigen Felswand der Klamm, zwischen den beiden Naturfällen, gebildet wird. Unterhalb des Hauptfalles durchquert die Flachstrecke des Bachbetts ein dem Granit eingelagerter Marmorstreifen, in dessen blendend weißes Gestein der Bach prachtvolle Strudeltöpfe, Wannen und Rinnen geschürft hat. Der untere Fall ist nur etwa 5 m hoch (geschätzt) und besitzt nur geringe Bedeutung. Der obere, vom unteren durch eine rund 40 m lange Flachstrecke des Baches getrennte, sehr eindrucksvolle Hauptfall ist 23 m hoch, sein Fallbecken, in dessen Nähe sich die erwähnten Marmorschliffe zeigen, liegt auf 1130 m ü. d. M. (Messung durch den Verf.). Der seitliche, vom Mühlbach gebildete, ebenfalls nicht ganz senkrechte und relativ wasserarme Fall ist nahezu bedeutungslos. Die Wasserfälle sind von der Ahrner Talstraße aus nicht sichtbar, doch weist ein Hinweisschild auf sie hin. In unmittelbarer Nähe der Fälle überspannt eine Hängebrücke die tiefe Schlucht und vermittelt einen prachtvollen Einblick.

Der untere Frankbachfall im Ahrntal

Z u g a n g

Bei der nach dem Ansitz Mühleck benannten Neusiedlung (1033 m; etwa auf Halbweg zwischen St. Johann in Ahrn und Steinhaus) befindet sich an einer westlich von der Hauptstraße abzweigenden Nebenstraße das Hinweisschild „Wasserfall, Frankbachalm". Von da nun entweder auf der Höfeerschließungsstraße hinauf bis zum ersten Hof und von dort in wenigen Minuten zur Hängebrücke beim Wasserfall, oder — weit schöner — dorthin zu Fuß auf dem Weg Nr. 18 in schöner Wanderung (gut 20 Min.).

61. Schwarzenbachfälle (Luttach, Ahrntal; Bild S. 87)

C h a r a k t e r i s t i k

Der wasserreiche, die beiden Fälle bildende Schwarzenbach hat seinen Ursprung hoch oben am Schwarzenbachkees, einem bedeutenden Gletscher, der südseitig zwischen dem Schwarzenstein im Osten und den Hornspitzen im Westen eingelagert ist. Zwischen den langen, von den genannten Berggipfeln südwärts abstreichenden Felskämmen durchfließt der Bach größtenteils steil und stürmisch das schmale Schwarzenbachtal und mündet nach seinem rund 8 km langen Lauf bei Oberluttach in die Ahr. Etwa 1 km vor seiner Mündung stürzt der Bach in einer tief in die Schieferfelsen geschnittenen Schlucht über zwei fast senkrechte, durch eine längere Flachstrecke voneinander getrennte Steilstufen. Die beiden Wasserfälle *(auch als Luttacher Wasserfälle bekannt)* sind auf einem größtenteils gut abgesicherten Weg leicht zugänglich, sie sind in den meisten Wander- und topographischen Karten verzeichnet und stellen ein vielbesuchtes Kurzwanderziel dar. Trotzdem sind auch sie wie die meisten Wasserfälle relativ wenig bekannt und finden in der Literatur nur selten Erwähnung. Der untere Wasserfall befindet sich in einem ernsten, steilwandigen Felskessel, sein großes Fallbecken liegt in 1062 m Seehöhe, die Sturzhöhe beträgt 20 m; das aus einer tief eingeschnittenen, schmalen Felsrinne abfallende Wasser hat sich im Laufe der Jahrtausende eine etwa 2 m tiefe und ebenso breite, nahezu senkrechte Rinne in die Felswand geschnitten, am Fuß der Wasserfallstufe ist über dem tiefen Fallbecken eine etwa 3 m hohe Aushöhlung ins Gestein gekolkt. — Der obere Fall befindet sich an einer ebenfalls senkrechten, nach einer längeren Flachstrecke aufragenden Felsstufe. Die bedeutenden Wassermengen stürzen hier in freiem Fall sehr beeindruckend im Bogen in die Tiefe, die unmittelbare Nähe des Falls ist kaum zugänglich. Dafür bietet eine durch Geländer abgesicherte Aussichtswarte, in deren Nähe eine neue Forststraße vorbei-

Der untere Schwarzenbach- oder Luttacher Wasserfall im Ahrntal

führt, einen guten Tiefblick zum schönen Wassersturz, dessen geschätzte Fallhöhe rund 25 m betragen dürfte.

Zugang

Von Oberluttach (967 m, Bushaltestelle) auf dem zur Schwarzensteinhütte führenden Weg Nr. 23 (gut beschildert, auch im Hinblick auf die Wasserfälle) in der Nähe des Schwarzenbaches westlich kurz hinauf bis zu einer kleinen Felswand mit dem Hinweis „Wasserfall". Hier vom Hüttenweg links ab, bald mit einer hohen Brücke über den Bach und an der westlichen Schluchtwand auf dem durch Geländer abgesicherten Weg nahezu eben zum Fallbekken des unteren Wasserfalls. Insgesamt knapp 15 Min. — Der obere Fall ist von unten nicht einzusehen. Zu ihm steigt man vom soeben beschriebenen Weg kurz vor Erreichen des unteren Falls links auf einem steilen, markierten Steig in Serpentinen durch den Wald empor und erreicht einen kanzelartigen, ebenfalls durch ein Holzgeländer abgesicherten Vorsprung, von dem aus der obere Fall gut einzusehen ist. Vom unteren Fall knapp 10 Min.

62. Pojer Wasserfall (Ahrntal; Bild S. 93)

Charakteristik

Der Pojer Wasserfall gehört zu den bekannteren Wasserfällen in Südtirol. Er ist sowohl in den topographischen wie auch in den meisten Wanderkarten verzeichnet und wird auch in der alpinen Literatur öfters erwähnt. Dies liegt daran, daß der Wasserfall leicht zugänglich und auch gut einzusehen ist. Er befindet sich nämlich ziemlich nahe an der Ahrntaler Straße nur wenig über der Talsohle. Gebildet wird der über eine nahezu senkrechte Felsstufe sehr beeindruckend herabstürzende Wasserfall vom Pojer Bach, der hoch oben in 2600 m unter der Südwestflanke des Durreck in der gleichnamigen Berggruppe seinen Anfang hat, in der Folge von mehreren Seeabflüssen und kleineren Seitenbächen gespeist wird, und nach seinem rund 8 km langen Lauf durch das Pojental 2 km nördlich von Sand in Taufers in die Ahr mündet. Im oberen Teil durchfließt der Bach das baumlose Gelände der Pojer Almen, während er im zunehmend steiler werdenden unteren Teil durch dichten Nadelwald fließt. Der Ausfluß des Wasserfalls liegt auf 1043 m, das Fallbecken auf 967 m. Damit beträgt seine Fallhöhe 76 m (Messungen durch den Verf.). Oberhalb des eigentlichen Wasserfalls befinden sich noch einige kleine Kaskaden, die aber ohne weitere Bedeutung sind.

Zugänge

a) Der kürzeste Zugang zum Fallbecken des Wasserfalls ist folgender: Von der Ahrntaler Straße zweigt 1,5 km nach Sand in Taufers (Nähe Talstation des Speikboden-Lifts) vor der Brücke über die Ahr rechts (östlich) die Markierung 4 ab. Auf diesem schön angelegten Weg (anfangs ein kurzes Stück mit Auto befahrbar) in schöner Wanderung durch Wald am orographisch linken Ufer der Ahr talein und dann (Hinweisschild) rechts abzweigend auf gutem Steig in wenigen Minuten zum Wasserfall (entlang des Spazierweges Sitzbänke); von der Straßenbrücke bis zum Wasserfall knapp 20 Minuten.

b) Wer den Besuch des Wasserfalls mit einer etwas längeren Wanderung verbinden will, kann sowohl bei der Schloßbrücke bei Sand in Taufers wie auch in Luttach die Nr. 4 (größtenteils abseits der Autostraße) einschlagen und in Form eines ausgedehnten, nahezu ebenen Spaziergangs in jeweils rund 40 Min. den Wasserfall erreichen.

63. Tristenbachfall (Rein; Bilder S. 89)

Charakteristik

Der schöne, bedeutende Wasserfall ist in der näheren Umgebung zwar als Ausflugsziel sehr beliebt, im großen und ganzen aber weitgehend unbekannt. Er befindet sich an der Südseite hoch über dem Bachertal, das sich von Rein ostwärts erstreckt. Der Bach, der den Tristenbachfall — eigentlich eine mehrstufige Kaskade — bildet, hat seinen Ursprung einerseits am Tristenferner, von wo aus er sich zwischen Tristennöckl und Schneebigem Nock tief in das Gestein gefressen hat und dort einige kleinere Kaskaden bildet, und andererseits am Schneebigen-Nock-Ferner sowie am Großen Malersee. Noch oberhalb der Waldgrenze vereinigen sich diese wasserreichen Bäche und stürzen dann nur wenig unterhalb der Eppacher Alm als unser Tristenbachfall teils in schmaler Felsklamm, teils frei über eine große Felswand überaus beeindruckend zu Tal. Das Gestein, das die Wasserfallstufen aufbaut, besteht aus dem hellen, in der Rieserfernergruppe vorherrschenden und nach ihr benannten Rieserferner-Tonalit, einem überaus widerstandsfähigen, schönen Granit. Die im wesentlichen fünfstufige Kaskade ist auf einem guten, markierten Steig unschwierig zu erreichen; auch Orientierungsprobleme gibt es nicht, da der eigentliche Wasserfall, die oberste, fünfte Stufe, schon vom Talboden des Bachertal aus sichtbar ist. Da der Tristenbach von mehreren starken Gletscherabflüssen direkt oder indirekt gespeist wird, weist der von steilem, felsdurchsetztem Bergwald (Fichten, Lärchen und Zirben) umrahmte Wasserfall auch noch im Spätsommer und Herbst eine überaus starke Wasserführung auf. Die Sturzhöhe des Hauptfalles beträgt 58 Meter, sein Ausfluß aus einer schmalen, tiefen Klamm liegt auf 1889 m, das Fallbecken, ein tief ausgeschürfter Felskessel, auf 1831 m; die Wasser stürzen hier in freiem Fall über die senkrechte Wand. Oberhalb des Hauptfalls befinden sich in der Felsschlucht einige weitere kleine Fälle von insgesamt 15 Metern Höhe, und ebenso unterhalb stürzt der Bach über steile bis senkrechte Stufen mit schön ausgekolkten Fallbecken; die untersten drei besitzen nur Höhen von einigen Metern, während die vierte, vom Hauptfall durch eine längere Flachstrecke getrennte Stufe 40 m hoch ist. Die Höhe der gesamten Kaskade beträgt 153 m, das unterste Fallbecken liegt auf 1751 m, der oberste Ausfluß auf 1904 m (Messungen durch den Verfasser).

Zugang

Vom Talboden unter dem Kirchdorf Rein (1595 m; hierher Straße von Sand in Taufers, an den Reinbachfällen vorbei) auf dem breiten Naturweg in prachtvoller, aussichtsreicher Wanderung ostwärts durch das breite Bachertal hinein (in Richtung der vergletscherten Rieserferner) bis zum untersten Eppacher Hof (bis hierher wird auch oft mit dem Auto gefahren). Nun bald auf breiter Brücke über den Bacherbach (Wasserfall-Hinweisschild) und auf dem guten, markierten Fußweg (1690 m) durch schönen Wald weiter talein bis zur Brücke, die den Tristenbach überquert. Hier ist bereits der Wasserfall gut einzusehen. Vor der Brücke (Hinweisschild „Zum Wasserfall") rechts ab und auf dem markierten Steig, der zur Eppacher Alm und weiter zur Kasseler Hütte führt, durch Wald gerade hinauf zum Wasserfall. Ab Eppacher Hof gut 20 Min., ab Rein zu Fuß ca. 1 Std. Wer den Besuch des Wasserfalls mit einer größeren Rundtour verbinden möchte, kann auf dem markierten Steig weiter zur Kasseler Hütte (2274 m) aufsteigen und auf dem Weg Nr. 1 nach Rein zurückkehren. Gesamtgehzeit ab Wasserfall rund 3 Std.

64. Ternerbachfälle (Rein; Bilder S. 99)

Charakteristik

Auf dem Weg Nr. 1 zur Kasseler Hütte überquert man auf einer guten Brücke in 1966 m Höhe den Ternerbach, der am Schneebigen-Nock-Ferner seinen Ursprung hat und knapp einen Kilometer westlich des Tristenbaches in das sich bei Rein mit dem Knuttental vereinende Bachertal abfließt. Die Wasserführung des Baches ist das ganze Jahr über bedeutend, wenn auch etwas geringer als jene des Tristenbaches. In nächster Nähe der erwähnten Brücke befindet sich der oberste, zweistufige, nicht ganz senkrechte Wasserfall des Ternerbaches. Seine Gesamthöhe beträgt 25 m, das Fallbecken liegt auf 1966 m (Höhe der Brücke); der Fall ist in den Wanderkarten nicht verzeichnet, während er — als einziger der Ternerbachfälle — im italienischen Meßtischblatt aufscheint. Von diesem als eigenständiges Tourenziel nur geringe Bedeutung besitzenden Fall an stürzt der Bach teils in schmalen, steilwandigen Felsklammen, teils frei über offene Felswände weiter zu Tal und bildet dabei fünf weitere prachtvolle Einzelfälle, die weitgehend unbekannt und größtenteils nur äußerst beschwerlich zugänglich sind. Der zweite Fall (von oben gerechnet) weist eine Sturzhöhe von 28 m auf, sein Fallbecken, an das sich mehrere unbedeutende Steilstufen anschließen, liegt auf 1926 m. Der dritte Fall ist mit 62 m der höchste der 6 Einzelfälle, er ist, ebenso wie der zweite, vom Bachertal aus einzusehen; sehr eindrucksvoll stürzen die Wasser hier über die teilweise senkrechte, teilweise leicht gestufte, schluchtartig eingeschnittene Felswand von 1896 bis auf 1834 m hinab, um nach einer kurzen Flachstrecke den vierten, 48 m hohen, ebenfalls sehr schönen und nahezu senkrechten Wasserfall zu bilden, dessen schön ausgekolktes Fallbecken auf 1783 m Höhe liegt. Hierauf folgt eine längere Flachstrekke und erst in 1733 m befindet sich der Ausfluß des fünften, 25 m hohen und sich in einem großen, von hohen Felswänden umschlossenen Kessel verbergenden Wasserfalls. Vom Rand des Felskessels, der auf steilen Waldsteigen nicht allzu schwer zu erreichen ist, bietet sich ein prachtvoller Blick auf den senkrechten Wassersturz. Von einiger touristischer Bedeutung schließlich ist der unterste, sechste Ternerbachfall und ein zwar unmarkierter, aber recht guter Steig, der bis in die Nähe des Fallbeckens (1676 m) führt, deutet darauf hin, daß der 26 m hohe Fall hie und da doch

Besuch erhält. Von der vorderen, schluchtartigen Öffnung des erwähnten Felskessels stürzt hier der Bach über die darunter befindliche Wand senkrecht herab. Das Gestein der insgesamt 315 m hohen Riesenkaskade (sämtliche Messungen durch den Verf.) besteht hier nicht mehr — wie beim Tristenbach — aus dem granitartigen Rieserfernertonalit, sondern aus dunklem Schiefergneis (sogenannte Zone der Alten Gneise). Die Hänge sind größtenteils bis an den Bachverlauf heran dicht bewaldet, mit Ausnahme einer größeren Blöße östlich des zweiten und dritten Wasserfalls, in deren Bereich auch ein schmaler Waldpfad das sonst weglose, überaus steile und felsdurchsetzte Gelände durchquert. Das Aufsuchen der vier mittleren Fälle muß Ungeübten dringend abgeraten werden, auch der oberste ist als selbständiges Tourenziel nur bedingt erwähnenswert. Dagegen kann der Besuch des untersten Wasserfalls, von wo aus auch der darüber im großen Felskessel befindliche Fall sichtbar ist, ohne weiteres jedem einigermaßen geübten Bergwanderer — besonders in Verbindung mit dem Tristenbachfall — empfohlen werden.

Zugänge

a) Der oberste Ternerbachfall ist von Rein auf dem vielbegangenen, zur Kasseler Hütte führenden Weg Nr. 1 in rund 1 Std. unschwierig zu erreichen.

b) Zum untersten Fall: Wie beim Zugang zum Tristenbachfall (siehe dort) durch das Bachertal hinein und über die breite Brücke, die den Talbach überquert. Nun nicht auf dem markierten Weg talein weiter, sondern rechts einem der Hirtensteige folgend am oberen Rand einer umzäumten Wiese leicht ansteigend talaus und zuletzt durch den Wald kurz hinauf zum Wasserfall. Ab Brücke knapp 20 Min.

65. Reinbachfälle (Nähe Sand in Taufers; Bilder S. 94/97)

Charakteristik

Die Wasserstürze des außerordentlich wasserreichen Reinbaches, der hauptsächlich von den Abflüssen der Gletscher der Rieserfernergruppe gespeist wird, daneben aber auch im Knuttenbach einen sehr starken Zufluß hat und östlich von Sand in Taufers in die Ahr mündet, sind neben dem Partschinser Wasserfall die wohl bekanntesten Wasserfälle Südtirols. Diese Tatsache ist nicht etwa auf überragende Sturzhöhen, sondern auf die besonders starke Wasserführung zurückzuführen. Da die Reinbachfälle auf einem schönen, gut angelegten und abgesicherten Wanderweg gut zugänglich sind und dementsprechend häufig besucht werden, besitzen sie einen erheblichen Wert für den Fremdenverkehr des ganzen Tauferer-Ahrntales; neben vielem anderen wäre auch dies ein gewichtiges Argument gegen den alten, bisher unausgeführten, aber immer wieder aufgegriffenen Plan, für die Stromerzeugung im Talbecken von Rein einen großen Stausee zu schaffen, wodurch der untere Teil der Reinbachschlucht selbstverständlich trockengelegt würde. Entlang des bereits 1885 von der Sektion Taufers des Deutschen und Österreichischen Alpenvereins angelegten Wanderweges, der von Bad Winkel entlang der Schlucht bis hinauf zum Gasthaus „Toblhof" führt, weisen Schilder auf einen ersten, zweiten und dritten Wasserfall hin. In der Literatur ist zudem manchmal auch noch von einem vierten Fall die Rede. Wenn man nun den ersten, der eher nur eine steile Bachschnelle ist, als Wasserfall gelten läßt, so muß man von insgesamt fünf Reinbachfällen sprechen, denn oberhalb des vierten befindet sich noch ein weiterer. Der reißende Bergbach überwindet in der rund einen Kilometer langen, teilweise an die 100 m tiefen und nur wenige Meter breiten, in das granitige Gestein des sogenannten Rieserferner-Tonalits geschnittenen Felsschlucht einen Höhenunterschied von 170 Metern.

Die die Wasserschlucht säumende Vegetation besteht hauptsächlich aus Fichten, Föhren, einzelnen Lärchen und einigen Laubbäumen. Den Waldboden bedeckt dichtes Heidel- und Preiselbeerengestrüpp, dazwischen blüht im Frühjahr der zarte, wohlriechende Seidelbast (gänzlich geschützt!).

Der erste, unterste Fall befindet sich am Ausgang der hier sehr engen, wilden Schlucht. Sein Fallbecken liegt in 915 m Seehöhe, die Sturzhöhe der Kaskade dürfte kaum mehr als 10 m betragen; der sich nach unten stark verbreiternde Fall ist nur relativ schwach geneigt und ist mehr eine wilde Bachschnelle denn ein richtiger Wasserfall. Blickt man von der Reintalstraße zum Wasserfall hinab, erkennt man bei genauerem Hinsehen an der mächtigen linken (nördlichen) Schluchtwand die Kontur eines menschlichen Antlitzes im Profil. Die bemerkenswerte natürliche Felsbildung ist allgemein als „Christuskopf" bekannt und weist auch tatsächlich eine auffallende Ähnlichkeit mit einem solchen auf.

Steiler, eindrucksvoller und mit rund 20 m geschätzter Sturzhöhe ziemlich höher ist der zweite Fall. Sein schönes, breites Fallbecken liegt in rund 945 m. Im Gegensatz zum unteren Fall ist die unmittelbare Nähe des zweiten nicht zugänglich, eine Aussichtskanzel am Wanderweg gewährt aber einen atemberaubenden Tiefblick zum tosenden Wassersturz.

Der dritte Fall ist der höchste und imposanteste von allen. Er befindet sich jedoch nicht — so wie alle anderen — an einer Steilstufe im Grund der Schlucht, sondern das Wasser stürzt über die senkrechte, orographisch rechte Schluchtwand. Das besagt, daß es sich nicht um Wasser handelt, das durch die Schlucht kommt, sondern um einen Seitenbach. Kurz unterhalb der sogenannten Tobelbrücke, mit der die Reintalstraße oberhalb der Wasserfallschlucht den Bach überquert, wird der Bach in einem kleinen Becken aufgestaut und ein Teil des Wassers durch ein Druckrohr, das zu einem kleinen Elektrizitätswerk führt, abgeleitet. Das von hier durch einen Graben abfließende Wasser umrundet westseitig den Schloßkofel, auf dem noch die Mauerreste einer einstigen Burg zu sehen sind, und erreicht dann wieder die Reinbachschlucht, den dritten und somit künstlich geschaffenen Wasserfall bildend. Seine gesamte Sturzhöhe beträgt 42 Meter (Messung durch den Verf.), der obere Teil ist sehr steil, die unteren 30 Meter sind senkrecht bis leicht überhängend. Der Ausfluß liegt auf 1045 m Seehöhe, das Fallbecken, der in diesem Abschnitt flache Teil des Schluchtgrundes also, in 1005 m. Etwas unterhalb des Wasserfalls überspannt gut 20 m über dem Schluchtgrund, also in halber Höhe des Falls, eine schmale Brücke den Tobel und gewährt so den Anblick des Wasserfalls aus nächster Nähe. Der Wanderweg verläßt hier die Schlucht und führt hinauf zum „Toblhof“.

Der vierte Wasserfall ist von einem Aussichtspunkt am ostseitigen Ende der erwähnten Brücke oder von einem Vorsprung an der Nordseite des dritten Falls, wohin ein unmarkierter Steig führt, einzusehen. Trotz der hier wegen der Ableitung etwas geringeren Wassermenge des Baches ist der Fall sehr eindrucksvoll, wenn auch mit rund 20 m Sturzhöhe (geschätzt) nicht besonders hoch. Er befindet sich rund hundert Meter bachaufwärts vom dritten, seitlichen Fall entfernt (Fallbecken etwa 1007 m) und ist der einzige senkrechte der vier natürlichen Reinbachfälle im Grund der Schlucht.

Der fünfte, oberste Fall ist nur von oben her, von der Tobelbrücke, zugänglich. Es handelt sich dabei um eine überaus wilde, dreistufige Kaskade von 15 m Gesamthöhe (gemessen) mit zwei besonders schön und tief ausgekolkten, großen Fallbecken, deren unterstes auf 1070 m Höhe liegt. Nach Ansicht des Verfassers ist dieser fünfte, unbekannteste Reinbachfall nicht weniger beeindruckend als der erste, unterste.

Zugänge

a) Zu den unteren drei Fällen: Von der Häusergruppe Winkel (862 m) gut 1 km östlich von Sand in Taufers auf Nr. 2 (der Weg teilt sich bald in zwei gleich markierte, gleich lange und noch vor Erreichen des ersten Wasserfalls sich wieder vereinende Varianten; alles gut beschildert und markiert) nahezu eben in 20 Min. zum Fallbecken des 1. Wasserfalls. Von da weiter auf dem Weg 2 am orographisch linken, wie bisher bewaldeten Hang in weiteren 15 Min. zur umzäunten, hoch über der Wasserfallschlucht befindlichen Aussichtskanzel nahe dem 2. Fall und auf dem Weg weiter empor, teilweise unmittelbar am Schluchtrand, in weiteren 10 Min. zur Brücke, die nahe dem 3. Fall die Schlucht überquert. Insgesamt ab Winkel 45 Min. — Von der Brükke führt der Weg Nr. 2 teilweise in Treppen in weiteren 10 Min. zum Gasthaus „Toblhof“ an der Reintalstraße (knapp 2,5 km ab Sand in Taufers). — Der hier beschriebene Weg kann auch gut in umgekehrter Richtung mit Ausgangspunkt „Toblhof“ begangen werden, wofür in etwa dieselben Gehzeiten gelten.

b) Zum 4. Wasserfall: Wie bereits erwähnt ist der 4. Fall von der umzäunten Aussichtskanzel aus einzusehen, die sich ostseitig nahe der Brücke befindet, die beim 3. Wasserfall die Schlucht überquert. Näheren und damit besseren Einblick gewährt aber ein Felsvorsprung, der sich nordseitig des 3. Falls hoch über der Schlucht befindet. Um hierher zu gelangen zweigt man oberhalb der Steintreppe zwischen „Toblhof“ und Schluchtbrücke vom Weg 2 ab, folgt ein kurzes Stück dem Bach des 3. Falls, überquert diesen auf einem Holzsteg und steigt jenseits bis zum Schluchtrand ab; knapp 10 Minuten. Dieser Zugang ist zwar leicht, der Steig ist aber nicht markiert und der Geländevorsprung hoch über dem tosenden Bach nicht abgesichert. Schwindelfreiheit und erhöhte Vorsicht sind daher geboten!

c) Zum 5. Wasserfall: Um zu diesem obersten der Reinbachfälle zu gelangen, verläßt man die Reintalstraße kurz unterhalb der Tobelbrücke (1 km ab Gasthaus „Toblhof“), folgt ostwärts einem unmarkierten, aber guten Steig und erreicht in wenigen Minuten die Stelle, von der aus die dreistufige Kaskade gut einzusehen ist. Schwache Steigspuren, die Trittsicherheit und absolute Schwindelfreiheit erfordern, führen von da durch sehr steiles Gelände bis in nächste Nähe des untersten Fallbeckens. — Manchmal wird versucht, dem genannten Steig folgend, quer durch die Steilhänge den Schloßkofel zu umrunden, um damit zum 3. Wasserfall und zum „Tohlhof“ zu gelangen. Davor muß gewarnt werden, da der Steig immer ausgesetzter wird und schließlich an unpassierbaren, senkrechten Felswänden, wo zudem noch große Steinschlaggefahr herrscht, endet.

d) Leicht und lohnend ist dagegen, den Besuch des 5. Wasserfalls mit dem kurzen Aufstieg zu den Mauerresten der Kofelruine zu verbinden. Von der Stelle, wo der unter c) genannte Weg von der Straße abzweigt, führt ein guter Waldweg in wenigen Minuten hinauf zum höchsten Punkt des dicht bewaldeten Schloßkofels (1172 m), wo noch zahlreiche Mauerreste eine mittelalterlichen Burg (12. Jh.) zu sehen sind. Von da kann, Trittsicherheit vorausgesetzt, auf einem schwachen Steig direkt zum Gasthaus „Toblhof“ abgestiegen werden.

66. Nevesfall (Lappach; Bild S. 91)

Charakteristik

Der stattliche, weithin sichtbare Wasserfall befindet sich hoch über dem Talschluß von Lappach, nordwestlich des Neves-Stausees. Die Bezeichnung „Nevesfall" wird vom Verfasser vorgeschlagen aufgrund des in diesem Gebiet sehr häufigen Vorkommens des Namens Neves (auch Evis, Öfes und Nöfes), obwohl der den Wasserfall bildende Bach von den Einheimischen Groisbach genannt wird; demnach wäre auch die Bezeichnung *Groisbachfall* berechtigt. Die Umgebung des Wasserfalls, der nicht ganz senkrecht ist und durch einen kleinen Absatz in zwei Stufen getrennt wird, besteht bereits aus Almgelände unmittelbar über der im obersten Teil aus dichtem Legföhrengestrüpp bestehenden Waldzone. Der Wasserfallbach hat seinen Ursprung auf rund 2700 m Höhe an den heute nur mehr relativ kleinen Gletscherflächen des Weißzintferners und des in manchen Karten auch als Westlicher Nevesferner bezeichneten Muttenockferners. Der anfangs trübe Bach durchfließt, ein paar kleine Seebekken ausfüllend, in 2510 m Höhe die sogenannten Wasserböden, um dann als klarer Bach an der Bergseite eines kleinen, schräg herabziehenden Almtales als schöner Wasserfall herabzustürzen. Das Almtälchen ist in seinem oberen Teil heute trocken, in früheren Zeiten wurde es von einem zweiten Abfluß des Weißzintferner durchflossen. Der Groisbach durchfließt nur den unteren Teil des dort steilen und schluchtartigen Tales und mündet schließlich nach rund 3 km langem Lauf in den Neves-Stausee. Der Wasserfall bietet mit der darüber aufragenden, noch stark vereisten Pyramide des Hohen Weißzint einen überaus hübschen Anblick. Das Gestein besteht hier — so wie im gesamten Bereich — aus schönem Granit, den mineralienreiche Quarzadern durchziehen. Zahlreiche Spuren zeugen von der eifrigen Tätigkeit der Bergkristall-Sucher. Die Alpenflora des Gebietes reicht von der rostblättrigen Alpenrose über Orchideen, Zwergwacholder, Scheuchzers Glockenblume und verschiedenen anderen Arten bis hin zu Brunelle und Arnika.

Dank einem zwar unmarkierten, aber guten Steig, der vor allem von Hirten und Mineraliensammlern begangen wird, ist der Wasserfall leicht und gefahrlos zu erreichen. Hervorzuheben ist auch die umfassende Aussicht auf den Neves-Stausee und den prachtvollen Kranz der Zillertaler Alpen. Die Höhe des Wasserfalls beträgt 65 m, die nicht ausgekolkte Fallzone liegt in 2178 m, der Ausfluß in 2243 m Seehöhe (Messungen durch den Verf.).

Zugang

Von Lappach im hinteren Lappach-Mühlwalder-Tal (1436 m) auf der schmalen Straße hinauf zum Neves-Stausee (1865 m; zu Fuß ca. 1 Std.). Nun um das Nordufer des Sees (die Straße ist hier nicht mehr asphaltiert) herum, wobei auf Brücken der Z'Ursprung- und der Groisbach überquert werden, zur Almhütte der sogenannten Gemeindealm (1878 m). Nach der Hütte noch 70 Schritte weiter bis zu der Stelle, wo kaum erkennbar bei einem kleinen Rinnsal der bald besser werdende Steig beginnt. Auf ihm durch schönen, lichten Lärchenwald und höher oben durch Latschenbestände hinauf zu einem kleinen Geländerükken, wo man dem Wasserfall plötzlich unmittelbar gegenübersteht. Ab Almhütte rund 45 Min., ab Staumauer des Neves-Sees (Umrundung zu Fuß) knapp 20 Min. mehr.

67. Rastelbachfall (Mühlwald; Bild S. 101)

Charakteristik

Der in den Wanderkarten nicht benannte Rastelbach fließt südseitig ungefähr an der Stelle zu Tal, an der das Mühlwalder Tal einen deutlichen Knick von seiner bisherigen Richtung nach Norden macht und ab hier als Lappacher Tal bezeichnet wird. Er hat seinen Ursprung an einem zwischen der Kempspitze und dem Reisenock in einer Mulde liegenden kleinen Karsee und er wird von zahlreichen Seitenbächen zusätzlich gespeist, wodurch seine Wasserführung das ganze Jahr hindurch recht beachtlich ist. Das Gelände, das der Bach durchfließt, weist im oberen Teil eine kleinere Verflachung auf, in der die Almhütten der sogenannten Kaserstadt liegen, ist aber im ganzen und besonders im unteren Abschnitt sehr steil und felsig. Hier stürzt der Bach über mehrere teils sehr steile, teils senkrechte Felsabbrüche und bildet dabei eine schöne hohe, siebenstufige Kaskade sowie auch einige größere und kleinere Einzelfälle, die sich allerdings teilweise in der tief eingeschnittenen Bachklamm befinden und daher kaum einzusehen und nur schwer zugänglich sind. Vom Verfasser wurde nur die weithin sichtbare siebenstufige Kaskade näher erkundet und vermessen, da nur diese touristische Bedeutung besitzt, obwohl auch sie nur weglos und etwas mühsam zugänglich ist. Diesbezüglich ist allerdings für die nächste Zeit eine Besserung zu erwarten, wenn nämlich das derzeit (1979) herumliegende und den Aufstieg erschwerende Windwurfholz aufgearbeitet und entfernt sein wird. Im unteren Teil der Kaskade tritt eine kleine Geländerippe vor, von der aus man einen sehr eindrucksvollen Einblick in die stürzenden Wasser aus nächster Nähe genießt; vor allem beeindruckt eine Stelle im oberen Teil, wo der Bach in einen tief ausgekolkten Absatz schießt und dann springbrunnenartig in die Höhe geworfen wird. Die Gesamthöhe der Kaskade beträgt 75 m, die Sturzhöhe der einzelnen Stufen schwankt zwischen 5 und 20 m. Das unterste, von der Straße aus nicht sichtbare Fallbecken liegt in 1337 m, der oberste Ausfluß in 1412 m

Seehöhe (Messungen durch den Verfasser). Ein kleiner Seitenbach, der orographisch links durch eine schmale Felsklamm herabfließt und im unteren Teil der Kaskade den Rastelbach erreicht, bildet ebenfalls einige recht hübsche, allerdings weitgehend unbedeutende Wasserfälle. Geologisch liegt das Gebiet nahe der Kontaktzone zwischen der Unteren Schieferhülle und dem Zentralgneis des Zillertaler Hauptkammes, die Felsflanke mit den Wasserfällen wird aus dunklem Schiefergneis aufgebaut.

Zugang

Rund 3 km nach Mühlwald zweigt von der nach Lappach führenden Talstraße links (südlich; hier ist der Wasserfall bereits gut einzusehen) ein breiter Fußweg ab. Auf diesem Weg kurz hinab, auf breiter Holzbrücke (1240 m) über den Mühlwalder Bach und jenseits nur leicht ansteigend talaus bis zum Rastelbach. Hier vom Steig rechts ab, dem Bach entlang durch das baumlose Gelände unschwierig hinan bis zum Hangfuß und nach links ziemlich steil und — solange das Windwurfholz nicht entfernt ist — auch beschwerlich die rund 50 Höhenmeter (etwa 10—20 Min.) weglos zwischen Himbeersträuchern empor zu einer kleinen Geländeschulter (1358 m), wo man der mächtigen Kaskade unmittelbar gegenüber steht. Insgesamt rund 30 Min. — Das Bild auf S. 101 zeigt den Wasserfall von der Geländeschulter aus. Von da hat man auch einen großartigen Blick sowohl durch das Mühlwalder Tal mit seinen schönen Berghöfen talauswärts, wie auch gegen Lappach und die Gletscherberge des Zillertaler Hauptkammes taleinwärts.

68. Pisciadùfall (Sellastock, Colfuschg; Bild S. 103)

Charakteristik

Der in den meisten Wanderkarten, nicht jedoch im Meßtischblatt des italienischen Militärgeographischen Instituts verzeichnete Wasserfall befindet sich an der Nordostseite des Sellamassivs, westlich des wilden Mittagstales. Im Gegensatz zu vielen anderen Wasserfällen der Dolomiten handelt es sich bei diesem um einen nicht nur während der Schneeschmelze sehr beeindruckenden, sondern auch noch im Spätsommer noch relativ wasserreichen Fall. Er wird vom Abfluß des hoch oben nahe der gleichnamigen Schutzhütte in einer Karmulde liegenden Pisciadùsees gebildet und besteht eigentlich aus zwei Einzelfällen, die oberhalb der Waldgrenze an den hellgrauen, senkrechten Dolomitfelsen zusammen eine weithin sichtbare, stäubende Kaskade ergeben. Bei guter Sicht läßt sich von der Grödner-Joch-Straße aus der Nähe von Colfuschg sogar hoch über dem Wasserfall die Pisciadùhütte erkennen. Der Pisciadùbach fließt nach seinem Austritt aus dem See zunächst über die mäßig steilen Felsböden einer breiten Talmulde nordwärts hinab, fällt schließlich sehr steil in eine sehr schmale, tief eingeschnittene Felsspalte und tritt bald darauf in 2265 m Höhe zutage, um in freiem, senkrechtem Fall über die obere Wandstufe hinabzustürzen. Das mäßig tief ausgekolkte Fallbecken dieses oberen, 52 m hohen Wassersturzes ist häufig noch im Spätsommer von einem Lawinenrest erfüllt. Nach einer ziemlich kurzen, mäßig stark geneigten Flachstrecke stürzt dann der Bach in einer schmalen Klamm über mehrere Zwischenstufen und schließlich über die untere Felswand, die im oberen Teil senkrecht ist und im unteren Teil eine große Aushöhlung aufweist. Die Fallhöhe dieser unteren Stufe beträgt 73 m, das tiefe Fallbecken liegt auf 2080 m Höhe und es ergibt sich damit — einschließlich der 60 m hohen Zwischenstrecke — eine Gesamthöhe der zweistufigen Kaskade von 183 m. (Messungen durch den Verf.). Zwischen der Kaskade und dem westlich davon aufragenden, kühngeformten Exnerturm führt der vielbegangene Pisciadù-Klettersteig sehr steil und luftig empor (einmal führt er ganz nahe an den Fall heran) zur Pisciadùhütte und eröffnet auf diese Weise prachtvolle Nahblicke zu den stürzenden Wassern. — Im untersten Teil der Felswände, unmittelbar über den Wiesen von Colfuschg, bildet der Pisciadùbach in einer engen Schlucht noch einen weiteren ziemlich hohen, gestuften Wasserfall, der aber touristisch kaum Bedeutung besitzt und vom Verfasser nicht vermessen wurde.

Zugänge

a) Für absolut schwindelfreie, erfahrene und trittsichere Bergsteiger: Von der elften (Rechts-) Kehre der von Corvara zum Grödner Joch führenden Paßstraße (1956 m; Parkplatz und auf den Klettersteig hinweisende Wegtafel) auf gutem Steig zum Fuß der Felswand und auf dem recht luftigen, mittels Eisenklammern und Stahlseil angelegten Klettersteig gerade empor auf einen breiten, abschüssigen, von einzelnen Bäumen bestandenen Absatz, auf dem wieder ein guter Steig nach links in unschwieriger Querung in die Nähe des unteren Wasserfalls führt; bis hierher 30—40 Min. Ab hier steigt man wieder auf dem aus Eisenstiften und Sicherungsseilen bestehenden Klettersteig in weiteren 15 Min. zum oberen Wasserfall auf. (Der Klettersteig führt vom oberen Wasserfall in ca. 1½ Std. zur Pisciadùhütte.)

b) Für etwas weniger Erfahrene, aber trotzdem im Bergwandern Geübte: Von der oben erwähnten elften Kehre der Grödner-Joch-Straße nicht auf dem Pisciadùsteig, sondern rechts in Serpentinen über den zum Val Setus emporziehenden Steilhang bis zur Wegkreuzung. Nun auf dem linken Steig in nahezu ebener Wanderung über den schütter bewaldeten Absatz ostwärts zum unteren Wasserfall. Insgesamt rund 40 Min.

c) Wer nicht zur Pisciadùhütte aufsteigen und nur den Wasserfall als eigenständiges Tourenziel nehmen will, kann den Zugang a) im Aufstieg mit dem Zugang b) im Abstieg zu einer lohnenden Rundtour verbinden. Reine Gehzeit der ganzen Runde: knapp 1½ St.

69. Obervintler Wasserfall (Unterpustertal; Bild S. 105)

C h a r a k t e r i s t i k

Obwohl dieser — so wie die meisten Südtiroler Wasserfälle — nur wenig bekannt ist, gehört er doch zu den meistbesuchten. Es handelt sich dabei um einen sehr schönen Fall, der sich nördlich des zu Obervintl gehörenden und knapp 1 km östlich davon gelegenen Weilers Dörfl im Hintergrund einer tiefen, verborgenen Felsschlucht befindet. Der hoch oben in dem Hochkar unter Eidechsspitze, Kompfosspitze und Steinspitze entspringende, das lange TerententaI und das Dorf Terenten durchfließende und südlich vom erwähnten Dörfl in die Rienz mündende Terner oder Terentenbach stürzt hier in dem zwischen der Hochfläche von Terenten und dem Talboden des unteren Pustertals hinziehenden Waldstreifen nach einem relativ flachen Lauf durch ein mäßig tief in die Felsen geschnittenes Tälchen (schöne Strudelwannen im Bachbett) über eine senkrechte, vom hellen sogenannten Brixner Granit aufgebaute Felswand und bildet damit einen der schönsten Wasserfälle des Pustertales. Das Fallbecken liegt auf 805 m, die Sturzhöhe des Wasserfalls beträgt 43 m, der relativ leicht zugängliche Ausfluß liegt auf 848 m Höhe (Messungen durch den Verf.). Dank einer guten Weganlage ist das Fallbekken leicht zugänglich und der Wasserfall damit ein beliebtes Kurzwanderziel von Obervintl aus. Von der Pustertaler Staatsstraße aus ist der Wasserfall allerdings nicht einzusehen, da er hinter einem bewaldeten Felsrücken liegt. Außer dem Wasserfall selbst ist auch der Pürstall, eine breite bewaldete Kuppe nordwestlich über dem Fall, besuchenswert, auf deren Höhe eine Urzeitstätte nachgewiesen wurde. Zwar ist der Wasserfall immer noch von beeindruckender Schönheit, doch ist seine Wasserführung heute wesentlich geringer, nachdem vor einigen Jahren im Quellgebiet des Baches Wasser für den Bedarf von Terenten abgeleitet wurde. Überdies befand sich früher am Fuß der Wasserfallstufe ein großes, tief ausgekolktes Wasserbecken, in das bei der Holztrift die Musel von oben über die hohe Felswand herabgestürzt wurden. Im Jänner 1977 aber ist ein Teil der östlichen Felswand abgebrochen und hat das tiefe Fallbecken mit Geröll und Trümmerwerk erfüllt. Der Terner Bach wird vom Wasserfall abwärts auch Müllerbach genannt, nach dem einstigen Müllerhaus, das in unmittelbarer Nähe des Baches stand und um 1830 bei einer Überschwemmung von den Fluten mitgerissen wurde.

Z u g a n g

Von der Pustertaler Staatsstraße bei km 17 (750 m östlich der Kirche von Obervintl) auf schmaler Seitenstraße zwischen den Häusern des Dörfl genannten Weilers nordwärts bis zum letzten Hof am Eingang in die Schlucht des Terner Baches (791 m; Kreuzbichl-Hof). Nun zu Fuß auf dem guten Weg in wenigen Minuten im schattigen Grund der Schlucht eben talein zum Wasserfall.

70. Labisebenfall (Vals; Bild S. 107)

C h a r a k t e r i s t i k

Der nach der nahen Labiseben-Alm benannte, nur wenig bekannte Wasserfall befindet sich unweit des Weges, der von der Fane-Alm im hintersten Valser Tal zur Brixner Hütte führt. Es handelt sich dabei um einen nicht sehr hohen Wasserfall (vom Verf. gemessene Höhe: 17 m), der aber meist viel Wasser führt und folglich sehr beeindruckend ist. Er wird vom Seebach, dem Abfluß des Wilden Sees, gebildet; das Fallbecken liegt auf 1975 m ü. d. M am Ende einer kurzen, nordseitig von steilen Bergwiesen und südseitig von senkrechten Felswänden umfaßten Schlucht, die vom Einschnitt des Valser Baches westwärts zieht. Geologisch liegt diese Schlucht, an deren Ende der Wasserfall im Bogen über die nahezu senkrechte Felswand stürzt, in der sogenannten Oberen Schieferhülle, die in diesem Gebiet beachtliche Mächtigkeit aufweist. Der in den meisten Karten nicht verzeichnete Wasserfall ist vom Weg zur Brixner Hütte gut einzusehen, von dort jedoch nur weglos über steiles Gelände zugänglich.

Da der Seebach einerseits im oberen Teil zahlreiche Zuflüsse besitzt und andererseits als Abfluß des Wilden Sees eine nahezu konstante Wassermenge führt, ist der Wasserfall den ganzen Sommer über schön und sehenswert. Obwohl, wie erwähnt, er in keiner Karte verzeichnet ist, bereitet der Zugang orientierungsmäßig keinerlei Schwierigkeiten.

Z u g a n g

Vom Almdorf Fane (1739 m; hierher schmale, steile Asphaltstraße von Vals herauf) auf dem guten Weg Nr. 17 durch die steilwandige Schlucht des Valser Baches (*Klamm* oder auch *Schramme* genannt) nur mäßig steil hinauf bis kurz nach dem links abzweigenden, zur Labiseben-Alm führenden Weg Nr. 18. Bei der kleinen Brücke über den Seebach wird links in der oben genannten Schlucht der Wasserfall sichtbar. Von hier nun den sehr steilen, teilweise schrofigen, teilweise begrasten Hang querend weglos in wenigen Minuten in die unmittelbare Nähe des Wasserfalls. Dieses letzte Stück ist nur geübten, trittsicheren Wanderern anzuraten. Insgesamt ab Fane-Alm 1 Std.

G) SÜDTIROLER UNTERLAND

Dieser Abschnitt umfaßt das Gebiet beiderseits der Etsch (einschließlich des Überetsch) von Bozen bis Salurn.

W a n d e r k a r t e n

Kompaß-Wanderkarte 1:50.000
Blatt 54 (Bozen)
Blatt 74 (Termeno-Salorno-Cavalese)

Freytag-Berndt-Wanderkarte 1:100.000
Blatt 45 (Bozen-Meran und Umgebung)

71. Oberer Petersberger Wasserfall (Südtiroler Unterland; Bild S. 109)

C h a r a k t e r i s t i k

Der obere Wasserfall des auf der Hochfläche des Regglberges entspringenden und nach einem langen Lauf durch eine steile, tief in den Quarzporphyr der sogenannten Bozner Porphyrplatte geschnittene Felsschlucht bei Branzoll im Südtiroler Unterland mit dem Aldeiner Bach zusammenfließenden und schließlich in die Etsch mündenden Petersberger Baches ist noch verborgener als der untere Fall, der immerhin vom Etschtal aus zumindest sichtbar ist. Zwar ist der uralte Saumweg, der einst an den Wasserfällen vorbei von Branzoll nach Petersberg bzw. Aldein führte, noch in Teilen erhalten doch weiß heute kaum mehr jemand etwas von ihm. Der unterste noch gut erhaltene Teil dieses sogenannten „Judenweges“ (auch „Ochsentod“ genannt) wurde als kulturhistorisches Denkmal Anfang 1979 allerdings von der Südtiroler Landesregierung unter besonderen Landschaftsschutz gestellt. Als dieser einst breite, sehr gut und kühn angelegte Weg noch allgemein begangen wurde, waren die Wasserfälle wohl auch allgemein bekannt. Wie der untere, so ist auch der hier beschriebene obere Wasserfall weder auf den Meßtischblättern noch auf den Wanderkarten verzeichnet. Nach einer ziemlich langen, relativ zahmen Flachstrecke des wasserreichen Petersberger Baches (auch Rennerbach genannt) stürzt das Wasser von der scharfen, in 830 m Höhe liegenden Kante der leicht überhängenden von schmalen Querbändern durchzogenen, etliche Meter breiten Steilstufe 19 m in die Tiefe (Messungen durch den Verf.). Das schutterfüllte Fallbekken ist nur schwach ausgekolkt und es wird rechts und links von senkrechten Porphyrwänden umschlossen. Die darüber befindlichen Steilflanken sind orographisch rechts hauptsächlich von Laubwald, links mehr von Nadelwald (Fichten, Tannen) bestanden. Orographisch links führt rund 2 m über dem Ausfluß des Falls der beeindruckend gut untermauerte, in diesem Teil noch einigermaßen gut erhaltene einstige Verbindungsweg Branzoll-Petersberg dem Hang entlang. Dieser Weg ist — solange er noch begehbar ist — die einzige Möglichkeit, an die Stirnseite des Wasserfalls zu gelangen und ihn somit richtig einsehen zu können.

Z u g a n g

Am Westende vom Dorf Petersberg (1389 m; hierher schöne Panoramastraße sowohl von Auer über Aldein als auch von Birchabruck im Eggental über Deutschnofen und Weißenstein) zweigt links (westl.) die zu den Häusern von Unterrain führende Asphaltstraße ab (Schild „Unterrain“). Dieser Straße folgt man, bei der ersten Abzweigung rechts bleibend, bis zu drei neuen, linker Hand liegenden Häusern (2 km ab Hauptstraße). Hier links auf einem Güterweg ab und hinab zum Kohlstätterhof (1165 m, bis hierher mit dem Auto fahrbar, 3 km ab Hauptstraße). Nun zu Fuß auf einem unmarkierten, aber guten Waldweg (bei den Weggabeln stets dem mittleren folgen) hinab zu einem ersten und weiter zum zweiten Bauernhof (1020 m). Ab hier wird es heikel: Am unteren Rand der Wiesen suche man im steilen Wald nach einem uralten, kaum kenntlichen, gänzlich verwachsenen Steig, der sehr steil zum Bach hinabführt. Dieser Steig benützt die einzige Stelle, die den Durchstieg zum Bach ermöglicht! Nun überquert man den Bach (was bei starker Wasserführung sehr heikel sein kann) und erreicht, auf dem noch teilweise vorhandenen „Urweg“ absteigend, bald den Wasserfall. Insgesamt ab Kohlstätterhof knapp 1 Std. — Dieser einzige Zugang zum Wasserfall (ein Zugang von unten her ist unmöglich) ist sehr abenteuerlich und darf nur sehr erfahrenen und absolut trittsicheren Gehern empfohlen werden. — Hinsichtlich des Weiterweges zum unteren Wasserfall vgl. man Nr. 72 (Unterer Petersberger Wasserfall).

72. Unterer Petersberger Wasserfall (Südtiroler Unterland; Bild S. 111)

C h a r a k t e r i s t i k

Der bedeutende Wasserfall ist höher als der obere und er ist vom Talboden der Etsch (etwa von der Autobahn auf der Höhe von Branzoll) aus einzusehen, jedoch ist er noch schwieriger zugänglich. Da der einstige Karrenweg von Branzoll nach Petersberg (siehe unter Nr. 71) unterhalb des Wasserfalls auf weite Strecken restlos zerstört und der Fall infolgedessen von unten unerreichbar ist, bleibt nur der Zugang von oben, vom oberen Petersberger Wasserfall her. Aber auch da ist der alte Weg teilweise verfallen, so daß manche Stellen recht heikel sind, zudem fehlt die einstige

Brücke, wodurch das notwendige Überqueren des Baches bei starker Wasserführung sehr problematisch wird, und außerdem geht der Weg sehr rasch seinem gänzlichen Verfall entgegen, so daß der Wasserfall womöglich in einigen Jahren überhaupt nicht mehr zugänglich sein könnte. Der Ausfluß des sehr schönen Falls befindet sich auf 760 m Höhe (Ausblick auf Branzoll und die Etschtalsohle, darüber Mitterberg und Mendelkamm), das Wasser stürzt über die im oberen Teil überhängende, im unteren Teil nahezu senkrechte Porphyrwand, die den Hintergrund eines halbrunden, wilden Felskessels bildet. Die vom Verfasser durch Lotmessung ermittelte Fallhöhe beträgt 38 m; demnach liegt das Fallbecken auf 722 m Seehöhe.

Zugang

Vom Ausfluß des oberen Petersberger Wasserfalles (siehe dort) an der orographisch linken Bachseite die wenigen Meter zum alten Pflasterweg hinauf und auf diesem abwärts. Der Weg ist teilweise abgerutscht, teilweise im Abrutschen begriffen, weshalb die Begehung große Vorsicht erfordert. Der Weg führt zum Bach hinab und ist von da an bis zum Ausfluß des unteren Wasserfalls nicht mehr erkennbar — man folgt deshalb dem Bachbett (was bei starker Wasserführung heikel bis unmöglich sein kann) bis zum Wasserfall. Ursprünglich überquerte der Weg mittels einer Brücke den Bach und führte ab Wasserfall orographisch rechts weiter talab. Gelingt es, den Bach zu überqueren, kann man nach dem Wasserfall auf dem noch kurz vorhandenen, aber allmählich abbrechenden Wegteil sehr vorsichtig ein kurzes Stück weitergehen und hat dann den Wasserfall sehr eindrucksvoll vor sich. Ab oberem Wasserfall bei günstigen Verhältnissen (Weg noch begehbar, nicht zuviel Wasser im Bach) rund 10 Min. — Dieser einzige Zugang zum Wasserfall ist nur sehr guten, absolut trittsicheren und schwindelfreien Gehern anzuraten, zudem sollte sicherheitshalber ein Bergseil und ein starker Bergstock, der beim Überqueren des Baches dienlich sein kann, mitgenommen werden.

73. Butterloch-Fall (Aldein; Bilder S. 114/115)

Charakteristik

Oberster der drei hier beschriebenen Wasserfälle des Bletterbaches, der in der Nordwestflanke des Eggentaler (Aldeiner) Weißhorns entspringt, zwischen den Hochflächen von Aldein im Norden und Radein im Süden größtenteils durch wilde Schluchten westwärts fließt, nach rund 10 km langem Lauf beim Weiler Hohlen mit dem Schwarzenbach zusammenfließt und schließlich (als Hohlenbach) bei Auer in die Etsch mündet. Der Bach stürzt nach einer längeren Flachstrecke über eine überhängende Felswand in das sogenannte *Butterloch,* eine kesselförmige Felsschlucht von atemberaubender Wildheit. Dieses Butterloch ist sowohl für den Geologen wie auch für den Paläontologen ein äußerst interessantes Gebiet, da es einerseits in einzigartiger Weise einen Teil (Grödner Sandstein und Seiser Schichten) des dolomitischen Unterbaues zur Schau stellt und andererseits diese gebänderten Schichten zahlreiche Fossilien enthalten. Der Wasserfall selbst ist zur Zeit der Schneeschmelze oder nach langen Regenperioden sehr wasserreich und entsprechend eindrucksvoll, im Spätsommer und Herbst führt er dagegen meist nur relativ wenig Wasser. Ein Besuch des Butterlochs ist aber immer sehr zu empfehlen. Die Fallhöhe des Wasserfalls beträgt 35 m, der Ausfluß liegt auf 1540, das Fallbecken auf 1505 m ü. d.M. Der Ausfluß ist sowohl von der Aldeiner Seite wie von Radein her leicht zugänglich, in den Grund der Schlucht und damit zum Fallbecken führt ein teilweise sehr ausgesetztes Steiglein (mit Eisenleitern), das nur schwindelfreien und trittsicheren Gehern zu empfehlen ist. Der Wasserfall ist in den Karten nicht verzeichnet.

Zugänge

a) Von Aldein mit dem Auto bis zu den letzten Höfen des Weilers Lerch (die Asphaltstraße nach Lerch zweigt von der Straße Aldein-Petersberg bald nach Aldein rechts ab). Auf der ab Lerch nicht mehr asphaltierten Straße weiter bis zur Abzweigung zur Lahneralm und rechts (die Güterstraße ist nur recht und schlecht befahrbar) bis zum Ende des Fahrweges (1560 m; von Lerch zu Fuß rund 40 Min.). Hier schöner Blick zum Wasserfall, auf Weißhorn und in die Bletterbach-Schlucht. Nun auf dem guten Fußweg Nr. 3 talein teils eben, teils leicht ansteigend bis zu einer Geländeschulter (1630 m; gute Quelle; ab Ende des Güterweges 15 Min.) und auf dem rechts hinabführenden Steig Nr. 4 in weiteren 10 Min. durch Wald zuerst mäßig, zuletzt ziemlich steil zum Bletterbach und damit zum Ausfluß des Wasserfalls. Insgesamt ab Lerch zu Fuß gut 1 Std. Nun über den Bach und auf dem teilweise sehr steilen und ausgesetzten Steig (zwei Stellen sind durch Eisenleitern begehbar gemacht) durch die orographisch linke Steilflanke hinab in die Nähe des Fallbeckens.

b) Vom Gasthaus „Zirmerhof“ in Oberradein (1557 m) auf gutem Weg Nr. 4 in schöner Wanderung nordostwärts lange nahezu eben, zuletzt mäßig steil hinab zum Bletterbach und zum Ausfluß des Wasserfalls. Ab Radein 1 Std. Von hier zum Fallbecken des Wasserfalls siehe Zugang a).

c) Der Besuch des Wasserfalls läßt sich auch — sowohl von Aldein wie von Radein aus — mit einer lohnenden Rundwanderung verbinden: vom Fallbecken des Wasserfalls auf Steigspuren im Grund der Bletterbach-Schlucht meist orographisch links des Baches talaus, dann links Eintritt in den Wald und nun wieder auf gutem, schwach markiertem Steig zum Verbindungsweg Aldein-Radein Nr. 3. Auf diesem Weg je nach Ausgangspunkt entweder südwärts zurück nach Radein (ab Wasserfall etwa 1—1½ Std.) oder nordwärts hinauf zum Zugang a) (ab Wasserfall knapp 1 Std.) und zurück nach Lerch und Aldein.

74. Blettermühlfall (Aldein; Bild S. 113)

Charakteristik

Der weithin unbekannte und auch nur schwer zugängliche Wasserfall wird vom Bletterbach gebildet und befindet sich zwischen Radein im Südosten und dem zu Aldein gehörigen Weiler Lerch im Nordwesten. Es ist dies der unterste (westlichste) der drei Wasserfälle des unter dem Eggentaler (Aldeiner) Weißhorn entspringenden und nach dem Zusammenfluß mit dem Schwarzenbach bei Auer (als Hohlenbach) in die Etsch mündenden Bletterbaches. Benannt ist der Wasserfall nach der rund 300 m östlich befindlichen Ruine der ehemaligen Blettermühle, die noch bis nach dem Zweiten Weltkrieg bewohnt war und wo das Getreide für zahlreiche umliegende Höfe gemahlen wurde. Eigentlich handelt es sich bei diesem Wasserfall nicht nur um einen, sondern um deren zwei: Zuerst stürzt das Wasser nach langem, nahezu ebenem Verlauf über eine erste, genau zehn Meter hohe, senkrechte Felsstufe in einer von hohen Wänden umschlossenen Porphyrschlucht, worauf der Bach wieder rund 40 m weit sehr zahm fließt, um dann am Ausgang der Felsklamm erneut über eine senkrechte Felswand sehr beeindruckend hinabzustürzen. Der Ausfluß des oberen kleinen Wasserfalls liegt auf 1175 m Seehöhe und ist von der Blettermühle dem Bachlauf entlang leicht zugänglich. Das Fallbecken des oberen (1165 m) und der Ausfluß des Hauptfalls (1161 m) können nur durch Abseilen, das untere Fallbecken in sehr steilem, heiklem Abstieg durch eine bis zum Bach hinabreichende, von senkrechten Felsstufen durchsetzte Waldzone an der orographisch linken (Radeiner) Bachseite erreicht werden, während der Abstieg an der Aldeiner Seite wohl den Einblick zum Hauptfall ermöglicht, aber im untersten Teil nahezu unmöglich ist. Das Fallbecken des Hauptfalles liegt auf 1115 m, die mittels Lotmessung ermittelte Höhe beträgt 46 m (alle Messungen durch den Verf.). Wenig unterhalb des Wasserfalls an der linken Bachseite ein gewaltiger Bergrutsch, die sogenannte Franzosenlahn.

Zugänge

a) Von Aldein auf der Autostraße zum Weiler Lerch und auf schmaler Seitenstraße (Schild „Schorhof" bei Abzweigung) rechts hinab zum Unich-Hof (1385 m). Von da nun auf dem schönen Weg Nr. 8/9 zunächst im Wiesengelände, später durch hochstämmigen Nadelwald hinab zu der im Talgrund liegenden Ruine der Blettermühle (1203 m; ab Unich-Hof 25 Min.). Nun an geeigneter Stelle über den Bach, was bei starker Wasserführung problematisch sein kann, und diesem entlang wenige Minuten (rund 300 Meter) talab bis zum oberen, zehn Meter hohen Wasserfall. Nun wieder — unter Umständen heikel — über den Bach und an der orographisch rechten Seite leicht und einem alten Weg folgend kurz im Wald hinauf zu einem Geländerücken. Auf dem Weg weiter bis zu einem Erdrutsch und jenseits desselben auf dem schmalen Kamm kurz so weit hinab, bis man links aus etwa 100 Metern Entfernung sehr schön den großen Wasserfall einsehen kann. Insgesamt ab Unich-Hof etwa 1 Std., ab Blettermühle ½ Std. Dieser Zugang ist an sich nicht schwierig, darf aber nur erfahrenen, trittsicheren und schwindelfreien Gehern empfohlen werden. Außerdem können das Überqueren des Baches und die Orientierung im teilweise sehr abschüssigen Waldgelände Schwierigkeiten bereiten. Andererseits ist es immer noch die kürzeste und leichteste Möglichkeit, den großen Wasserfall zu Gesicht zu bekommen. In seine unmittelbare Nähe (zum Fallbecken) gelangt man, wenn man entweder unweit des angegebenen Aussichtspunktes einem außerordentlich steilen Bächlein bergab zum Bach und diesem talauf folgt, oder an der gegenüberliegenden (Radeiner) Seite durch einen ebenfalls außerordentlich steilen Waldstreifen direkt zum Fallbecken absteigt. Beide Möglichkeiten sind aber — vor allem die erste — sehr abenteuerlich, langwierig und zum Teil schwierig. Erfahrung im Felsklettern und entsprechende Ausrüstung (zumindest Seil und evtl. Pickel) sind nahezu unentbehrlich.

b) Länger als a), aber als Wanderung ebenfalls sehr schön ist der Zugang zur ehemaligen Blettermühle von Radein her: Vom Gasthaus „Zirmerhof" in Oberradein (1557 m) auf Weg 2/9 zunächst nur leicht abwärts und teilweise eben, später dann teilweise stärker absteigend meist durch Wald in knapp 1 Std. zum Bletterbach und wie bei a) weiter.

75. Heinzer Wasserfall (Aldein)

Charakteristik

Der weithin unbekannte, nicht sehr bedeutende Wasserfall befindet sich 3,5 km (Luftlinie) östlich der Ortschaft Aldein in der Porphyrschlucht des unter dem Weißhorn entspringenden Bletterbaches. Der im letzten Teil nur weglos zugängliche Fall ist nach den nahen, heute fast gänzlich verfallenen Heinzer Mühlen benannt, die zum Heinzen-Gehöft (beim *Huenzen* genannt) im Weiler Lerch gehören. Der Heinzer Wasserfall wird an einer senkrecht abfallenden Felsstufe des Bletterbaches gebildet, der aus einer schmalen, in den Porphyr geschnittenen, mehrere Meter tiefen

Der Heinzer Wasserfall bei Aldein

Klamm schießend, über eine nahezu senkrechte, nur schmale, den Schluchtverlauf absperrende Felswand herabstürzt und dann wieder ziemlich harmlos weiterfließt. Die Meereshöhe des Fallbeckens beträgt 1320 m, die Höhe des Wasserfalls 18 m (Messung durch den Verf.). Die unmittelbare Umgebung des Wasserfalls sowie die senkrechten Porphyrwände der Bletterbachschlucht sind bar jeglicher Vegetation, an den weniger steilen, aber trotzdem kaum zugänglichen Hängen wächst hauptsächlich Fichtenwald.

Z u g ä n g e

a) Von Aldein am Regglberg kurz auf der Straße in Richtung Petersberg, und auf der abzweigenden Asphaltstraße zum Weiler Lerch. Beim Heinzen-Hof (1437 m; wenig unterhalb der Straße, ca. 3 km von Aldein) zweigt der mit Nr. 2 markierte Steig ab und führt (anfangs undeutlich, evtl. beim Hof fragen) zunächst über eine Wiese und dann durch Wald zu einer neuen Wasserfassung und zu den etwas tiefer liegenden, teilweise verfallenen Heinzer Mühlen. Von hier dem schmalen Steig folgend sehr steil hinab in die Bletterbach-Schlucht (1300 m; ab Heinzen-Hof knapp 20 Min.; jenseits führt der Steig nach Oberradein hinauf, siehe Zugang b). Von hier nun an gangbarer Stelle (bei normalem Wasserstand für Geübte problemlos, bei starkem Hochwasser auch unmöglich) rund 250 m dem Bach entlang aufwärts zum Fuß des Wasserfalls. Insgesamt ab Heinzen-Hof ½ Std.

b) Vom Gasthaus „Zirmerhof“ in Oberradein nordwärts zuerst auf Nr. 2, 9, später auf Steig Nr. 2 in langer Wanderung nur leicht absteigend durch schöne Wälder bis zum Rand der Bletterbach-Schlucht und kurz aber steil hinab zum Bach (jenseits führt der Steig zum Heinzen-Hof empor, siehe Zugang a). Weiter wie bei a. Insgesamt ab Oberradein 1 Std.

76. Gsalbenbachfall (Aldeiner Hochfläche)

C h a r a k t e r i s t i k

Der nahezu unbekannte, verborgene Wasserfall befindet sich genau nördlich der kleinen Ortschaft Hohlen, die unweit der von Auer nach Aldein am Regglberg führenden Straße in der tiefen, waldreichen Talfurche des Hohlenbaches (auch Schwarzenbach) liegt. Zum Ort Hohlen führt von der Aldeiner Straße eine nur schmale, aber gut asphaltierte Straße, das Gebiet des Wasserfalls ist nur auf Fußwegen zugänglich. Von Hohlen führt ein schöner Wanderweg durch prächtige Laub- und Nadelwälder dem Gsalbenbach entlang nach Aldein und somit in der Nähe des Wasserfalls vorbei; doch ist dieser vom Weg aus weder einzusehen noch erreichbar, da er in einer nur dem Bachverlauf entlang zugänglich, steilwandigen Felsschlucht liegt.
Der den Wasserfall bildende Gsalbenbach entspringt in rund 1300 m Höhe im Gebiet von Aldein und mündet nach seinem etwa 4 km langen Lauf teils durch Wiesen, teils durch den Wald bei Hohlen in 700 m in den Hohlenbach. Der größte Teil des Bachlaufes, in den mehrere Seitenbäche münden, ist relativ zahm, nur im Bereich des Wasserfalls sehr wild. Hier ist eine nur wenige Meter breite, rund 60 m tiefe Schlucht in die Porphyrfelsen geschnitten, die nordseitig mit einem runden, von senkrechten Felswänden umschlossenen, 40 m tiefen und rund 30 m breiten Kessel endet. In diesen von Geröll und Felstrümmern erfüllten Kessel stürzt der Wasserfall aus einer etliche Meter tiefen und einen Meter breiten Rinne nordwestseitig über die senkrechten Felsen. Das Fallbecken liegt in 920 m Meereshöhe, die Höhe des Wasserfalls beträgt 21 m (Messungen durch den Verf.). Der Gsalbenbach führt das ganze Jahr über relativ viel Wasser, weshalb der Wasserfall in dem wilden Felstrichter auch im Spätsommer noch beeindruckend ist.

Z u g a n g

Von der Brücke über den Gsalbenbach in Hohlen (740 m; hierher schmale Asphaltstraße, die beim Ebnerhof von der Straße Auer-Aldein abzweigt) am orographisch linken Bachufer auf unmarkiertem, aber gutem Weg zunächst mäßig, dann durch Wald in Serpentinen stärker ansteigend in 15 Min. hinauf zum aufgelassenen, verfallenden Gsalbenbach-Hof (855 m; hübsche, von besonders schön gefügten Trockenmauern umgebene Rodung). Von hier nun auf dem bald endenden Weg weiter und dann weglos über die Blöcke im Bachbett talauf bis zur oben erwähnten Felsschlucht, durch die bald der Wasserfall in dem wilden Felskessel erreicht wird. In der Schlucht auf möglichen Steinschlag von den senkrechten Wänden herab achten! Insgesamt ab Hohlen 30—40 Min. — Der Zugang ist an sich nicht schwierig, erfordert aber doch Übung und Vorsicht; besonders bei starker Wasserführung kann der Anstieg durch das Bachbett heikel sein.

77. Aurer Wasserfall (Auer)

C h a r a k t e r i s t i k

Wenn es sich bei diesem Wasserfall auch um einen künstlichen und in seiner Wasserführung leider sehr unbeständigen Fall handelt, so muß er hier doch Berücksichtigung finden, da er bereits als charakteristische Besonderheit von Auer weitum bekannt ist. Dies auch nicht zu Unrecht, da er einer der höchsten und bei starker Wasserführung auch einer der eindrucksvollsten Wasserfälle Südtirols ist. Er befindet sich am Ausgang der urweltlichen, von gewaltigen Felswänden gesäumten, tief in den Porphyr geschnittenen Hohlener Schlucht, die der Hohlenbach (auch Aurer oder Schwarzenbach) durchfließt. Seine Entstehung verdankt der Fall dem 1899/1900 erfolgten Bau des ersten Aurer Elektrizitätswerkes. In der Hohlener Schlucht wurde damals eine Staumauer errichtet und von dort durch die orographisch rechten Begrenzungsfelsen der Schlucht ein 260 m langer Stollen getrieben, durch den das Wasser bis zum steil abfallenden Felsrücken, über den die sogenannte Katzenleiter führt, und damit zum Druckrohr geführt wurde. Vom Überlauf des Beckens zwischen Stollen und Druckrohr stürzt seitdem das Überwasser über die senkrechte Felswand in die Tiefe und bildet damit den Wasserfall. Die Stromerzeugung wurde 1964 zwar eingestellt, aber die Anlage blieb erhalten und dient heute der Flurberegnung. Damit blieb auch der Wasserfall erhalten, aus verständlichen Gründen ist aber seine Wasserführung sehr ungleichmäßig und bleibt nicht selten auch ganz aus, so daß es nicht selten vorkommt, daß Touristen vergeblich nach dem bekannten Wassersturz suchen. Zumal es in der Nähe auch eine Pension mit der Bezeichnung „Wasserfall" gibt, wäre es sicher zu begrüßen, wenn eine Möglichkeit gefunden werden könnte, die Wasserführung dieser Aurer Attraktion einigermaßen konstant zu halten. Um so mehr auch, als im Bereich des Wasserfalls mit der 530stufigen Katzenleiter eine der schönsten Weganlagen des Südtiroler Unterlandes steil zur Höhe (über Leiterburg und Karnolerhof nach Aldein) führt. Der Verfasser des umfassenden Aurer Dorfbuches, Heinrich Lona, hat sich in selbstloser Weise dieser einzigartigen Felsenstiege angenommen und in langjähriger, mühevoller Arbeit die kahlen Felsen mit Erde bedeckt und darauf Bäume, Sträucher und Blumen gepflanzt. Wer heute zwischen schattiger, duftender Vegetation diese Katzenleiter begeht, ahnt nicht, daß dieses üppige Pflanzenkleid das Werk eines einzelnen Menschen ist.

Das Fallbecken des Wasserfalls ist das Bachbett des Hohlener Baches, es liegt auf 290 m; die vom Verfasser gemessene Sturzhöhe beträgt 96 Meter, der Ausfluß liegt auf 386 m ü. d. M.

Z u g a n g

Vom Aurer Dorfplatz (260 m) der Markierung Nr. 2 folgend südöstlich durch das Dorf zur Wassermauer des Hohlenbaches, auf ihr zum Beginn der Katzenleiter und damit in die Nähe des Wasserfalls (ab Dorfplatz etwa 20 Min.). Sehr zu empfehlen ist von da aus der Aufstieg über die Katzenleiter bis zum Ausfluß des Wasserfalls und von dort auf gutem Waldsteig (weiterhin Nr. 2) zu den Mauerresten der Leiterburg und zum Karnolerhof (652 m). Insgesamt 1¼ Std. Als Abstieg zurück nach Auer kann der sogenannte Lahnweg (Nr. 1), eine der alten Verbindungen zwischen Auer und Aldein, gewählt werden.

78. Salurner Wasserfall (Salurn)

C h a r a k t e r i s t i k

Wie bereits der Name andeutet, befindet sich der Salurner Wasserfall in der Nähe von Salurn, der südlichsten Ortschaft Südtirols, und zwar unmittelbar am östlichen Dorfrand. Hier erhebt sich dicht hinter den Wohnhäusern eine senkrechte Felswand, über die — bei starker Wasserführung schon von weitem sichtbar — der schöne Wasserfall herabstürzt. Bedingt durch die dorfnahe Lage und nahezu gleiche Höhenlage des Fallbeckens, kann bis in die Nähe des Wasserfalls mit dem Auto herangefahren werden.

Der Salurner Wasserfall wird von dem im Gebiet des bekannten Heiligensees entspringenden Titschbach gebildet. Dieser von mehreren Zuflüssen gespeiste und an sich das ganze Jahr über relativ viel Wasser führende Bach wird im Sommer oft zur Bewässerung der Felder und Obstanlagen herangezogen, so daß der Wasserfall manchmal fast ohne Wasser ist. Besonders in der Zeit der Schneeschmelze aber ist er sehr beeindruckend. Der Ausfluß tritt aus einer 22 m tiefen, teilweise kaum einen Meter breiten Felsklamm und stürzt in freiem Fall über die breite, eingebuchtete, in der Falllinie des Wassers leicht überhängende Dolomitwand. Das breite Fallbecken ist zum Schutz der nahen Baulichkeiten mit Ufermauern eingefaßt worden. Die reine Fallhöhe beträgt 68 m, das Fallbecken liegt auf 240 m, der Ausfluß auf 308 m ü. d. M. (Messungen durch den Verf.). Oberhalb dieses Hauptfalles befinden sich in der schmalen Klamm, nur vom Oberrand derselben einzusehen, noch zwei weitere sehr schöne, senkrechte, allerdings je nur etwa 4 m hohe Fälle.

Als schützenswertes Naturdenkmal wurde Anfang 1979 das Gebiet mit dem Wasserfall von der Südtiroler Landesregierung als sogenannte Bannzone unter besonderen Landschaftsschutz gestellt, um das Gesamtbild dieser Örtlichkeit in seiner Ursprünglichkeit zu erhalten.

Zugang

Eine eingehende Zugangsbeschreibung erübrigt sich, da der Wasserfall von überall gut zu sehen und folglich leicht zu finden ist. Wie erwähnt, ist seine Nähe zwar mit dem Auto erreichbar, doch lohnt es sich, dieses schon vorher abzustellen und den Besuch des Wasserfalls mit einem Rundgang durch die von alten, ehrwürdigen Adelsansitzen gesäumten Gassen und Straßen zu verbinden, auf die das hoch auf einem uneinnehmbaren Felssporn aufragende Gemäuer der Haderburg herabblickt.

79. Entiklarfall (Entiklar)

Charakteristik

Der touristisch ziemlich unbedeutende Wasserfall befindet sich südlich von Kurtatsch im Südtiroler Unterland, etwa in halber Höhe zwischen Entiklar und Penon. Er wird von dem in rund 1600 m Höhe am Hirschkopf, einer Erhebung im südlichen Mendelkamm, entspringenden Entiklarer Bach an einer breiten, rund einen Meter überhängenden Mendeldolomit-Felswand gebildet. Unmittelbar unter dem Wasserfall überquert die schmale Straße, die von Penon nach Entiklar hinabführt, den meist relativ wenig Wasser führenden Bach. Der von üppigster Vegetation umgebene Ausfluß liegt auf 420 m, die Sturzhöhe des Wasserfalls beträgt 22 m (Messungen durch den Verf.); unschön ist das Rohr einer Wasserleitung unmittelbar neben dem Wasserfall, der nur bei sehr starker Wasserführung einen Besuch lohnt.

Der Entiklarfall bei Kurtatsch im Südt. Unterland

Zugang

Der Wasserfall ist sowohl von Entiklar als auch von Penon aus mit dem Auto auf der oben erwähnten schmalen Verbindungsstraße gut zu erreichen. Da diese Straße jedoch sehr wenig befahren wird, ist auch die Fußwanderung, die teilweise einen schönen Blick über das Etschtal mit seinen riesigen Obstkulturen vermittelt, zu empfehlen.

80. Aichholzer Wasserfall (Aichholz)

Charakteristik

Der nach dem bereits in der Provinz Trient (gegenüber Salurn) liegenden Dorf Aichholz (ital. *Roverè della Luna)* benannte Wasserfall befindet sich an der orographisch linken Seite des unbewohnten, wildromantischen Höllentales. Dieses in seinem äußeren Teil auch Mühlental (ital. Val dei Molini) genannte, von üppigen Laubwäldern erfüllte Tal entspringt unter den steilwandigen Dolomitbergen Roccapiana, Monte Cuc, Cima di Bargola und Cimonic im südlichen Teil des Mendelkammes und mündet bei Aichholz in das Etschtal. An der Ostseite des Höllentales erhebt sich der zu Südtirols gehörende Fennberg, eine grüne Hochfläche mit dem vielbesuchten Fennbergsee. Der zunächst durch ebenes Schilfgelände verlaufende und hier als Krebsbach bezeichnete Abfluß des Sees fließt durch ein wildes, teilweise unzugängliches Felsental steil ab und bildet an einer senkrechten, die von undurchdringlichem Buschwald bestandenen Hänge durchziehenden Dolomit-Felswand den noch innerhalb der Südtiroler Landesgrenze liegenden Wasserfall.

Der Wasserfall besteht aus dem eigentlichen, senkrechten, ca. 1 m tief in die Felswand eingeschnittenen Fall von 48 Metern Höhe; oberhalb dieses Hauptwasserfalls befinden sich noch zwei weitere, je 3 m hohe, senkrechte Wasserfälle in einer unzugänglichen, rund 10 m tiefen Felsschlucht; unterhalb des Hauptfalles stürzt das Wasser ebenfalls über zwei Steilstufen von insgesamt 6 m Höhe. Die Gesamthöhe des Aichholzer Wasserfalls beträgt damit einschließlich der oberen und unteren Kaskaden 60 Meter; das unterste Fallbecken des ziemlich versteckten, weithin unbekannten Wasserfalls liegt auf 690 m Höhe, der Ausfluß des Hauptfalls auf 754 m (Messungen durch den Verf.). Das Fallbecken ist leicht, der Ausfluß dagegen ist nicht zugänglich, es sei denn über eine senkrechte Felswand.

Zugänge

a) Von Aichholz (251 m; hierher Straße von Salurn) auf breitem Schotterweg nur leicht ansteigend durch das Höllental hinauf. Nach ca. 1 Std. zweigt rechts (im Aufstiegssinn) ein guter, allerdings unmarkierter Steig ab, von dem aus man bald erstmals kurz den Wasserfall zu Gesicht bekommt. Der Steig überquert auf einem kleinen Steg bald darauf den Talbach und erreicht dann nur leicht durch dichten Buschwald ansteigend den Abfluß des (von hier nicht sichtbaren) Wasserfalls. Hier verläßt man den Steig und erreicht in wenigen Minuten weglos durch dichtes Gestrüpp das unterste Becken des Wasserfalls. Ab Aichholz 1½—2 Std.

b) Vom Weiler Unterfennberg (1034 m; hierher gute Asphaltstraße von Kurtatsch herauf) auf dem Fahrweg westwärts bis zum Tratthof (1002 m). Hier zweigt (Hinweisschild) der alte Fußweg nach Aichholz ab. Anfangs etwas undeutlich und teilweise verwachsen führt der Steig (eine alte Markierung ist teilweise noch sichtbar) orographisch rechts des Baches in stetigem Abstieg hinab ins Höllental. Der erste Bach, den man dabei überquert, ist der Abfluß des Wasserfalles. Hier vom Steig links ab und durch Gestrüpp dem Bach aufwärts folgend zum Wasserfall. Ab Fennberg ¾ Std.

LITERATURHINWEISE

Brockhaus Enzyklopädie in 20 Bänden: Wiesbaden 1974 (versch. Bände)

Delago, Hermann: Dolomiten-Wanderbuch, 12. Aufl., bearbeitet von Josef Rampold, Innsbruck 1974

Dolomiten, Tagblatt der Südtiroler, Athesia, Bozen (verschiedene Ausgaben, u. a. auch der seit 1958 erscheinenden Bergsteiger-Beilage)

Dumler, Helmut: Kleiner Führer durch die Sarntaler Alpen, München 1976

Ellmenreich, Helmut: Die Meraner Bergwelt, Meran 1975

Finsterwalder, Karl: Tiroler Namenkunde, Innsbrucker Beiträge zur Kulturwissenschaft, Innsbruck 1978

Fischer, Hans (Hg.): Die Dolomiten, München 1936

Frass, Hermann: Wunderwelt der Dolomiten, mit einer geologischen Einführung von Viktor Welponer, 5. Aufl., Bozen 1975

Frass, Hermann und Riedl, Franz Hieronymus: Unbekanntes Südtirol, 2. Aufl., Bozen 1974

Frass, Hilde: Die schönsten Klettersteige der Dolomiten, München 1974

Hager, Hannsjörg: Bergwanderführer Dolomiten, München 1975

Haller Franz: Die Welt der Felsbilder in Südtirol, München 1978

Haller, Sepp: Das Passeiertal, Bozen 1971

Hochtourist in den Ostalpen, Der: Bd. IV—VII, herausgeg. von Hanns Barth, Leipzig 1926—1929

Hiebeler, Toni: Lexikon der Alpen, Gütersloh 1977

Höhne, Ernst: Alpen-Wunder, Bozen 1976

Höhne, Ernst: Oasen der Ruhe — Südtirol, München 1965

Höhne, Ernst: Ortler, Gipfel-Täler-Menschen, Bozen 1979

Hurton, Josef: Sulden, 3. Aufl., Bozen 1978

Kiene, Hans: Bozner Wanderführer, Bozen 1965

Kiene, Hans: Wanderführer für Seis am Schlern und Umgebung, Bozen 1960

Klebelsberg, Raimund von: Südtiroler Landeskunde, Südtirols Berge und Täler, beide in der Reihe „An der Etsch und im Gebirge", Bd. V, 3. Aufl., bzw. Bd. VIII, Brixen 1965 bzw. 1948

Klebelsberg, Raimund von: Südtiroler geomorphologische Studien; Das Pustertal, Schlern-Schriften 151, Innsbruck 1956; derselbe: Eisacktal, Schlern-Schriften 113, Innsbruck 1953

Klier, Heinrich und Klier, Henriette: Zillertaler Alpen, AV-Führer, 7. Aufl., München 1974

Klier, Heinrich und Klier, Henriette: Ötztaler Alpen, AV-Führer, 6. Aufl., München 1971

Klier, Heinrich und Klier, Walter: Stubaier Alpen, AV-Führer, 7. Aufl., München 1971

Köll, Lois: Führer durch die Ortlergruppe, 4. Aufl., bearb. von Ulli Kössler, München 1974

Langes, Gunther: Autorama (Südtirol), 8. Aufl., Innsbruck 1974

Langes, Gunther: Ladinien, Burggrafenamt und Meran, Überetsch und Bozner Unterland (Bde. 3, 4 und 6 der Südtiroler Landeskunde in Einzelbänden), alle 3. Aufl., Bozen 1976 bzw. 1977

Lona, Heinrich: Auer im Südtiroler Unterland, 1977

Lona, Heinrich: Wanderführer Auer, Auer 1979

Lunz, Reimo: Ur- und Frühgeschichte Südtirols, Bozen 1973

Menara, Hanspaul: Das große Buch der Südtiroler Bergwelt, Bozen 1979

Menara, Hanspaul: Südtiroler Höhenwege, 2. Aufl., Bozen 1978

Menara, Hanspaul: Südtiroler Schutzhütten, Bozen 1978

Menara, Hanspaul und Rampold, Josef: Südtiroler Bergseen, 2. Aufl., Bozen 1976

Menara, Hanspaul und Rampold, Josef: Südtiroler Bergtouren, 2. Aufl., Bozen 1978

Messner, Reinhold: Klettersteige 1 — Dolomiten, 3. Aufl., Bozen 1977

Mitteilungen des Deutschen und Österreichischen Alpenvereins, verschiedene Jahrgänge

Moroder, Edgar: Neuer Führer von Gröden, Gröden 1974

Mussner, Norbert: Wanderführer durch Gröden, 9. Aufl., St. Ulrich 1976

Obere Weg, Der: Jahrbuch des Südtiroler Kulturinstituts, Bd. V—VII, Bozen 1965—67 (Arbeiten von Rampold, Stacul, Fischer)

Ortner, Peter: Tierwelt der Südalpen, Bozen 1978

Ortner, Peter und Mayr, Christoph: Südtiroler Naturführer, Bozen 1977

Psaier, Johann: Villnöß, 3. Aufl., Bozen 1971

Rampold, Josef: Südtiroler Wanderbuch, 5. Aufl., Innsburck 1978

Rampold, Josef: Vinschgau, Pustertal, Eisacktal (Bde. 1, 2 und 5 der Südtiroler Landeskunde in Einzelbänden), alle 3. Aufl., Bozen 1977, sowie Bozen (Bd. 7 der Reihe), 2. Aufl., Bozen 1975

Rampold, Josef und Menara, Hanspaul: Südtiroler Bergseen, 2. Aufl., Bozen 1976

Rampold, Josef und Menara, Hanspaul: Südtiroler Bergtouren, 2. Aufl., Bozen 1978

Rampold, Josef: Wasserfälle als beliebte Wanderziele, in Dolomiten, Tagblatt der Südtiroler, Bozen, Jg. 1971, Nr. 57

Schlern, Der: Zeitschrift für Südtiroler Landeskunde, Verlagsanstalt Athesia, Bozen, verschiedene Jahrgänge

Schwingshackl, Anton: Führer durch die Pragser Dolomiten, Brixen o. J. (1968)

Staindl, Alois: Kurze Geologie von Südtirol (Bd. XXII der Reihe „An der Etsch und im Gebirge"), 3. Aufl., Brixen 1972

Südtiroler Gebietsführer, versch. Bände, Bozen ab 1972

Wolff, Karl Felix: Monographie der Dolomitenstraße, Bd. 1, Bozen 1908

Wolkenstein, Marx Sittich von: Landesbeschreibung von Südtirol (Zeit um 1600), Schlern-Schrift 34, Innsbruck 1936

Zeitschrift des Deutschen und Österreichischen Alpenvereins, verschiedene Jahrgänge

Ziak, Karl: Der Mensch und die Berge, Salzburg/Stuttgart 1965

Zingerle, Ignaz Vinzenz: Sagen aus Tirol, photomech. Nachdruck der 2. Aufl., Innsbruck 1891 durch den Verlag für Sammler, Graz 1969

Sternbach, Eduard von: Bearb. von Fischnaler C., Führer von Sterzing und Umgebung

Staffler, Johann Jakob: Das deutsche Tirol und Vorarlberg topographisch, Bd. II, Innsbruck 1847

DIE HÖHEN DER SÜDTIROLER WASSERFÄLLE

Diese Übersicht umfaßt die bedeutendsten der in diesem Buch beschriebenen Wasserfälle, und zwar nur jene, die vom Verfasser selbst vermessen wurden (mit Ausnahme des Vilpianer Wasserfalls); die Angaben in Metern beziehen sich bei mehrstufigen Kaskaden meist auf deren Gesamthöhe, bei größeren Wasserfall-Reihen ist meist nur der bedeutendste Einzelfall angeführt. Alle weiteren genauen Höhen sind im »Lexikon der Südtiroler Wasserfälle« enthalten; einen Vergleich mit den höchsten Wasserfällen Europas und der Erde ermöglicht ein kurzer Überblick auf Seite 7.

Westliche Stuller Fälle (Passeiertal), Gesamthöhe der beiden unteren Fälle (72 bzw. 230 m)	342
Imstbachfall (Passeiertal), 2 Stufen	170
Tschenglsbachfälle (Vinschgau), mehrere Stufen (höchste: 113)	160
Heilige-Drei-Brunnen-Fälle (Vinschgau), zahlreiche Stufen (höchste: ca 20 m)	143
Auerbergfall (Ulten), 6 Stufen	133
Fragsburger Wasserfall (Etschtal)	135
Trommelbachfall (Pflersch), 2 Stufen	110
Auerbergfall (Eisacktal), 3 Stufen	110
Altensteinfall (Sexten), 3 Stufen	109
Flimbachfall (Martelltal), mehrere Stufen (Hauptstufe: 37)	105
Fartleisfälle (Passeiertal), 9 Stufen (Hauptstufe: 36 m)	113
Partschinser Wasserfall (Vinschgau), Hauptfall ohne die oberen Vorstufen	97
Aurer Wasserfall (Auer)	96
Klapfbergfälle (Ulten), 3 Stufen (höchste: 29)	92
Murfreitfall (Sellastock, Gröden), Hauptstufe	87
Barbianer Wasserfälle (Eisacktal), unterster und höchster Fall	85
Maißlbachfälle (Pfitsch), mehrere Stufen	85
Kuenzentschatter (Martelltal)	82
Vilpianer Wasserfälle (Etschtal), Hauptfall	82
Gansörbachfall (Pflersch)	81
Fagenbachfall (Bozen)	78
Mesnerbachfälle (Pflersch), Hauptfall	77
Pojer Wasserfall (Ahrntal)	76
Rastelbachfall (Mühlwald), 7 Stufen	75
Pisciadùfall (Sellastock, Gadertal), Hauptstufe	73
Grubbachfälle (Passeiertal), Hauptfall	71
Tissbachfall (Goldrain)	70
Salurner Wasserfall (Südtiroler Unterland)	68
Nevesfall (Lappach)	65

Schrambacher Wasserfall (Eisacktal)	63
Ternerbachfälle (Rein), höchster der 6 Einzelfälle	62
Pitzbachfall (Gröden)	61
Koggrabenfall (Pflersch), 2 Stufen	60
Rötbachfall (Ahrntal)	60
Tristenbachfall (Rein), Hauptstufe	58
Flaggerbachfall (Eisacktal)	57
Sturzbachfall (Laas, Vinschgau), 3 Stufen	50
Grubbachfall (Pill, Pfelders), 2 Stufen	53
Aichholzer Wasserfall (Südtiroler Unterland), Hauptstufe	48
Kalbenbachfall (Passeiertal)	48
Blettermühlfall (Südtiroler Unterland), Hauptstufe	46
Wasserfall in der »Hölle« (Pflersch)	46
Flitzer Wasserfall (Villnöß)	45
Hasenbachfall (Ahrntal), 2 Stufen	45
Obervintler Wasserfall (Pustertal)	43
Brandisbachfall (Etschtal)	42
Reinbachfälle (Tauferer-Ahrntal), Hauptfall der 5 Einzelfälle	42
Gargazoner Wasserfälle (Etschtal), Hauptfall der 10 Einzelfälle	40
Petersberger Wasserfälle (Südtiroler Unterland), Hauptfall	38
Eggerbachfälle (Antholz), höchste der 3 Einzelfälle	37
Schranbachfall (Martelltal)	37
Butterloch-Fall (Südtiroler Unterland)	35
Eisack-Fall (Brenner)	32
Fingeller Wasserfälle (Sarntal), Hauptfall	30
Glaitenbachfälle (Passeiertal), Hauptfall	30
Puntleider Wasserfälle (Graßstein, Eisacktal), unterer der 2 Einzelfälle	30
Mastaunbachfall (Unser Frau in Schnals)	28
Nalser Wasserfall (Etschtal)	26
Frötschfall (Seis am Schlern)	26
Stegerbachfälle (Atzwang, Eisacktal), oberer Fall	26
Obere Aglsfälle (Ridnauntal), 2 Stufen	23
Unterer Frankbachfall (Ahrntal)	23
Stieberfälle (Passeiertal), 2 Stufen	37
Entiklarfall (Südtiroler Unterland)	22
Gran-Pùent-Fall (Gröden)	22
Klammfall (Klausen)	22
Gsalbenbachfall (Südtiroler Unterland)	21
Schwarzenbachfälle (Luttach, Ahrntal), unterer Fall	20
Heinzer Wasserfall (Südtiroler Unterland)	18
Labisebenfall (Vals, Pustertal)	17
Eggentaler Wasserfall (Eggental)	15
Untere Aglsfälle (Ridnaun), Hauptfall	12
Gilfenklamm-Fall (Stange, Ridnauntal)	15
Plima-Fall (Martell)	12
Passer-Fall (Passeiertal)	11

REGISTER

Die Seitenzahlen in Normalschrift beziehen sich auf die Erwähnung im „Lexikon der Südtiroler Wasserfälle“, jene in Fettdruck auf die Abschnitte „Südtiroler Wasserfälle — Ein Überblick“ und „Südtiroler Wasserfälle in Wort und Bild“; Abbildungen werden durch einen Stern angezeigt. Die im „Lexikon“ eingehend behandelten Wasserfälle sind der besseren Übersicht halber fett gedruckt, alle übrigen Stichwörter in Normalschrift.

INHALT

Weitere Bildwerke von Hanspaul Menara

Südtiroler Bergtouren

Ein Bildführer

Mit Landschaftsschilderungen von Josef Rampold. 200 S., 50 Farbtaf., 2 farb. Vorsatzkarten, Bergtouren-Lexikon mit 40 Farbfotos, Register, 18,5 x 25 cm, lam.Pp.

»Die gelungene Aufmachung, die gute drucktechnische Wiedergabe von hervorragenden Aufnahmen und nicht zuletzt der anregende Text wird allen Bergwanderern Freude machen, ihnen viele neue Möglichkeiten zeigen und Ihnen die Bergwelt erschließen. Ein Geschenkbuch, das empfohlen werden kann.« (RAI, Sender Bozen)

Südtiroler Höhenwege

Ein Bildwanderbuch

174 S., 50 Farbfototafeln in Farbe, 2 farbige Vorsatzkarten, Lexikon der Höhenwege, Ortsregister, 18,5 x 25 cm, lam.Pp.

»Alle Freunde Südtirols, die Neuland erobern wollen als Bergwanderer, können sich hier geradezu Geheimtips von Einheimischen besorgen.« (Stuttgarter Zeitung)

». . . umfassende Darstellung genußreicher, teilweise auch alpinistische Erfahrung erfordernde Höhenwege ohne Gipfelstürmerei . . .« (EKZ)

ıüdtiroler Schutzhütten

in Bildwanderbuch

00 S., 46 ganz- oder doppelseitige arbfotos, 50 kleinformatige Abıildungen, davon 35 in Farbe, 2 arbige Vorsatzkarten, Schutzhütten-Lexikon, Register, 18,5 x 25 cm, am.Pp.

»Menara hat mit äußerster Sorgfalt eine Fülle von Daten zusammengestellt, die in knapper, sehr anschaulicher Art die Entstehungsgeschichte der einzelnen Schutzhütten in Südtirol schildern . . . Ansprechend, ja fast spannend geschrieben, ohne Überflüssiges und doch sehr inhaltsreich. Das hätte schwerlich besser gestaltet werden können.« (Österr. Alpenzeitung)

ıüdtiroler Skitouren

n Bildwanderbuch

4 S., 97 z. T. ganz- oder doppelitige Farbfotos, 2 Vorsatzkarten, xikon der Südtiroler Skitouren, gister, 18,5 x 25 cm, lam.Pp.

ach einem Blick in die Entwicklg des Skilaufs geht der erfahrene rfasser (und vorzügliche Fotograf) die notwendigen Voraussetzunn ein (Ausrüstung, Wetterkunde, schätzung der Gefahren), ehe er Faszinierende der bedachtsam gewählten Skitouren aufzeigt . . . genauen Hinweisen auf die veilige Länge, Ausgangs- und tzpunkte, Wegverlauf, Steilheit, wierigkeiten, Voraussetzun- . . .« (Bücherei-Nachrichten err. Borromäuswerk)

Südtiroler Bergseen

Ein Bildwanderbuch

Text von Josef Rampold. 164 S., 43 Farbtaf., Bergseen-Lexikon mit 22 Farbfotos, 1 farb. Vorsatzkarte, Register, 18,5 x 25 cm, lam.Pp.

»Dieses Buch ist tatsächlich ein gelungener Versuch, alle Bergseen Südtirols in Wort und Bild darzustellen, ihr Wesen durch Schilderungen zu erfassen und die Wege zu den Seen zu weisen.« (Niederösterr. Nachrichten)

»Ein hochverdienstliches Werk, aus dem auch Südtirol-Experten noch überraschende Wanderanregungen gewinnen.« (Westermanns Monatshefte)

Zauber der Natur

Ein Buch von den stillen Dingen dieser lauten Welt

Text von Josef Rampold. 80 S., 45 Farbtaf., 18,5 x 25 cm, lam.Pp.

»Ein prächtig gestalteter Band, in dem sich eine wundersame Welt von der Erhabenheit, der Schönheit der Natur, ihrer Größe auch in den kleinen Dingen, offenbart.« (Wiener Ztg.)

»In einer Zeit des Nützlichkeitsdenkens und der Verdinglichung aller Werte ein Buch vom (zerstörbaren) Zauber der Natur.« (Mensch u. Maß)

Das große Buch der Südtiroler Bergwelt

Ein Bildband

168 S., 307 Aufnahmen in Farbe, 1 Übersichtskarte, Register, Format 23 x 30 cm, lam.Pp.

»Der Autor zeigt die Vielgestaltigkeit der Südtiroler Berge und hat bewußt die mit Auto und Seilbahn bequem erreichbaren Plätze ignoriert. So wird die grandiose Bergwelt dort gezeigt, wo sie noch nicht überlaufen, zersiedelt,übererschlossen und von Skizirkussen durchschnitten ist. Es werden eindrucksvolle Gipfel, zerklüftete Felspartien, grüne Hochflächen und stille Bergseen in hervorragenden

Bildern mit prägnant-sachlichen Texten dargestellt . . . Das Werk gibt zahlreiche Anregungen für Bergwanderer und Alpinisten, die eine noch heile Bergwelt genießen möchten.« (Berliner Naturschutzblätter)

ATHESIA VERLAG

Trommelbachfall
Wasserfall in der „Hölle“
Mesnerbachfälle
Obere Aglsfälle 39
40 Untere Aglsfälle
Ridnauntal
Timmelsjoch
Ratschingstal
Gilfenklammfall 41
Piller Wasserfälle 13
15 Westl. Stuller Fälle
16 Oberer Sagbachfall
17 Guflbachfälle
19 Seitenbachfälle
Moos
Imstbachfall 12
14 Stieber-fälle
Pfelders
Pfelderer Tal
18 Passer-Fall
St. Leonhard
Kalbenbachfall 21
20 Fartleisfälle
Passeier
Passeiertal
Reschen
Langtaufers
Schlinigtal
Mals
GLURNS
Münstertal
Münster
10 Mastaunbachfall
Schnalstal
Partschinser Wasserfall 11
Naturns
MERAN
Sarnthein
Schlanders
9 Tissbachfall
Vinschgau
Etsch
26 Fragsburger Wasserfall
3 Tschenglsbachfälle
4 Sturzbachfall
Brandisbachfall 24
27 Gargazoner Fälle
Etsch
Etschtal
Vilpianer Fälle 28
Trafoi
8 Flimbachfall
Martelltal
St. Walburg
Fingeller Fälle 30
2 Trafoibachfall
Margarethenbachfall 29
Ultental
Sulden
Nalser Wasserfall 25
Stilfser Joch
1 Heilige-Drei-Brunnen-Fälle
St. Gertraud
23 Auerbergfall
Gampenpaß
BOZEN
31
Plima-Fall 7
22 Klapfbergfälle
St. Felix
6 Schranbachfall
5 Kuenzentschatter
Mendelpaß
Unterer Petersberger Wasserfall 72
Aurer Wasserfall 77
Auer
Tramin
Gotiklarfall 79
Aichholzer Wasserfall 80
Salurner Wasserfall 78
Salurn
Etsch